U0866543

新公司法

背景下
企业常见法律风险提示

王锡伟 著

Common Legal Risks for
Enterprises under
The Revised Company Law

法律出版社
LAW PRESS · CHINA
北京

图书在版编目（CIP）数据

新公司法背景下企业常见法律风险提示 / 王锡伟著.
北京 : 法律出版社, 2025（2025.11 重印）. -- ISBN 978 - 7 - 5244 - 0731 - 7

Ⅰ. D922.291.914

中国国家版本馆 CIP 数据核字第 2025D0F241 号

新公司法背景下企业常见法律风险提示
XIN GONGSIFA BEIJING XIA QIYE CHANGJIAN FALÜ FENGXIAN TISHI

王锡伟 著

责任编辑 李争春
装帧设计 李 瞻

出版发行 法律出版社
编辑统筹 法规出版分社
责任校对 郭艳萍
责任印制 耿润瑜
经　　销 新华书店

开本 710 毫米 × 1000 毫米 1/16
印张 17.75 **字数** 260 千
版本 2025 年 8 月第 1 版
印次 2025 年 11 月第 2 次印刷
印刷 河北虎彩印刷有限公司

地址:北京市丰台区莲花池西里 7 号(100073)
网址:www.lawpress.com.cn
投稿邮箱:info@lawpress.com.cn
举报盗版邮箱:jbwq@lawpress.com.cn

销售电话:010 - 83938349
客服电话:010 - 83938350
咨询电话:010 - 63939796

版权所有 · 侵权必究

书号:ISBN 978 - 7 - 5244 - 0731 - 7
定价:58.00 元

凡购买本社图书,如有印装错误,我社负责退换。电话:010 - 83938349

前　言

随着我国社会主义市场经济的蓬勃发展，公司制度也在不断优化和完善。自1993年《公司法》实施以来，我国现代公司制度逐步建立并发展。《公司法》的多次修改和调整，逐步降低了公司设立门槛，激发了市场投资热情，促进了公司注册数量的大幅增长。然而，这一制度变革在带来便利的同时，也引发了一系列新的法律纠纷和问题。

为了进一步适应市场变化，2023年修订的《公司法》（以下简称新《公司法》）于2024年7月1日起正式实施。此次修订对我国公司制度产生了深远影响，主要调整内容包括以下几点：一是完善公司资本制度，明确有限责任公司的股东须在五年内缴足认缴出资额，股份有限公司的发起人须在公司成立前缴足股款；二是新增股东出资加速到期制度，公司不能清偿到期债务时，股东出资期限可加速到期；三是优化公司治理结构，引入以审计委员会为核心的单层监督机制，行使监事会的职权，不设监事会或者监事；四是扩大股东知情权，股东会、董事会可采取线上方式召开；五是完善国家出资公司相关规定，明确党组织在公司治理中的核心地位。这些调整旨在规范公司行为，保护各方权益，促进市场健康发展。

新《公司法》背景下，企业面临的法律纠纷呈现出新的特点。一方面，股东出资纠纷可能因认缴出资期限的明确限制而增加，尤其是在股东未能按时足额出资时，公司或其他股东可能要求其承担违约责任。另一方面，债权人利益保护面临新的挑战，尤其是在公司注册资本与实际出资不匹配的情况下，债权人可能难以通过追究股东责任来实现债权。此外，公司治理结构的优化也带来了新的法律问题,如法定代表人变更、公司决议纠纷等,这些问题需要通过更完善的公司治理机制和法律规范加以解决。

总体而言,新《公司法》的实施为企业提供了更明确的法律指引,同时也对企业的合规运营、股东责任履行以及债权人利益保护提出了更高的要求。企业需要在合理合法的生产运营中充分维护自身权益,股东应严格履行出资义务,债权人则需通过法律手段有效保护自身利益,各方主体都应积极适应新《公司法》带来的变化,以应对可能出现的各类法律纠纷。

基于此目的,本书以公司的发展过程为线索,按公司的设立、运营、终止分为三个章节,以《民事案件案由规定》确立的与公司主体相关的案由为具体分类,通过对具有代表性的典型案例进行归纳分析,总结核心问题,提炼企业常见的法律风险,进而提出具有针对性的事先、事中、事后的专业建议。

本书第一章为公司设立阶段企业常见法律纠纷。该章主要围绕公司设立阶段的各类法律纠纷与风险进行分析,涵盖设立阶段公司对外关系、发起人内部关系以及发起人与公司的关系等方面。在这一阶段,发起人面临公司设立成功或者失败的挑战。该章从公司设立与发起人责任两个角度出发,通过对司法案例的具体内容进行分析,为公司主体做设立阶段常见纠纷的相关风险的提示与建议。

本书第二章为公司运营阶段企业常见法律纠纷。该章是本书篇幅最大的主体部分,主要围绕公司成立后至正常运营过程中的各类法律纠纷与风险进行分析,涵盖股东出资、股东资格确认、股东权利、股权转让和公司治理等方面。在这一阶段,企业受到来自股东、管理层、第三方投资者及政府监管等多方因素的影响,纠纷和法律风险极为常见。该章从股东出资、股权资格确认、股东权利、股权转让、公司治理的视角出发,通过对司法案例的具体内容进行分析,为公司主体做运营阶段常见纠纷的相关风险的提示与建议。

本书第三章为公司终止阶段企业常见法律纠纷。该章主要围绕公司终止阶段的各类法律纠纷与风险进行分析,主要涉及公司的解散及清算阶段中的各方主体的责任问题。公司终止阶段是企业从解散到最终注销的过渡时期，涉及清算程序、债务清偿、股东权益保护等方面问题，法律纠纷极为常见。该章从公司解散与清算责任两个角度出发，通过对司法案例的具体内容进行分析，为公司主体做终止阶段常见纠纷的相关风险的提示与建议。

目录

第一章

公司设立阶段企业常见法律纠纷

本章主要围绕公司设立阶段的各类法律纠纷与风险进行分析，涵盖设立阶段公司对外关系、发起人内部关系以及发起人与公司的关系等方面。在这一阶段，发起人面临公司设立成功或者失败的挑战。公司设立纠纷与发起人责任纠纷并没有统一、明确的界定标准，在(2020)最高法民申2491号案例中，法院认为“发起人责任”具有特定的适用范围，在公司设立失败的情况下，其主要涉及发起人的“对外”责任：一是对设立行为所产生的债务和费用承担连带责任；二是对股份公司在募集设立时的认股人承担返还股权及支付利息的连带责任。公司设立纠纷是指在公司设立过程中，因设立中公司的相关交易合同而出现股东、设立中公司和债权人等利害关系人之间的权利义务归属纠纷，包括发起人为设立公司以自己的名义对外签订合同或者以设立中公司的名义签订合同等情形下合同义务的承担问题。发起人责任主要限于在公司设立失败的情况下对认股人所应承担的责任，或在公司成立时因发起人自身过失行为产生的资本充实责任、损害赔偿责任等。

本章将依托最新的公司法实践，对这些纠纷的发生原因、常见案例以及预防和解决办法进行详细探讨，为企业及相关法律从业人员提供法律风险提示和解决方案。

一、公司设立问题

公司设立纠纷是公司设立阶段较为常见且重要的法律问题之一，涉及公司设立过程中出资人与公司、债权人之间的权利义务纠纷。发起人设立公司的合意是公司设立的起点，投资成为发起人股东也是发起人的初衷。在实践中，由于发起人协议、公司设立筹备及登记等程序性问题的多样性，公司设立纠纷时常发生。

本部分将对公司设立纠纷进行探讨，主要包括对投资人投资款及利息的返还问题、公司设立中对外签订合同的责任承担主体问题等。通过分析公司设立的法律适用标准与实践中的具体案例，帮助读者深入理解公司设立中的法律风险并提出防范措施。

（一）投资人未成为发起人股东的投资款返还

王某 1 与某某公司等公司设立纠纷案[①]

【关键词】

投资人　发起人股东　投资款返还

【案情简介】

2022 年前后，案外人车某、庞某与原告王某 1 商谋在松江开设一个餐厅。因公司还未成立，原告王某 1 按照车某和庞某的指示，于 2022 年 2 月 14 日向公司设立前财务负责人被告王某 2 转款 52000 元，附言松江筹资款。同日，王某 2 向原告开具收据一份，载明：今收到王某 1 交来松江某某某店入资款 52000 元，出纳王某 2。此外，被告王某 2 和庞某在 2022 年 2 月 14 日的聊天记录显示，王某 2 发送，“王某 1 的 2 股 5.2 万元收到”，庞某回复，“好的”。

2022 年 2 月 7 日至 2023 年 3 月，被告王某 2 银行账户及微信账户内收到和支付由不同案外人汇入和王某 2 支付给案外人的款项，记载的明细说明包括杨某松江筹资款、段某松江筹资款、王某 1 松江筹资款、店面定金报销、松江项目款、某某某设计费、某某某店铺物业租金、某某某厨房设备预付款及各种店面预付款、某某某工程款、装修款及各种费用、备用金、转给车某对公、转给杨某对公、转给段某对公等，其记载明细显示该类款项为某某公司筹建期间的合理费用。

2022 年 3 月 8 日，被告某某公司登记设立，注册资本为 30 万元，股东为车某、某某企业管理有限公司、庞某、杨某、段某。公司高管为车某、庞某、王某 2。原告未能登记为被告某某公司的股东，公司也未向原告签发股权证明等权利凭证。原告王某 1 向法院提出诉请，判令被告某某公司向原告返还筹资款 52000 元并支付利息，判令被告王某 2 对前述债务承担补充

---

① 参见上海市松江区人民法院民事判决书，（2023）沪 0117 民初 19041 号。

赔偿责任。审理中,被告王某2陈述,其为某某公司的财务负责人,此前为某某公司垫付了部分款项,车某通过公司账户已经予以报销,且其已于2023年4月离职。

法院判决,被告某某公司返还原告王某1的投资款52000元,并支付其自2022年3月9日起至实际清偿日止的利息损失。

【案例分析】

法院认为,《最高人民法院关于适用〈中华人民共和国公司法〉若干问题的规定(三)》第3条第1款规定,发起人以设立中公司名义对外签订合同,公司成立后合同相对人请求公司承担合同责任的,人民法院应予支持。设立中的公司与正式成立后的公司系同一人格,发起人以设立中公司名义签订的合同,可认定是为了设立公司或者公司利益所为,按照合同相对性原则,权利义务由设立后的公司承受。

本案中,被告王某2作为某某公司的财务负责人,虽然其于2023年2月14日收取案涉款项时,某某公司尚在设立过程中,但是收据载明的内容体现了案涉款项为设立中某某公司松江某某某店的入资款。结合王某2提供的银行及微信账户收支明细可以看出,王某2的收支款项用于设立中某某公司的筹办,同时期王某2收取的投资款除原告外,还有已经登记为某某公司的股东的投资款,故法院认为可以认定届时原告作为某某公司投资人的身份,该事实与被告王某2和庞某的微信聊天记录也能相互印证。王某2虽然不是某某公司的发起人股东,但其行为代表某某公司的利益,可以认定其行为代表设立中某某公司的职务行为,其民事责任由被告某某公司承担。针对被告某某公司的抗辩,并未有相关证据证明王某2将原告款项用于个人或者为自己谋取私利,亦无法证明原告与王某2恶意串通损害公司利益。现原告未能登记为被告某某公司的股东,公司也未向原告签发股权证明等权利凭证。据此,被告某某公司应返还原告的投资款。

【风险提示】

我国《公司法》在对股份有限公司的规定中采用了"发起人"的表述,但并未对有限责任公司的发起人予以法律界定,其实这个概念完全可以通用于两类公司。在有限责任公司中,《公司法》虽然没有使用“发起人”的概念,而是一概使用“股东”的概念,但是根据 2023 年《公司法》(以下简称新《公司法》)第 42 条“有限责任公司由一个以上五十个以下股东出资设立”、第 45 条“……股东共同制定公司章程”以及第 46 条第 2 款“股东应当在公司章程上签名或者盖章”等规定可以看出,有限责任公司设立时的股东(原始股东)与股份有限公司的发起人的条件要求相同,所以,可以将“有限责任公司设立时的股东”纳入公司发起人的范畴。根据《最高人民法院关于适用〈中华人民共和国公司法〉若干问题的规定(三)》第 1 条的规定,“为设立公司而签署公司章程、向公司认购出资或者股份并履行公司设立职责的人,应当认定为公司的发起人,包括有限责任公司设立时的股东”。该条明确将有限责任公司设立时的股东纳入发起人范畴。然而,实践中存在投资者虽完成出资却未被登记为股东的情形,导致其权益面临多种法律风险。

若投资者意欲与公司其他发起人共同出资设立公司,成为该公司的发起人股东,则应该就其出资的性质达成明确的书面协议。如若双方之间未就该出资的性质达成明确协议约定,那么在投资者未被如期登记为公司股东之时,该出资究竟是股权出资还是借款便会产生很大的举证难题,投资者也可能因陷入借款纠纷而无法主张股东权益。此外,在公司设立过程中,发起人之间的约定不具有公示性,发起人的出资权益、出资份额被其他发起人恶意转走或侵占的,固然可以向侵权人主张相应的侵权责任,但是造成的损失覆水难收,被侵权发起人已不能再主张返还公司设立后的股权而仅能获得折价赔偿。因此,投资人在出资前的考量以及出资后的参与中应予以充分注意。

【律师建议】

针对以上法律规定及司法适用要旨分析,笔者对欲出资设立公司成为发起人股东的发起人提出以下法律建议。

1. 明确出资性质

在公司设立阶段,与发起人签订公司设立协议,明确出资性质、持股比例、登记时限及违约责任等。对于出资性质,可以在公司设立协议中明确

“投资者出资系基于取得股东身份而缴纳的注册资本,非借款或其他债权债务关系”,避免陷入出资性质不明的纠纷与证明困境。

2. 设立阶段的文件留存

新《公司法》第56条第2款规定,“记载于股东名册的股东,可以依股东名册主张行使股东权利”。股东名册是确认股东资格的重要依据,但是司法实践中仍需结合出资凭证、协议等综合认定。公司设立过程中,各发起人应当妥善保管好各自的公章或相关出资文件、合作协议文件,不要将加盖有公章或签字的空白股东会决议、协议等文件随意交给其他发起人。一旦发现被侵权事实,发起人应当及时采取法律措施积极应对,以避免损失的进一步扩大。

3. 及时检查和督促公司履行义务

公司完成设立登记后,应积极关注公司签发的出资证明书以及公司股东登记公示情况。可以登录国家企业信用信息公示系统下载最新的公司章程,也可以持身份证件至市场监管局查询公司内档,核实股东名册记载情况。公司若未履行上述义务,则督促公司尽快履行。若公司仍怠于履行,当事人应该及时依据《最高人民法院关于适用〈中华人民共和国公司法〉若干问题的规定(三)》第23条向人民法院提起诉讼。

【法条链接】

《中华人民共和国公司法》(2023年修订)

第四十三条　有限责任公司设立时的股东可以签订设立协议,明确各自在公司设立过程中的权利和义务。

第五十五条　有限责任公司成立后,应当向股东签发出资证明书,记载下列事项:

(一)公司名称;

(二)公司成立日期;

(三)公司注册资本;

(四)股东的姓名或者名称、认缴和实缴的出资额、出资方式和出资日期;

(五)出资证明书的编号和核发日期。

出资证明书由法定代表人签名,并由公司盖章。

第五十六条 有限责任公司应当置备股东名册,记载下列事项:

(一)股东的姓名或者名称及住所;

(二)股东认缴和实缴的出资额、出资方式和出资日期;

(三)出资证明书编号;

(四)取得和丧失股东资格的日期。

记载于股东名册的股东,可以依股东名册主张行使股东权利。

《中华人民共和国民法典》

第五百七十七条 当事人一方不履行合同义务或者履行合同义务不符合约定的,应当承担继续履行、采取补救措施或者赔偿损失等违约责任。

第五百七十九条 当事人一方未支付价款、报酬、租金、利息,或者不履行其他金钱债务的,对方可以请求其支付。

《最高人民法院关于适用〈中华人民共和国公司法〉若干问题的规定(三)》(2020 年修正)

第三条 发起人以设立中公司名义对外签订合同,公司成立后合同相对人请求公司承担合同责任的,人民法院应予支持。

公司成立后有证据证明发起人利用设立中公司的名义为自己的利益与相对人签订合同,公司以此为由主张不承担合同责任的,人民法院应予支持,但相对人为善意的除外。

第二十三条 当事人依法履行出资义务或者依法继受取得股权后,公司未根据公司法第三十一条、第三十二条的规定签发出资证明书、记载于股东名册并办理公司登记机关登记,当事人请求公司履行上述义务的,人民法院应予支持。

(二)公司成立后对设立中公司合同责任的承担认定

成武文亭城市建设投资有限公司、山东春阳控股(集团)有限公司公司设立纠纷案[①]

【关键词】

发起人垫付费用　项目公司　对外签订合同

【案情简介】

2019年年中前后,江苏春阳新材料科技集团有限公司与成武文亭城市建设投资有限公司(以下简称成武城投公司)经多次洽谈,后在2019年9月25日,由江苏春阳新材料科技集团有限公司作为甲方与乙方成武城投公司签订《投资合作协议书》,约定双方共同出资成立城投春阳(山东)幕墙门窗有限公司,注册资本5000万元,甲方以货币资金认缴出资3500万元,占注册资本70%的股份,乙方以货币资金认缴出资1500万元,占注册资本30%的股份;项目公司设立成功后,双方同意将为设立公司所发生的全部费用及开支全部列入公司项目成本,由成立后的公司承担。合同载明双方工作分工,并对双方权利义务、退出机制等也作出了约定。同日,双方又签订《补充协议书》,约定视项目公司发展需要,乙方同意为甲方提供资金周转支持,乙方承诺投产前给提供甲方约500万元的资金支持,投产后乙方视生产经营需要及资金使用情况提给甲方提供相应资金支持,资金支持不超过2000万元,且承诺年利率不高于10%。

2019年8月21日,成武城投公司(甲方)作为发包方与承包方金乡县恒昌钢结构工程有限公司(乙方)签订《施工合同》,其中金乡县恒昌钢结构工程有限公司的签约代表人为秦某义,合同约定由乙方以包工包料方式承包施工城投春阳(山东)幕墙门窗有限公司的钢结构车间的制作安装,工程总造价为3923350.85元。成武城投公司分别于2019年8月23日、2019

① 参见山东省成武县人民法院民事判决书,(2022)鲁1723民初1088号。

年9月2日、2019年9月18日、2019年10月21日、2020年1月20日、2020年6月20日向金乡县恒昌钢结构工程有限公司支付工程款50万元、50万元、30万元、40万元、50万元、50万元。另成武城投公司于2021年2月11日以秦某义借款事由向金乡县恒昌钢结构工程有限公司的签约代表秦某义支付100万元,以上共计工程款370万元。上述钢结构车间已经交付使用并于2020年5月25日办理鲁(2020)成武县不动产权第0××9号不动产证,登记权利人为城投春阳(山东)幕墙门窗有限公司。2022年1月至本案诉讼时,双方曾就多起经济纠纷进行商谈,但未达成一致协议。

2019年10月11日,城投春阳(山东)幕墙门窗有限公司经登记设立。2019年11月28日、2019年12月13日及2020年3月4日,成武城投公司共向城投春阳(山东)幕墙门窗有限公司提供投资款1230万元。2021年1月28日,成武城投公司与江苏春阳新材料科技集团有限公司签订《产权交易合同》,约定成武城投公司将其持有的城投春阳(山东)幕墙门窗有限公司30%的股权以1230万元转让给江苏春阳新材料科技集团有限公司,并就债权、债务处理事宜约定为受让方受让该股权后,标的企业法人资格存续,受让方承诺标的企业继续承接原有的债权债务及或有负债。2021年3月4日,城投春阳(山东)幕墙门窗有限公司的企业名称变更为山东春阳控股(集团)有限公司(以下简称春阳公司)。

法院判决被告春阳公司应于该判决生效之日起5日内支付原告成武城投公司垫付的工程款370万元;驳回原告的其他诉讼请求。

【案例分析】

法院认为,本案系公司发起人在公司成立后,向公司主张其为公司设立而垫付费用的公司设立纠纷。本案的焦点为涉案款项是否为设立春阳公司而支出的费用,春阳公司是否应当承担该笔费用。

依据相关法律规定,为设立公司而签署公司章程、向公司认购出资或者股份并履行公司设立职责的人,应当认定为公司的发起人,包括有限责任公司设立时的股东。本案中,春阳公司的原工商登记信息中显示成武城投公司为春阳公司设立时的股东。成武城投公司系春阳公司的发起人,其可依据相关法律规定向春阳公司主张发起人的合法权利，系本案的适格原告。

本案中，成武城投公司主张其为设立春阳公司垫付了南车间建设工程款3923350.85元，成武城投公司应当举证证明上述款项系其为设立春阳公司而支出的费用。结合涉案《投资合作协议书》约定成武城投公司负责项目公司基建等日常管理事务、2019年8月21日成武城投公司与金乡县恒昌钢结构工程有限公司签订的项目公司钢结构车间《施工合同》及钢结构车间登记在春阳公司名下的事实，成武城投公司的相关行为系履行春阳公司设立前的公司发起人行为。依据提供的证据，法院对成武城投公司为春阳公司垫付工程款370万元的事实予以认定。

春阳公司辩称在2021年1月28日达成的《产权交易合同》中，合同双方就案涉工程款已经通过股权转让形式进行处理。根据《产权交易合同》约定的内容，合同双方仅就成武城投公司在春阳公司的30%股权的转让事宜进行约定，而未涉及诉争的案涉工程款，因此法院对春阳公司的该抗辩意见不予采信。综上，春阳公司应向成武城投公司返还工程垫付款370万元；对成武城投公司超出该数额的请求部分，因欠缺事实和法律依据，法院不予支持。

【风险提示】

根据《最高人民法院关于适用〈中华人民共和国公司法〉若干问题的规定（三）》第2条、第3条的规定，公司设立时对外签订合同可以以设立中公司的名义，也可以以自己的名义。合同签订时的名义人不同会影响合同责任的承担主体不同。如果发起人以自己的名义对外签订合同，则合同相对人有权选择由该发起人承担责任或由公司承担责任。如果发起人以公司的名义对外签订合同，在公司成立后，应当由公司承担合同责任。发起人为设立公司以自己的名义对外签订合同，合同相对人请求成立后的公司、该发起人和其他发起人承担连带责任时，如果公司成立后未对该合同予以确认，亦未实际享有合同权利或履行合同义务，则不能突破合同相对性，公司不承担合同责任，公司的其他发起人亦不承担合同责任。在司法实践中，逐步确立了实质重于形式、穿透追责的标准，即使以公司名义签约,若发起人恶意转移合同利益,仍可能认定发起人个人责任。

如果发起人将设立中的公司拟作为合作项目载体,项目资金与发起人财产界限模糊,则可能被认定为人格混同。依据《全国法院民商事审判工作会议纪要》(以下简称《九民纪要》)第10条的规定,“认定公司人格与股东人格是否存在混同,最根本的判断标准是公司是否具有独立意思和独立财产,最主要的表现是公司的财产与股东的财产是否混同且无法区分”,一旦被认定人格混同,将触发新《公司法》第23条的“法人人格否认”制度,股东须对公司债务承担连带清偿责任,丧失其有限责任保护。

【律师建议】

设立中公司需要与社会发生各种经济联系,为设立中公司进行各种交易行为,在对外签订合同的过程中,会牵涉与第三人之间的权利义务责任关系,至于是由设立后的公司还是由发起人来承担责任,则可能发生纠纷。尤其是对于作为合作项目载体所设立的公司来说,纠纷的种类更是多样。对此,笔者提出以下建议。

1. 明确公司设立中合同责任的承担主体

发起人为设立公司对外签订合同时,应首先明确在公司成立后,合同责任是由发起人自己承担,还是由公司承担。如果合同责任由发起人自己承担,则应以其自己名义对外签订合同;如合同责任由公司承担,则应以公司名义对外签订合同。如果是为从事交易活动而设立公司,并且由设立后的公司承担合同的权利义务,则发起人在对外签订合同时,可以采用“某某公司(筹备处)”的名义。即便是发起人为设立公司以自己的名义对外签订合同,如公司成立后希望由公司承担合同责任,也可通过合同相对人、发起人、公司三方签署补充协议,明确由公司享有合同权利、履行合同义务。

2. 细化项目公司设立协议条款

如果发起人对于公司设立存在疑虑,尤其是在以设立中的公司拟作为合作项目载体的情况下,建议各方在合同中对各项事宜予以详细约定,并明确约定合同解除的条件、违约责任的承担。首先,可以明确“本项目合作协议自目标公司完成设立登记并取得营业执照之日起生效”,避免公司设立前产生不可控义务。其次,建议“项目资金必须存入以公司名义开立的银行账户，划款须经全体发起人指定代表联合签字"，以便建立起项目公司与发起人的资产隔离机制，避免出现人格混同，产生连带责任。最后，尤其建议细化项目公司设立协议的解除条件或者一方主体的退出方式。

【法条链接】

《中华人民共和国民法典》

第七十五条　设立人为设立法人从事的民事活动，其法律后果由法人承受；法人未成立的，其法律后果由设立人承受，设立人为二人以上的，享有连带债权，承担连带债务。

设立人为设立法人以自己的名义从事民事活动产生的民事责任，第三人有权选择请求法人或者设立人承担。

《最高人民法院关于适用〈中华人民共和国公司法〉若干问题的规定(三)》(2020年修正)

第二条　发起人为设立公司以自己名义对外签订合同，合同相对人请求该发起人承担合同责任的，人民法院应予支持；公司成立后合同相对人请求公司承担合同责任的，人民法院应予支持。

第三条　发起人以设立中公司名义对外签订合同，公司成立后合同相对人请求公司承担合同责任的，人民法院应予支持。

公司成立后有证据证明发起人利用设立中公司的名义为自己的利益与相对人签订合同，公司以此为由主张不承担合同责任的，人民法院应予支持，但相对人为善意的除外。

二、发起人责任问题

发起人责任是指发起人在公司设立过程中,因公司不能成立而对认股人所应承担的责任或者在公司成立时因发起人自身的过失行为致使公司利益受损时应承担的责任。公司成立时,发起人对公司设立行为应承担的责任主要包括对公司的责任和对第三人的责任。发起人对公司成立时的责任主要有资本充实责任、损害赔偿责任等。对于公司发行的股份未能认足或者虽已认足但未缴足的,发起人应当承担连带认缴责任。如果公司在设立过程中,因发起人的过失致使公司利益受到损害,公司有权要求其承担相应的赔偿责任。

本部分将对发起人责任纠纷进行探讨,发起人责任主要表现在发起人因公司不能成立时而对认股人应承担的责任及在公司设立时因发起人过失对公司造成损失而应承担的责任。通过分析发起人责任的法律适用标准与实践中的具体案例,帮助读者深入理解发起人责任中的法律风险并提出相应防范措施。

(一)发起人过错导致公司未成立对其他发起人的责任承担

黄某、王某瑾与云南某某文化传播有限公司、上海某某科技(集团)有限公司发起人责任纠纷案①

【关键词】

公司未设立　过错　案由选择

【案情简介】

2020年6月15日,王某瑾通过微信向黄某发送《关于共同设立云南某某公司协议书》电子版一份,该协议书中甲方为上海某某科技集团有限公司(以下简称上海某甲公司),乙方空缺。

2020年7月15日,黄某向云南某某文化传播有限公司(以下简称某丙公司)转了两笔账,每笔50万元,合计100万元。2020年7月19日,云南某某公司与某乙公司签订《设备购销合同》,约定云南某某公司向某乙公司采购4台德国出产的电解液生产设备,每台250万元,合计1000万元,自合同签订之日起7日内支付700万元预付款,剩余的300万元尾款,在接到德方发货通知后由云南某某公司汇至某乙公司指定账户。相关证据证实,黄某向某丙公司转账的100万元,已由某丙公司转账支付给某乙公司。

2020年7月22日,上海某甲公司与某丙公司签订《关于共同设立云南某某公司协议书》,内容与王某瑾通过微信向黄某发送的《关于共同设立云南某某公司协议书》电子版基本一致,只是乙方明确为某丙公司,上海某甲公司与某丙公司均在该协议书上加盖公章。

2021年12月2日,王某瑾通过微信向黄某发送《解除合作计划及退款协议书》电子版一份,该协议书载明:云南某某公司、黄某于2020年六七月经口头协商一致,拟共同与某乙公司签订《关于共同设立云南分公司的协议》,各方股份待商定,该协议为初稿,最终三方未能达成正式协议,黄某于

① 参见云南省昆明市中级人民法院民事判决书,(2024)云01民终9283号。

2020年7月15日出资100万元分两笔汇入云南某某公司指定的某丙公司,2020年7月19日,黄某代表云南某某公司到某乙公司考察并与某乙公司签订《设备购销合同》。黄某投入的上述款项作为设备款,由某丙公司汇入某乙公司账户,因某乙公司协商未果,三方合作协议最终没有正式签订。经协商一致同意,遂于2021年9月13日和某乙公司签订《设备购销合同解除协议》,由某乙公司返还全部设备订购款100万元。某丙公司收到某乙公司退回的100万元后,三天内云南某某公司无条件将款项全部退还黄某、双方同意,本协议签订后,就前期计划合作履行及解除合作期间发生的费用各自承担,双方均不再要求对方承担其他责任、补偿或支付其他费用。黄某在微信回复中未表示其同意该《关于共同设立云南某某公司协议书》内容。

另查明,云南某某公司于2020年4月22日成立,法定代表人为王某瑾,注册资本1000万元,股东有2位。其中,王某瑾的持股比例为80%,认缴出资额为800万元,认缴出资日期至2030年4月21日;林某云的持股比例为20%,认缴出资额为200万元,认缴出资日期至2030年4月21日。某丙公司的法定代表人为王某瑾,注册资本500万元,股东为王某瑾,其持股比例为100%。

黄某向一审法院起诉请求:(1)王某瑾、某丙公司、上海某甲公司共同退还黄某出资款100万元及利息73633.32元(以全国银行间同业拆借中心公布的贷款市场报价利率,自2021年8月24日起暂计至2023年8月19日,具体金额以实际付清日为准);(2)王某瑾、某丙公司、上海某甲公司共同返还黄某为公司设立垫付的各项费用88274元;(3)本案诉讼费用由王某瑾、某丙公司、上海某甲公司承担。

一审判决被告王某瑾于该判决生效之日起10日内向原告黄某支付黄某为设立公司支付的预付款50万元,驳回原告黄某的其他诉讼请求。二审法院判决撤销了一审判决,判令上诉人王某瑾于该判决生效之日起10日内向上诉人黄某支付案涉款项100万元,并支付以案涉款项100万元为基数,自黄某向一审法院提起本案诉讼之日即2024年3月7日起至款项付清之日止按照同期全国银行间同业拆借中心公布的1年期贷款市场报价利率计付的利息。

【案例分析】

二审法院认为,本案的争议焦点为以下两个。

首先,关于案涉法律关系应如何认定的问题,即案涉法律关系是合伙纠纷还是发起人责任纠纷。本案中双方并未签订书面合同对各自权利义务内容作出具体安排,从双方实施的行为和所作陈述可以看出,王某瑾与黄某磋商的目的和内容系出资成为公司股东以期进行消毒类产品的生产销售;王某瑾对黄某支付100万元案涉款项的目的和指向的理解解释亦是黄某欲出资成为公司股东;王某瑾对上海某甲公司称黄某是成立公司的出资方,并带其来公司考察,由此可见,上海某甲公司对王某瑾与黄某之间的关系的理解解释亦是黄某欲出资成为公司股东。故,通过黄某、王某瑾各自实施的积极行为所反映出的真实意思表示内容,再结合王某瑾的自认以及上海某甲公司大股东潘某对两者行为的理解,足以证明双方所欲建立的案涉法律关系是出资设立公司并成为公司股东,以公司名义具体经营消毒类产品,而非合伙关系。

其次,关于王某瑾是否应向黄某退还100万元出资款及其相应利息以及垫付费用的问题。双方建立的是发起设立有限责任公司的事实合同法律关系,而非王某瑾主张的合伙法律关系,但黄某在实际出资案涉款项100万元后,双方所欲发起设立的公司并未实际完成,黄某并未成为上海某甲公司与某丙公司于2020年7月22日所签订的《关于共同设立云南某某公司协议书》的一方主体,亦未成为已经设立的云南某某公司的股东之一,故而黄某所欲实现的合同目的已不能成就,其要求合同相对方王某瑾向其承担相应的法律责任显然有事实和法律依据。虽然双方未签订书面合同对各自权利义务内容作出具体安排,导致双方在出资数额、比例、时间的确定上存在争议,但根据法院查明的法律事实,在向某乙公司订购设备并签订《设备购销合同》后,除了黄某转账支付给某丙公司、某丙公司再转账支付给某乙公司的案涉款项100万元之外,双方均未再履行出资义务,尽管双方对还应由哪一方出资存在争议,但从公平和诚信原则出发,双方在发起设立公司的过程中,黄某出资100万元案涉款项后,王某瑾亦应履行相应的出资义务，可王某瑾并未实际出资，则从双方实际履行案涉法律关系的事实行为上看，导致案涉法律关系不能继续延续的主要过错在于王某瑾。

【风险提示】

首先，认缴制在公司法的修订中发生过重大变化。2013 年《公司法》修正的核心内容之一是注册资本制度的改革，从原有的实缴制转变为认缴制。新《公司法》第 47 条规定，“全体股东认缴的出资额由股东按照公司章程的规定自公司成立之日起五年内缴足”，对最长认缴期限的缩短正是为了防止长期认缴不实缴的滥用行为。根据新《公司法》第 49 条、第 50 条的规定，股东未按期足额缴纳出资的，除应当向公司足额缴纳外，还应当对给公司造成的损失承担赔偿责任；设立时的其他股东与该股东在出资不足的范围内承担连带责任。

其次，发起人责任、合伙责任经常会出现竞合，不同的请求权基础有各自需要满足的条件，当事人在提起诉讼时需区分清楚以何种案由提起诉讼。原告是否为适格被告与以何种案由起诉有很大关系。法院在开庭审理后，若认为案由变更为其他案由如公司设立纠纷、合伙协议纠纷、股东出资纠纷等更为适宜时，法院会询问原告是否要针对案由的变更而变更诉讼请求，若原告坚持以发起人责任纠纷为案由，且不变更诉讼请求，那么可能面临原告以此为案由不具备诉讼主体资格的问题。

最后，口头协议效力不足，出资路径不规范。发起人之间未签订书面协议以明确权利义务，仅通过微信沟通或口头约定的，易被法院认定为“事实合同关系”，导致责任分配争议。发起人通过第三方公司中转出资款的，可能会被质疑出资真实性，甚至被认定为借款或不当资金占用。

【律师建议】

针对上述分析，笔者提出以下建议。

1. 出资流程合规化管理

在公司设立阶段的资金往来，建议设立专用银行账户接收出资款，尽量不要使用其他公司账户或者个人账户。并且在资金往来过程中留存银行流水、出资确认书等证据。对于非货币出资，可以委托会计师事务所对出资进行验资并出具报告，同步写入公司章程。

2. 保留合同、付款凭证等原件

在公司设立阶段，合同责任的承担往往取决于权利义务的承担主体是谁。司法实践也逐渐形成穿透式审判路径，当事人应该注意保留在公司设立期间垫付款所指向的采购合同、施工合同等原件及付款凭证原件等，以证明资金用途与公司设立直接相关，公司是受益者，以备向公司请求偿还垫付款项。

3. 选择正确的纠纷案由进行起诉

案由正确与否决定了当事人的诉讼请求能否被支持或者说是达到能够被支持当事人所负担的举证责任的难易程度。在明确当事人之间存在设立公司的合意后，确定该纠纷为与公司有关的纠纷而非合伙合同纠纷等其他类型纠纷后，若当事人存在明显过错，如未履行出资义务，则优先以"发起人责任纠纷"立案，主张返还出资款及利息；若涉及多方法律关系混同，如关联公司资金流转等，则可以考虑选择"股东出资纠纷"等其他案由。

【法条链接】

《中华人民共和国公司法》(2023 年修订)

第四十七条　有限责任公司的注册资本为在公司登记机关登记的全体股东认缴的出资额。全体股东认缴的出资额由股东按照公司章程的规定自公司成立之日起五年内缴足。

法律、行政法规以及国务院决定对有限责任公司注册资本实缴、注册资本最低限额、股东出资期限另有规定的，从其规定。

第四十九条　股东应当按期足额缴纳公司章程规定的各自所认缴的出资额。

股东以货币出资的，应当将货币出资足额存入有限责任公司在银行开设的账户；以非货币财产出资的，应当依法办理其财产权的转移手续。

股东未按期足额缴纳出资的，除应当向公司足额缴纳外，还应当对给公司造成的损失承担赔偿责任。

第五十条　有限责任公司设立时，股东未按照公司章程规定实际缴纳出资，或者实际出资的非货币财产的实际价额显著低于所认缴的出资额的，设立时的其他股东与该股东在出资不足的范围内承担连带责任。

第五十一条 有限责任公司成立后,董事会应当对股东的出资情况进行核查,发现股东未按期足额缴纳公司章程规定的出资的,应当由公司向该股东发出书面催缴书,催缴出资。

未及时履行前款规定的义务,给公司造成损失的,负有责任的董事应当承担赔偿责任。

《最高人民法院关于适用〈中华人民共和国公司法〉若干问题的规定(三)》(2020年修正)

第一条 为设立公司而签署公司章程、向公司认购出资或者股份并履行公司设立职责的人,应当认定为公司的发起人,包括有限责任公司设立时的股东。

第三条 发起人以设立中公司名义对外签订合同,公司成立后合同相对人请求公司承担合同责任的,人民法院应予支持。

公司成立后有证据证明发起人利用设立中公司的名义为自己的利益与相对人签订合同,公司以此为由主张不承担合同责任的,人民法院应予支持,但相对人为善意的除外。

第四条 公司因故未成立,债权人请求全体或者部分发起人对设立公司行为所产生的费用和债务承担连带清偿责任的,人民法院应予支持。

部分发起人依照前款规定承担责任后,请求其他发起人分担的,人民法院应当判令其他发起人按照约定的责任承担比例分担责任;没有约定责任承担比例的,按照约定的出资比例分担责任;没有约定出资比例的,按照均等份额分担责任。

因部分发起人的过错导致公司未成立,其他发起人主张其承担设立行为所产生的费用和债务的,人民法院应当根据过错情况,确定过错一方的责任范围。

《中华人民共和国民事诉讼法》(2023年修正)

第六十七条 当事人对自己提出的主张,有责任提供证据。

当事人及其诉讼代理人因客观原因不能自行收集的证据,或者人民法院认为审理案件需要的证据,人民法院应当调查收集。

人民法院应当按照法定程序,全面地、客观地审查核实证据。

(二)发起人过失行为致使公司利益受损时的责任承担问题

谢某、陈某发起人责任纠纷案[①]

【关键词】

经营亏损　出资不足　过错责任比例

【案情简介】

2017年3月17日,原告马某与被告陈某、谢某达成口头协议,在务川县设立惜缘亲新文化公司。三方约定股份设置如下:总股份为四股,马某占二股,陈某占一股,谢某占一股。出资方式:总预计投资200万元,马某投资100万元(以其经营的惜缘亲新书屋财产作价,系个人工商户),陈某投资50万元,谢某投资50万元,后续投资各方按股份比例投入。

2017年3月27日,惜缘亲新文化公司成立,登记类型为有限责任公司(自然人独资),法定代表人为马某。同月底,原告马某与被告建立微信群,马某与张某(陈某丈夫)、谢某经常在群里沟通和衔接涉及合作经营书店的事宜。随后,原、被告在务川中学附近租房子设立惜缘亲新书屋一分店,并于2017年6月29日以马某名义申请登记为个体工商户开展营业。其间,马某与被告协议对惜缘亲新文化公司进行重新装修,2017年6月12日,马某以惜缘亲新文化公司名义与贵州凯迪亚建筑装饰工程有限公司签订施工合同,约定由贵州凯迪亚建筑装饰工程有限公司对务川惜缘亲文化公司进行设计装修。2017年4月6日至2017年8月17日,谢某共给付马某出资款44.8万元。2017年4月8日至2017年7月24日,陈某共计投入投资款20万元。因装修资金等问题至2017年10月28日惜缘亲新文化公司才正式开业。因合作经营书店产生争议,马某与被告最终于2017年11月终止合作。陈某、谢某分别于2018年3月、2019年4月向法院起诉请求解除协议,并请求返还投资款,法院分别于2019年4月26日、2019年6月24

---

① 参见贵州省遵义市中级人民法院民事判决书,(2021)黔03民终1729号。

日作出民事判决解除了马某与陈某、谢某于2017年3月17日达成的协议，并判决马某分别返还陈某、谢某出资款20万元、44.8万元及利息。前述判决已发生法律效力。

其后，遵义恒立会计师事务所有限公司受惜缘亲新文化公司委托对惜缘亲新文化公司2017年4月至2017年11月的财务收支情况进行专项审计。遵义恒立会计师事务所有限公司作出的审计报告显示2017年4月至2017年11月，惜缘亲新文化公司累计经营亏损578555.63元，其分析亏损的主要原因为：(1)装修拖延时间太长，导致无法按原计划在2017年8月（下个学期开学前）开业，各类辅导书和辅导资料在销售旺季无法上架销售。(2)张某和谢某资本金未缴足，且装修施工期间仡佬书社未能正常营业，流动资金不足，一些销售旺季可以批销盈利的业务被迫取消等。马某、惜缘亲新文化有限公司向一审法院起诉请求：(1)判令张某、陈某赔偿马某装修损失125000元，判令谢某赔偿马某装修损失125000元；(2)判令张某、陈某赔偿原告合伙经营损失347133.38元，判令谢某赔偿原告合伙经营损失173566.69元；(3)判令张某、陈某与谢某分别赔偿马某借款106799.05元；(4)判令张某、陈某、谢某共同支付马某房租50000元；(5)判令谢某返还原告经营所得收入139500元，并支付2017年8月1日至付清之日的银行同期贷款利息；(6)本案诉讼费由三被告负担。

一审法院判决被告陈某、谢某于该判决生效之日起30日内分别赔偿原告马某、务川自治县惜缘亲新文化公司经营损失173566.69元、144648.91元。驳回原告马某、务川自治县惜缘亲新文化公司的其他诉讼请求。谢某、陈某、马某、惜缘亲新文化有限公司提起上诉，二审法院判决驳回上诉，维持原判。

【案例分析】

二审法院认为，各方当事人争议的焦点问题主要为：(1)马某、惜缘亲新文化有限公司请求谢某、陈某、张某赔偿因装修惜缘亲总店店面的损失以及出借给惜缘亲新文化有限公司借款损失是否应当予以支持；(2)一审判决陈某、谢某、马某承担的责任比例是否恰当。

关于马某、惜缘亲新文化公司请求谢某、陈某、张某赔偿因装修惜缘亲新文化公司总店店面而致的损失以及出借给惜缘亲新文化公司借款的损失是否应当予以支持的焦点问题，因惜缘亲新文化公司系马某以个人名义设立，其登记的是独资企业，因此以该公司名义实施的法律行为所产生的权利义务应由该公司享有和承担。本案中上诉人马某、惜缘亲新文化公司主张的损失是装修惜缘亲新文化公司店面的损失和以惜缘亲新文化公司的名义进行经营造成的损失，因此，该损失相应地应由马某和惜缘亲新文化公司承担。故，对马某和惜缘亲新文化公司的请求，法院不予支持。

关于一审判决陈某、谢某、马某承担的责任比例是否恰当的焦点问题，三方的共同经营是基于签订《关于成立务川惜缘亲新文化有限公司的协议》后，为设立务川惜缘亲新文化公司而经营，而在履行该协议过程中，因经营造成马某、惜缘亲新文化公司亏损 578555.63 元。因为谢某、陈某未足额出资存在过错，马某未将二人变更登记为惜缘亲新文化公司的股东也存在相应的过错，故一审根据各方在履行该协议过程中的过错大小，综合衡定，判决马某自行承担 40% 的责任，陈某承担 35% 的责任，谢某承担 25% 的责任。

【风险提示】

发起人责任纠纷是指发起人在公司设立过程中，因公司不能成立对认股人所应承担的责任，或者公司成立时因发起人自身的过失行为致使公司利益受损失所应当承担相应责任的纠纷。发起人未按约定足额出资，导致公司运营资金不足的，会影响公司的资金链以及正常的生产经营业务。若导致公司经营困难或设立失败，其他发起人可以主张违约损害赔偿。此外，根据《最高人民法院关于适用〈中华人民共和国公司法〉若干问题的规定(三)》第 13 条第 1 款、第 2 款、第 3 款的规定，“股东未履行或者未全面履行出资义务，公司或者其他股东请求其向公司依法全面履行出资义务的，人民法院应予支持”“公司债权人请求未履行或者未全面履行出资义务的股东在未出资本息范围内对公司债务不能清偿的部分承担补充赔偿责任的，人民法院应予支持……”“股东在公司设立时未履行或者未全面履行出资义务，依照本条第一款或者第二款提起诉讼的原告，请求公司的发起人与被告股东承担连带责任的，人民法院应予支持；公司的发起人承担责任后，可以向被告股东追偿”，由此可见，不仅发起人需要在未出资本息范围内对公司债务承担补充责任，而且其他发起人也面临着承担连带责任的风险。

在公司成立时因发起人自身的过失行为致使公司利益受损时发起人应对公司承担相应责任。发起人在公司设立阶段作出重大错误决策的，如装修工期拖延、资金调配失当等，可能被认为违反忠实勤勉义务，需要按照过错比例承担公司损失。主要发起人未将其他发起人及时登记或者变更登记为股东的，对可能造成的损失也应承担一定责任。

【律师建议】

针对此类发起人对公司承担责任的案例，笔者给出以下建议。

1. 及时变更登记

发起人在完成出资后，在公司设立进程中需要及时关注股东名册的登记情况以及工商登记信息的公示内容。若发现股东名册未记载其身份或工商登记信息与出资事实不符，有权要求公司和相关负责人及时变更，并留存催告证据。对于负有变更登记义务的负责人而言，应该积极、审慎履职，避免对内向股东承担责任，对外向因登记瑕疵对第三人信赖利益的损害赔偿责任。

2. 过失行为的事前规范

在公司设立阶段，发起人的过失行为如出资不足、程序违规等可能导致公司利益受损，甚至引发连带责任。因此，可以通过明确各方主体权利义务，如通过出资条款约定各发起人的出资金额、方式、时间节点，明确未按期出资的后果。发起人一方面要积极如期出资，另一方面要适当督促其他发起人如期足额出资。再如，可以通过过失责任条款，要求发起人在公司设立中尽到合理审慎义务，如市场调研、合同风险提示等。

3. 损失举证与抗辩策略

当公司因发起人过失导致损失时，需要通过有效举证与抗辩厘清责任边界，降低赔偿风险。在公司的实际经营中，各种因素各方主体都会影响公司的经营状况，因此很难明确界定公司亏损的直接原因是什么。当存在多种因素时，也很难界定各种因素所发挥作用的比重。因此，使用权威的证据证明事实对案件的判决至关重要。例如，对于直接损失，当事人可以提供审计报告、财务账簿等，证明损失金额。本案中会计师事务所出具的审计报告确定了装修拖延导致图书过期从而造成损失的事实，成为法院判决的关键证据。对于间接损失，如商誉损失、预期利润等，当事人需要举证其与过失行为无直接关联。

【法条链接】

《最高人民法院关于适用〈中华人民共和国公司法〉若干问题的规定(三)》(2020年修正)

第十三条　股东未履行或者未全面履行出资义务，公司或者其他股东请求其向公司依法全面履行出资义务的，人民法院应予支持。

公司债权人请求未履行或者未全面履行出资义务的股东在未出资本息范围内对公司债务不能清偿的部分承担补充赔偿责任的，人民法院应予支持；未履行或者未全面履行出资义务的股东已经承担上述责任，其他债权人提出相同请求的，人民法院不予支持。

股东在公司设立时未履行或者未全面履行出资义务，依照本条第一款或者第二款提起诉讼的原告，请求公司的发起人与被告股东承担连带责任的，人民法院应予支持；公司的发起人承担责任后，可以向被告股东追偿。

股东在公司增资时未履行或者未全面履行出资义务，依照本条第一款或者第二款提起诉讼的原告，请求未尽公司法第一百四十七条第一款规定的义务而使出资未缴足的董事、高级管理人员承担相应责任的，人民法院应予支持；董事、高级管理人员承担责任后，可以向被告股东追偿。

《最高人民法院关于适用〈中华人民共和国民事诉讼法〉的解释》(2022年修正)

第九十条　当事人对自己提出的诉讼请求所依据的事实或者反驳对方诉讼请求所依据的事实，应当提供证据加以证明，但法律另有规定的除外。

在作出判决前，当事人未能提供证据或者证据不足以证明其事实主张的,由负有举证证明责任的当事人承担不利的后果。

《中华人民共和国民事诉讼法》(2023 年修正)

第一百七十条 人民法院在审理过程中,发现案件不宜适用简易程序的,裁定转为普通程序。

第二章
公司运营阶段企业常见法律纠纷

本章主要围绕公司成立后至正常运营过程中的各类法律纠纷与风险进行分析，涵盖股东出资、股东资格确认、股东权利、股权转让和公司治理等方面。在这一阶段，企业面临着来自股东、管理层、第三方投资者及政府监管等多方因素的影响，纠纷和法律风险极为常见。股东出资纠纷涉及股东未按期足额出资或出资性质不明确，可能导致股东之间、股东与公司之间的责任追究及权益分配问题。股东资格确认纠纷则往往出现在股东身份模糊或股东权益转移时，可能引发股东权利的归属争议。股东权利纠纷多发生在股东行使权利的过程中，如股东未能行使提案、表决等权利，或股东权利被其他股东限制时，可能导致股东间的利益冲突。股权转让纠纷则涉及股东在转让股权时的程序不规范或股东间权益未达成一致，从而引发纠纷。最后，公司治理纠纷通常涉及股东与管理层之间的权力斗争、董事会运作不当、股东大会决议未能正常执行等问题。

本章将依托最新的公司法实践，对这些纠纷的发生原因、常见案例以及预防和解决办法进行详细探讨，为企业及相关法律从业人员提供法律风险提示和解决方案。

一、股东出资问题

股东出资纠纷是公司运营阶段较为常见且重要的法律问题之一，涉及股东与公司之间关于出资义务的履行、确认以及履行争议的解决。股东出资不仅是公司设立的基础，而且是公司正常运作的关键。出资义务的履行情况直接关系到公司的资本结构、股东权利及公司债务的承担。在实践中，由于股东出资方式、出资时间及相关协议的复杂性，股东出资纠纷时常发生。

本部分将对股东出资纠纷进行详细探讨，主要包括股东出资加速到期的适用条件、股东是否可以以其对公司的债权抵销其出资义务、瑕疵股东是否可以主张抽逃股东返还出资等一系列重要问题。通过分析股东出资的法律适用标准与实践中的具体案例，帮助读者深入理解股东出资中的法律风险并提出相应防范措施。此外，本部分还将重点关注以划拨土地使用权出资、实际出资人身份认定以及股权重置后的出资义务问题等特殊情形，帮助企业更好地应对股东出资纠纷，确保公司运营的稳定性和合规性。

（一）股东出资加速到期的适用条件

郑州某某企业管理咨询有限公司与李某艳、陈某卫等股东损害公司债权人利益责任纠纷案①

【关键词】

资本认缴制　加速到期规则　补充责任

【案情简介】

2015年8月12日，河南某某装饰工程有限公司成立，注册资本为600万元，由李某艳为原始股东，出资时间为2045年7月31日前。2017年9月15日，公司注册资本增加至1500万元，出资时间未变。2019年8月12日，公司名称变更为第三人某某（河南）建设发展有限公司（以下简称甲公司），同时股东发生变化。李某艳将其股份以0元价格转让给程某、陈某卫、徐某明和艾某。新股东认缴出资1亿元，出资时间为2039年12月31日前。同日，甲公司的注册资本从1500万元增至1亿元，股东程某认缴3000万元，陈某卫认缴2500万元，徐某明认缴3000万元，艾某认缴1500万元。2019年9月23日，股东们将其股权转让给河南某某建筑安装有限公司（以下简称乙公司），并于2020年4月15日再将股权转回，出资时间未变。

2019年9月10日，乙公司与甲公司签订《责任划分协议》，明确在目标资质分立期间，乙公司不负有出资义务，甲公司承担相关责任。2019年9月，郑州某某企业管理咨询有限公司为甲公司提供企业劳务资质的变更登记服务，将河南某某建设工程有限公司的法定代表人变更为甲公司法人代表，另将该企业的《建筑企业资质证书》《安全生产许可证》及其相关人员和人员的社保等内容一并打包变更，总价款为20万元。支付方式为分期

---

① 参见河南省郑州高新技术产业开发区人民法院民事判决书，(2024)豫0191民初14980号。

付款。甲公司支付了第一笔分期款项 10 万元，后未支付剩余款项。2022 年 9 月，郑州仲裁委员会裁定甲公司支付剩余报酬 10 万元，并驳回了其他仲裁请求。由于甲公司未履行裁决，郑州某某企业管理咨询有限公司申请强制执行。2023 年 10 月 12 日，郑州市中级人民法院裁定终结该次执行程序，因未发现可供执行财产。

法院判决，根据裁决，由程某、陈某卫、徐某明、艾某在未缴纳出资的范围内，对甲公司的债务承担补充赔偿责任。

【案例分析】

法院认为，根据新《公司法》第 54 条的规定，当公司不能清偿到期债务且在强制执行过程中未能发现可供执行的财产时，法院可以要求未履行出资义务的股东提前履行出资义务。因此，本案中由于甲公司的财产不足以清偿债务，法院认为符合股东出资加速到期的条件，要求未履行出资义务的股东提前缴纳出资。被告程某、陈某卫、徐某明和艾某作为现任股东，未能提供证据证明已实际履行出资义务，且在股东出资加速到期的情况下，法院判定他们应对公司未能清偿的债务承担补充赔偿责任，具体为：程某在未出资的 3000 万元范围内、陈某卫在 2500 万元范围内、徐某明在 3000 万元范围内、艾某在 1500 万元范围内承担补充赔偿责任。根据新《公司法》第 88 条第 1 款的规定，股东在转让未届出资期限的股权时，受让股东应承担缴纳出资的责任。如果受让股东未按期缴纳出资，转让股东须承担补充责任。法院认为，在本案中，股东李某艳、程某、陈某卫、徐某明、艾某等在认缴出资期限届满前转让股权，应当对受让股东未能清偿的债务承担补充赔偿责任。被告乙公司辩称其未实际经营公司，且已被判定不承担责任。法院认为，乙公司作为受让股东，即使未实际经营，仍然应当承担相应的责任，因为其受让了股权并成了公司股东。法院不采纳乙公司的抗辩，认为其应对未清偿的债务承担补充赔偿责任。最终，法院判定被告程某、陈某卫、徐某明和艾某分别对其受让股东未能清偿的部分承担补充赔偿责任，并且李某艳作为原始股东，也应对其转让股权后的债务承担补充赔偿责任。

【风险提示】

在新《公司法》第 47 条的 5 年内缴足规则出台之前，实践中存在一个重要问题,即股东的出资义务加速到期缺乏明确的法律依据。特别是在2013年以来,尽管《九民纪要》设立了加速到期的相关规定,但其适用条件非常严格,导致破产外加速到期的适用非常困难。法院在实际操作中,也因担忧对企业和职工带来不良影响,往往不愿轻易受理破产案件。这种情形进一步放大了自由认缴制所带来的问题,尤其是股东未按期缴纳出资的问题长期未得到有效治理。由于破产外加速到期适用困难,且法院对破产案件的受理存在顾虑,出资期限过长的问题得不到及时有效的解决。因此,5年内缴足规则的出台,正是为了回应这一问题,从而能更高效地解决股东未按时出资的情况。

新《公司法》第54条的加速到期规则,相比《九民纪要》中的加速到期规则有了显著变化。新规则放宽了适用条件,进一步完善了股东出资义务加速到期的标准和效果。《九民纪要》第6条只允许在两种情形下加速到期:一是公司具备破产原因但未申请破产,二是股东会恶意延长出资期限。这两种情况认定较为困难,且出现的概率较低。因此,实际操作中很少援用这一规则。与《九民纪要》相比,新《公司法》第54条对加速到期规则的适用条件更加宽松。只需公司无法清偿到期债务,就可以启动加速到期规则。这一规定大大降低了适用门槛,不再局限于破产场景。新《公司法》未详细定义“不能清偿到期债务”,但可以参照《最高人民法院关于适用〈中华人民共和国企业破产法〉若干问题的规定(一)》第2条的标准,只要债权债务关系依法成立、债务已经到期且债务人未完全清偿债务,法院就可认定公司“不能清偿到期债务”。这一标准比《企业破产法》中的“资不抵债”要求更为宽松。新《公司法》第54条规定,不仅债权人可以请求股东出资义务加速到期,公司也有权要求未履行出资义务的股东提前履行出资义务。这一变化增加了公司管理者或其他股东启动加速到期的可能性,使股东更难逃避出资义务。

【律师建议】

新《公司法》的加速到期规则以及转让方对受让方的出资义务承担补充责任的规则,兼顾了资本认缴制的效益与保护民商事主体权益的公平,在平衡债权人利益和股东权益上实现了重大进步。该类规则优先保护公司资本的充实和债权人利益的实现，明确了一旦成为公司股东，其基于出资而享有的权利并非完全自由绝对没有限制。新《公司法》第 54 条的加速到期规则为股东出资义务的履行提供了更为有效的法律保障，但也为公司带来了新的风险。公司应加强对股东出资的管理，完善股东协议与章程的内容，谨慎处理股东股权转让等事项，同时在遇到财务困境时，及时采取相应法律措施应对股东出资加速到期的潜在风险，以确保公司的健康发展和股东之间的和谐关系。笔者将给出以下具体法律建议。

1. 合理确定认缴出资金额

对于公司股东来说，应当根据认缴出资金额对公司债务承担责任，有限的注册资本制度本质上是为了限制股东的投资风险，防止责任过度扩大。随着新《公司法》的修订，股东出资到位的责任进一步得到明确。如果出资期限届满后未能实缴到位，或随意延长认缴出资期限，甚至公司存在无法清偿债务的情况，可能会触发股东出资加速到期的条款，从而加重股东的责任。因此，股东在公司设立或对外投资时，应综合考虑自身经济状况、公司经营计划、投资风险和公司规模等因素，合理确定注册资本金额，以便更好地规避股东的投资风险，避免因出资义务提前到期等情况给股东带来沉重的经济压力。

2. 对于注册资本偏高且无法缴足的公司进行减资

为确保资本充足并规避因未足额实缴注册资本所带来的风险，企业应根据自身发展状况和股东资金情况，考虑以减资作为解决方案。对于有减资需求的公司和股东，应严格遵守新《公司法》及相关实施办法的减资规定，及时履行公示义务，并根据公司的债务和盈利情况选择合适的减资方式。同时，必须按照新《公司法》的规定保障债权人的权益，履行必要的通知义务，并根据需要提供清偿或担保。

3. 对于需要证明资金实力的公司，可后续增资

对于那些需要证明资金实力的公司，初期可能由于投资压力或资金状况等原因设置了较低的注册资本。待企业或股东具备更多资金能力时，可考虑后续增资，灵活增加注册资本，并可根据实际情况调整增资的幅度，从而保证股东的资金支配自由度。

4. 重点关注公司是否存在到期债务,及时采取应对措施

鉴于新《公司法》引入了认缴出资加速到期的规定,必须重点关注公司是否存在到期债务。如有到期债务,应充分评估债务风险,并采取即时偿还或提供相应担保等措施,以避免债权人要求股东履行加速到期义务。如果公司注册资本未完全实缴,可在公司章程中提前规定,当公司无法清偿到期债务时,未实缴出资的股东应按比例履行加速到期的出资义务。这样可避免在公司债务无法清偿时,债权人或公司要求股东履行加速到期义务时,未履行出资义务的股东之间就责任分担产生争议。

5. 谨慎处理股东间的股权转让

在股东进行股权转让时,应特别关注股东的出资义务履行情况和协议约定的履行状况。股东在转让股权前,应履行完毕所有出资义务,避免因未完成出资义务而面临加速到期的法律风险。在股权转让协议中,可以增加相关条款,明确受让方需要承担的出资义务,并约定转让方未按时履行出资的补充赔偿责任。

【法条链接】

《中华人民共和国公司法》(2023 年修订)

第五十四条 公司不能清偿到期债务的,公司或者已到期债权的债权人有权要求已认缴出资但未届出资期限的股东提前缴纳出资。

《最高人民法院关于适用〈中华人民共和国公司法〉若干问题的规定(三)》(2020 年修正)

第十三条 股东未履行或者未全面履行出资义务,公司或者其他股东请求其向公司依法全面履行出资义务的,人民法院应予支持。

公司债权人请求未履行或者未全面履行出资义务的股东在未出资本息范围内对公司债务不能清偿的部分承担补充赔偿责任的,人民法院应予支持;未履行或者未全面履行出资义务的股东已经承担上述责任,其他债权人提出相同请求的,人民法院不予支持。

股东在公司设立时未履行或者未全面履行出资义务,依照本条第一款或者第二款提起诉讼的原告,请求公司的发起人与被告股东承担连带责任的,人民法院应予支持;公司的发起人承担责任后,可以向被告股东追偿。

股东在公司增资时未履行或者未全面履行出资义务，依照本条第一款或者第二款提起诉讼的原告，请求未尽公司法第一百四十八条第一款规定的义务而使出资未缴足的董事、高级管理人员承担相应责任的，人民法院应予支持；董事、高级管理人员承担责任后，可以向被告股东追偿。

《全国法院民商事审判工作会议纪要》

6.【股东出资应否加速到期】在注册资本认缴制下，股东依法享有期限利益。债权人以公司不能清偿到期债务为由，请求未届出资期限的股东在未出资范围内对公司不能清偿的债务承担补充赔偿责任的，人民法院不予支持。但是，下列情形除外：

（1）公司作为被执行人的案件，人民法院穷尽执行措施无财产可供执行，已具备破产原因，但不申请破产的；

（2）在公司债务产生后，公司股东（大）会决议或以其他方式延长股东出资期限的。

（二）股东以对公司的债权抵销出资义务的审查认定

北京某建材公司与北京某科技公司、马某等买卖合同纠纷案[①]

【关键词】

股东出资　债权出资　抵销

【案情简介】

2017 年 11 月 21 日，北京某建材公司向北京某科技公司发函，载明北京某科技公司尚欠其基材款 381206.77 元，北京某科技公司在该函上盖章，马某、李某泽在函上签字。

北京某科技公司的工商登记材料显示：马某于 2016 年 3 月 31 日成为该公司股东。2017 年 1 月 9 日该公司章程载明，注册资本 300 万元，马某认缴出资数额 165 万元，出资方式为货币，出资时间为 2024 年 6 月 30 日。2018 年 5 月 7 日修改后的该公司章程载明，注册资本 300 万元，马某认缴出资额 165 万元，出资方式为货币，出资时间为 2017 年 12 月 25 日。前述工商登记材料中无验资相关材料。马某称，修改章程时已有债权人向北京某科技公司提起诉讼。2018 年 4 月 26 日，北京某科技公司临时股东会决议载明，经大会审议投票表决，一致通过以下决议：(1) 修改北京某科技公司章程第 7 条。修改后马某的出资信息为，认缴出资额 165 万元，实缴出资额 165 万元，出资方式为货币、债权，出资期限为 2018 年 6 月 30 日。(2) 公司审阅财务账簿后得出公司对马某的借款为 104 万元，现公司决议将公司对马某的借款中的 103.25 万元转为马某对公司的出资，自即日起马某的出资全部实缴到位。该临时股东会决议未在工商登记机关备案。国家企业信用信息公示系统显示，北京某科技公司于 2019 年 6 月 26 日公示的 2018 年度企业年报载明，马某认缴出资额 165 万元，实缴出资额

---

① 参见北京市第一中级人民法院民事判决书，(2021) 京 01 民终 4078 号。

61.75 万元。北京某科技公司于 2020 年 6 月 25 日公示的 2019 年度企业年报载明，马某认缴出资额 165 万元，实缴出资额 165 万元。

另查明，2016 年 5 月 11 日至 2018 年 5 月 16 日，马某向北京某科技公司进行多笔转账，其中 61.75 万元的转账备注为“投资款”，其余转账备注为“借款”“社保”“工资”等。马某还向北京某科技公司的交易方进行多笔转账，马某称其系替北京某科技公司向第三人支付租金、发放工资等。北京某科技公司向马某亦有转账，马某认为其向北京某科技公司直接转账和替北京某科技公司向第三人转账的金额，远高于北京某科技公司向马某转账的金额，二者差额已高于马某认缴的出资额。2018 年北京某科技公司有多起作为被执行人的案件，因无财产可供执行，法院裁定终结本次执行。北京某科技公司曾于 2018 年向法院申请破产清算，后经法院裁定准许撤回破产清算申请。

北京市门头沟区人民法院于 2021 年 1 月 26 日作出（2020）京 0109 民初 1877 号民事判决，判决：（1）北京某科技公司于判决生效之日起 7 日内向北京某建材公司支付货款人民币 381206.77 元及相应利息；（2）马某在未出资的 103.25 万元本息的范围内对上述欠款不能清偿的部分承担补充赔偿责任；（3）李某泽在未出资的 58 万元本息的范围内对上述欠款不能清偿的部分承担补充赔偿责任。宣判后，马某提起上诉。北京市第一中级人民法院于 2021 年 7 月 19 日作出（2021）京 01 民终 4078 号民事判决，判决：驳回上诉，维持原判。

【案例分析】

法院认为，本案争议焦点为马某对北京某科技公司的出资义务是否可与北京某科技公司对马某的债务进行抵销。从《公司法》关于资本缴付规定的立法本意看，股东认缴的出资系公司经营的基础和公司债权人利益的保障。相较于股东对公司的债权而言，股东对公司的出资义务是法定义务，二者抵销需考量该抵销是否损害其他债权人的利益。本案中，马某提交的 2018 年 4 月 26 日临时股东会决议载明，将北京某科技公司章程中的出资信息修改为，马某认缴出资额 165 万元，实缴出资额 165 万元，出资方式为货币、债权，出资期限为 2018 年 6 月 30 日。但该股东会决议未在工商登记机关备案，且北京某科技公司在工商登记机关备案的2018年5月7日修改的公司章程中并未体现上述修改内容，仍载明马某认缴出资额165万元，出资方式为货币。马某确认，上述临时股东会决议作出时，已有债权人对北京某科技公司提起诉讼。法院作出的执行裁定亦确认，北京某科技公司无财产可供执行。故在北京某建材公司已起诉请求马某承担出资瑕疵赔偿责任的情况下，马某主张以其对北京某科技公司享有的债权抵销其出资义务，等同于将股东债权优先于其他债权受偿，损害了公司其他债权人的利益。因此，对于马某主张以其对北京某科技公司享有的债权抵销其出资义务的主张，法院不予支持。综上，法院依法作出如上裁判。

【风险提示】

自从实行资本认缴制以来，公司与股东之间的资金往来产生了一种常见现象：股东在尚未完全履行出资义务的情况下，可能因资金拆借、代付、债权受让等原因对公司持有债权。新《公司法》第48条将"债权"列为出资方式之一，股东以债权出资理论上既包括股东以对第三方享有的债权出资，也包括股东以对公司享有的债权出资。股东以对公司享有的债权出资的方式，又可分为两种情形：一是以债权增资入股；二是以债权抵销认缴出资义务。然而，在实践中，股东以债权抵销出资义务的做法存在较大争议。例如，在(2022)京02民终14735号案中，北京市第二中级人民法院与北京市第一中级人民法院的观点一致，认为股东通过债权抵销出资义务的，若公司财产不足以偿还生效法律文书确认的债务，则相当于赋予了股东优先受偿的地位，这明显损害了其他债权人的合法权益。与此相对，在(2022)湘01民终4215号案中，长沙市中级人民法院则持相反观点，认为公司经人民法院强制执行后无法清偿债务，已具备破产原因，股东以债权作为出资并不违反法律规定，且债权并非需评估作价的非货币资产，因此不支持要求股东在未履行的出资本息范围内承担补充赔偿责任的诉讼请求。未履行或者未全面履行出资义务的股东以其对公司享有的到期债权抵销出资义务的，应当符合以下条件：(1)应当通过股东会决议修改公司章程，将出资方式变更为债权出资，并确认实缴出资；(2)前述股东会决议作出时，公司应当具有充足的清偿能力；(3)修改后的公司章程应当经公司登记机关备案。对于不符合上述条件的,公司债权人请求未履行或者未全面履行出资义务的股东在未出资本息范围内对公司债务不能清偿的部分承担补充赔偿责任的,人民法院依法予以支持。

【律师建议】

针对以上裁判要旨,笔者为以债权出资的股东提出以下法律建议。

1. 修改公司章程并明确债权出资

召开股东会决议。股东应通过股东会决议,决定将出资方式从货币出资或实物出资改为债权出资。修改章程时,特别需要明确规定,股东以其对公司的债权出资,并确认债权的金额和性质。这一决议要经过股东会的合法表决,确保符合股东大会程序要求。

出资确认。股东应在决议中明确债权的数额以及债权的具体性质(例如是否为到期债权,是否存在争议等)。此外,股东会决议应当确认债权的价值作为出资的数额,并明确股东已履行或将履行相应的出资义务。

2. 确保公司具备充足的清偿能力

审查公司财务状况,以确保公司具备充足的清偿能力。股东应确保公司在进行债权抵销时,财务状况良好,能够支付其他债务。如果公司已经无力偿还其他债务,或者存在明显的偿债困难,债权抵销可能会被视为不合法或不合规,特别是如果该行为被认为是为了规避公司债务或破产清算而进行的。

3. 确保公司章程修改备案

修改后的公司章程必须在公司登记机关备案。只有在备案后,修改才会具备法律效力,并且对外部债权人产生公示效力。如果公司没有按照规定进行备案,则修改可能会被视为无效,且无法对抗外部债权人。在提交章程修改案备案前,可以通过专业律师对修改的章程进行审查,确保其符合《公司法》及相关法律法规的要求,并且没有违反任何强制性法律规定。

4. 避免损害债权人利益

股东使用债权抵销出资义务的行为,可能会被认为是为了自身债权的优先受偿,从而影响其他债权人的利益。特别是在公司财产不足以清偿其他债务时，债权抵销出资义务的行为可能会导致股东通过债权抵销提前获得偿还。股东应谨慎评估债权抵销是否会导致公司其他债权人的利益受到损害。为了避免将来可能出现的债权人争议，股东应保证债权抵销不会损害公司债权人的清偿顺序，尤其是在公司已经出现财务危机或破产情形下。

【法条链接】

《中华人民共和国民法典》

第五百六十八条 当事人互负债务，该债务的标的物种类、品质相同的，任何一方可以将自己的债务与对方的到期债务抵销；但是，根据债务性质、按照当事人约定或者依照法律规定不得抵销的除外。

当事人主张抵销的，应当通知对方。通知自到达对方时生效。抵销不得附条件或者附期限。

第五百六十九条 当事人互负债务，标的物种类、品质不相同的，经协商一致，也可以抵销。

《中华人民共和国公司法》(2023 年修订)

第四十八条 股东可以用货币出资，也可以用实物、知识产权、土地使用权、股权、债权等可以用货币估价并可以依法转让的非货币财产作价出资；但是，法律、行政法规规定不得作为出资的财产除外。

对作为出资的非货币财产应当评估作价，核实财产，不得高估或者低估作价。法律、行政法规对评估作价有规定的，从其规定。

《最高人民法院关于适用〈中华人民共和国企业破产法〉若干问题的规定(二)》(2020 年修正)

第四十六条 债务人的股东主张以下列债务与债务人对其负有的债务抵销，债务人管理人提出异议的，人民法院应予支持：

(一)债务人股东因欠缴债务人的出资或者抽逃出资对债务人所负的债务；

(二)债务人股东滥用股东权利或者关联关系损害公司利益对债务人所负的债务。

《最高人民法院关于适用〈中华人民共和国公司法〉若干问题的规定（三）》（2020年修正）

第十七条第一款　有限责任公司的股东未履行出资义务或者抽逃全部出资，经公司催告缴纳或者返还，其在合理期间内仍未缴纳或者返还出资，公司以股东会决议解除该股东的股东资格，该股东请求确认该解除行为无效的，人民法院不予支持。

(三)瑕疵股东主张抽逃股东返还出资的认定标准

天津某教育公司与上海某泵业公司等股东出资纠纷案[①]

【关键词】

瑕疵股东　抽逃出资　返还出资

【案情简介】

上海某小贷公司于2009年1月20日注册成立,成立时有包括上海某泵业公司、上海某创业公司在内的9名股东。2009年1月13日、1月14日,9名股东收到案外人上海某发展公司的汇款共计6000万元,当日该汇款即分别转汇至上海某小贷公司账户,以货币出资形式缴足上海某小贷公司的注册资本6000万元。其中上海某创业公司汇入注册资本600万元,上海某泵业公司汇入了注册资本1200万元整。2009年1月22日、2009年2月1日,上述股东以本票的形式分别将6000万元的注册资本转出上海某小贷公司的账户,转回案外人上海某发展公司的银行账户内。2016年,上海某小贷公司关于取消本市小额贷款公司试点资格的申请被相关部门批复同意,不得开展新的小额贷款业务。2019年3月11日,上海铁路运输法院裁定受理上海某创业公司破产清算一案,于2020年8月7日作出民事裁定书,上海某创业公司名下上海某小贷公司10%股权归买受人天津某教育公司所有,天津某教育公司成为上海某小贷公司的股东。

作为股东,天津某教育公司于2021年5月向一审法院起诉请求:(1)上海某泵业公司向上海某小贷公司返还其抽逃出资600万元;(2)上海某泵业公司的法定代表人林某某就上述诉讼请求承担连带责任。天津某教育公司上诉请求:撤销一审判决,改判支持天津某教育公司的一审诉讼请求。

上海市闵行区人民法院于2021年9月26日作出(2021)沪0112民初

① 参见上海市第一中级人民法院民事判决书,(2021)沪01民终14513号。

19563 号民事判决：驳回天津某教育公司的诉讼请求。宣判后，天津某教育公司不服一审判决，提起上诉。上海市第一中级人民法院于 2022 年 6 月 30 日作出（2021）沪 01 民终 14513 号民事判决：（1）撤销上海市闵行区人民法院（2021）沪 0112 民初 19563 号民事判决；（2）上海某泵业公司于判决生效之日起 10 日内向上海某小贷公司返还出资 600 万元；（3）驳回天津某教育公司的其余诉讼请求。

【案例分析】

法院认为，本案主要争议是：第一，天津某教育公司是否有权主张上海某泵业公司向上海某小贷公司返还抽逃出资；第二，林某某应否承担连带责任。

1. 天津某教育公司是否有权主张上海某泵业公司向上海某小贷公司返还抽逃出资

首先，上海某泵业公司通过第三方代垫出资并将其出资抽回的行为并未经过法定程序，属于《最高人民法院关于适用〈中华人民共和国公司法〉若干问题的规定（三）》第 12 条第 4 项规定的情形，构成抽逃出资。另案生效裁定也对此进行认定。

其次，天津某教育公司通过法院公开拍卖获得上海某创业公司持有的上海某小贷公司 10% 的股权并支付股权转让款，所有权已获生效裁定确认，应享有上海某小贷公司的股东权利，根据《最高人民法院关于适用〈中华人民共和国公司法〉若干问题的规定（三）》第 14 条的规定，有权提起本案诉讼。

最后，即便受让的股权有瑕疵，天津某教育公司作为股东仍有权请求抽逃出资的股东即上海某泵业公司向上海某小贷公司返还全部出资（须扣除上海某泵业公司已因抽逃出资被法院执行并划扣以清偿上海某小贷公司对外债务的款项金额）。理由如下：第一，法律没有明确规定《最高人民法院关于适用〈中华人民共和国公司法〉若干问题的规定（三）》第 14 条中的其他股东应限定为守约股东。从促进公司资本充实的目的看，也不应将抽逃出资股东或者受让瑕疵股权的股东排除在该法条中请求其他抽逃出资股东向公司返还出资本息的其他股东之外。对未履行出资义务或者抽逃出资的股东提起股东出资诉讼是法律赋予其他股东的权利,对该条中其他股东的资格进行限缩,与公司资本制度不符。第二,全体股东都有向公司出资的义务,该出资并非股东之间的对待给付,权利主体是上海某小贷公司,包括上海某泵业公司在内的任一股东均不得以对方未履行出资义务或者抽逃出资或者受让之股权存在瑕疵为由拒绝履行自身的出资义务。第三,股东抽逃出资侵害的是公司财产权益,股东行使的出资请求权属于共益权范畴。况且,从公司资本维持的角度来看,未履行出资义务或者抽逃出资的股东之间互相催缴出资,有利于公司资本充实。第四,股东的出资义务具有法定性,公司资本维持是股东承担有限责任的基础,公司资本缺失显然会降低公司的履约能力和偿债能力,故不应以公司意志予以免除。

2. 林某某应否对上海某泵业公司的返还出资义务承担连带责任

上海某泵业公司作为上海某小贷公司股东,其抽逃出资侵犯了公司财产权。如果公司其他股东、董事、高级管理人员或者实际控制人协助其抽逃出资,则构成共同侵权,应与上海某泵业公司承担连带责任。但上海某小贷公司的企业公示信息显示,林某某虽系上海某小贷公司董事长,但并非法定代表人,现有证据也不能证明林某某系上海某小贷公司实际控制人或者上海某小贷公司发起设立时通过案外人代垫验资事宜系由林某某经办,因此,天津某教育公司主张林某某协助抽逃出资缺乏事实依据。故而,林某某不应对上海某泵业公司的返还出资义务承担连带责任。

【风险提示】

我国《公司法》并未对抽逃出资的含义作出明确规定。学者研究指出,抽逃出资这一概念起源于我国推行现代企业制度改革的初期,旨在规范当时股东出资后迅速将资金从公司账户转出的高发资本违法行为。司法实践中普遍认为,股东抽逃出资是指公司成立后,股东未经法定程序将其出资抽回,且损害公司权益的行为。本质上,这是一种股东滥用股权和有限责任的行为,体现为股东利用其特殊身份攫取公司财产的行为。在股东抽逃出资案件中,大多是公司控股股东或公司的实际控制人,在履行出资义务以后,利用其在公司的优势地位,将出资注入公司后再抽回,造成公司资本缺失的后果。

股东抽逃出资侵害的是目标公司的财产权益,其他股东可以依据《最高人民法院关于适用〈中华人民共和国公司法〉若干问题的规定(三)》第14条行使出资请求权,该权利属于共益权的范畴,目的是维持公司资本。对该法条中的“其他股东”行使出资请求权进行限制,显然与公司资本制度的精神不符。即使行使请求权的股东自身的出资存在瑕疵,或者公司明确表示无须返还,从出资责任、请求权性质和价值选择的角度来看,抽逃出资的股东也不能因此免除返还义务。在公司尚未进行法定清算和清偿债务的情况下,为保障公司债权人的合法权益,股东抽逃的公司资本应当补足,主张返还出资的主体应包括所有股东。

新《公司法》在保留2018年《公司法》第35条规定的基础上,在第53条第2款进一步明确,违反新《公司法》第53条第1款规定的股东应当返还抽逃的出资;若因此给公司造成损失,负有责任的董事、监事和高级管理人员应当与该股东承担连带赔偿责任。笔者认为,新《公司法》之所以进一步细化禁止股东抽逃出资的相关条款,与其完善注册资本认缴登记制度密切相关,尤其是与有限责任公司股东的出资期限不得超过5年的规定有关。在未来的公司资本限期认缴制度下,法律层面对禁止股东抽逃出资的细化规定,以及对董事、监事和高级管理人员维护公司资本充实责任的强化,对董事、监事和高级管理人员提出了更高要求。

【律师建议】

主张抽逃出资股东返还出资的主体包括所有股东,瑕疵股东也在其中。故瑕疵股东主张抽逃出资股东返还出资的认定标准与其他股东并无不同。新《公司法》细化禁止股东抽逃出资的相关条款,规定相关董事、监事和高级管理人员应与抽逃出资股东承担连带赔偿责任,故笔者的建议将针对相关董事、监事和高级管理人员展开。

1.关注抽逃出资的合规性

作为董事或高级管理人员,应确保公司的出资程序符合新《公司法》及相关规定,特别是关于出资的合法性和真实性。如果出现股东抽逃出资的行为,董事和管理层有责任采取合理的措施,及时纠正并防止进一步的损害。在本案中,上海某泵业公司通过第三方代垫出资并抽回资金的行为未按照法定程序进行,造成了公司资本流失,董事、监事及高级管理人员应当及时介入并报告此类行为,避免事态进一步扩大。

2. 加强对股东行为的监管

董事和监事有责任监督股东履行出资义务,确保公司资产的完整性与稳定性。如果股东未按约定履行出资义务,董事和监事应及时采取措施,要求股东履行出资,或将其行为通知其他股东,避免因单一股东的行为影响公司整体的财务安全。在本案中,天津某教育公司作为股东之一,依法有权要求抽逃出资的股东返还出资。

3. 制定内部审计与合规制度

董事、监事和高级管理人员应加强公司内部审计职能,确保公司财务制度的透明和规范,及时发现潜在的抽逃出资问题,避免因不当管理导致公司资产流失。

4. 参与法律合规培训与风险识别

公司董事、监事和高级管理人员应定期参与法律合规培训,特别是对新《公司法》及相关司法解释的深入理解。加强对股东行为、资金流动的审查,及时识别风险并采取有效措施。

【法条链接】

《中华人民共和国公司法》(2023 年修订)

第五十三条　公司成立后,股东不得抽逃出资。

违反前款规定的,股东应当返还抽逃的出资;给公司造成损失的,负有责任的董事、监事、高级管理人员应当与该股东承担连带赔偿责任。

《最高人民法院关于适用〈中华人民共和国公司法〉若干问题的规定(三)》(2020 年修正)

第十二条　公司成立后,公司、股东或者公司债权人以相关股东的行为符合下列情形之一且损害公司权益为由,请求认定该股东抽逃出资的,人民法院应予支持:

(一)制作虚假财务会计报表虚增利润进行分配;

(二)通过虚构债权债务关系将其出资转出;

（三）利用关联交易将出资转出；

（四）其他未经法定程序将出资抽回的行为。

第十四条　股东抽逃出资，公司或者其他股东请求其向公司返还出资本息、协助抽逃出资的其他股东、董事、高级管理人员或者实际控制人对此承担连带责任的，人民法院应予支持。

公司债权人请求抽逃出资的股东在抽逃出资本息范围内对公司债务不能清偿的部分承担补充赔偿责任、协助抽逃出资的其他股东、董事、高级管理人员或者实际控制人对此承担连带责任的，人民法院应予支持；抽逃出资的股东已经承担上述责任，其他债权人提出相同请求的，人民法院不予支持。

(四)划拨土地使用权出资纠纷的处理

周某某、三亚某公司与三亚某管理处股东出资纠纷案[①]

【关键词】

划拨土地使用权　变更手续　出资方式

【案情简介】

2002年4月28日,三亚某管理处与周某某订立《合作合同》。该合同主要约定:三亚某管理处出资400万元,周某某出资600万元,三亚某管理处"主要以9454平方米土地和已建好的码头设施参股……"周某某"主要以资金方式参股……"双方共同设立三亚某公司,合作期30年(自2002年5月1日至2032年4月30日止)。投资超过1000万元人民币时,另按股东各自出资比例调整持股比例……亦可商定一个合理的基数,由合作实体按年度结算上缴。基数随着经营的发展每5年做一次小幅度递增调整(基数额另行商定)。周某某负责在合作公司注册登记之日起6个月内投入启动资金200万元,并保证后续资金按时到位。双方在合同中声明,目前三亚某管理处已完成项目规划、设计工作。

2002年12月1日,周某某、方某、三亚某管理处三方签订三亚某公司章程。2002年的公司章程载明,股东的出资方式为:资产和现金,出资额:三亚某管理处以9454m^{2}土地作价150万元为股份,周某某以200万元现金作股份,方某以现金150万元作股份。2002年12月24日,三亚某公司成立,注册资金为500万元。根据2002年12月1日三亚某公司的章程,三亚某管理处以9454平方米土地作价150万元出资。到目前为止,三亚某管理处已将案涉土地移交三亚某公司使用,但未将该土地使用权移转登记至三亚某公司名下。案涉土地系国有划拨地,登记权利人为珊瑚礁管理处,证号为三土房(2001)字第0975号。周某某以现金200万元出资,周某

---

① 参见最高人民法院民事判决书,(2016)最高法民再87号。

某另以方某名义以现金 150 万元出资。2006 年 12 月 10 日，方某将所持三亚某公司全部股权转让给周某某，至此，周某某持有三亚某公司股权 70%，方某退出三亚某公司。当日周某某与三亚某管理处为此修订了三亚某公司的章程。在修订后的 2006 年公司章程中，股东出资方式一栏空白，股东认缴出资额及出资比例：周某某认缴出资 350 万元，三亚某管理处认缴出资 150 万元。另查明：1999 年 7 月 1 日，三亚市计划局批复珊瑚礁管理处同意在珊瑚礁自然保护区建设科研管理基地项目，主要内容有海洋生态宣传教育展览中心、潜水训练中心、珊瑚礁仿生加工厂、海监码头等。2001 年 8 月 15 日，三亚市人民政府批复同意将本案涉及的面积为 9454.2m^2 的土地划拨给三亚某管理处，该地为科研用地。该批复文件载明，经三亚市不动产估价所评估，该宗地总出让金为 1616668.2 元，地价款免收。2001 年 8 月 30 日三亚某管理处取得土地证。2002 年 9 月 26 日，三亚市规划局批复同意三亚某管理处在该地兴建管理、科研楼。

2011 年 11 月 13 日，周某某与三亚某公司向海南省三亚市中级人民法院（以下简称一审法院）起诉，请求：（1）依法确认三亚某管理处未履行其作为三亚某公司股东的出资义务；（2）请求判令三亚某管理处一个月内按合同约定履行出资义务，将 9454m^2 土地和码头权属过户登记至三亚某公司名下；（3）按三亚某公司股东实际投入的资金数额重新确定股东持股比例。三亚某管理处提起反诉，请求：（1）判决解除《合作合同》；（2）判令周某某与三亚某公司赔偿因占有土地、码头等所造成的财产损失（以鉴定为准）；（3）依法对三亚某公司进行清算。2014 年 2 月 18 日，一审法院作出（2011）三亚民一初字第 12 号判决：（1）三亚某管理处应于本判决发生法律效力后三个月内，将三土房（2001）字第 0975 号土地证记载的 9454m^2 土地使用权移转登记至三亚某公司名下；（2）驳回周某某、三亚某公司的其他诉讼请求；（3）驳回三亚某管理处的反诉请求。

三亚某管理处不服一审判决，向海南省高级人民法院（以下简称二审法院）提起上诉，请求：撤销一审判决主文第一项，驳回周某某、三亚某公司的诉讼请求，一、二审诉讼费用由周某某、三亚某公司负担。二审法院于 2014 年 11 月 11 日作出（2014）琼民二终字第 22 号民事判决：驳回上诉，维持原判。

最高人民法院认为,三亚某管理处的再审请求部分成立,予以支持。原判决认定事实基本清楚,但适用法律错误,实体处理不当,予以纠正。判决如下:(1)撤销海南省高级人民法院(2014)琼民二终字第22号民事判决、海南省三亚市中级人民法院(2011)三亚民一初字第12号民事判决主文第一项;(2)维持海南省三亚市中级人民法院(2011)三亚民一初字第12号民事判决主文第二项、第三项;(3)确认三亚某管理处未全面履行对三亚某公司的股东出资义务。

【案例分析】

法院认为,本案有以下争议焦点。

1. 关于本案纠纷是股东出资纠纷还是项目合作纠纷的问题

民事案件纠纷性质应当依据当事人主张的民事法律关系的性质来确定。周某某、三亚某公司以三亚某管理处未履行出资义务为由,提起本案诉讼。原审法院据此认定本案案由为股东出资纠纷,并无不当。

2. 关于三亚某管理处的出资方式是否由实物出资变更为货币出资的问题

2002年4月28日,三亚某管理处与周某某签订《合作合同》,约定共同设立三亚某公司,其中三亚某管理处主要以9454平方米土地和码头设施出资。公司章程亦载明,该管理处以9454平方米土地作价150万元出资。根据合同及章程,三亚某管理处的出资义务应为实物出资,即交付土地并办理土地使用权变更登记至三亚某公司名下。三亚某管理处在三亚某公司设立后虽将土地交由公司使用,但未办理权属变更手续。

股东出资义务既属于约定义务,也属于法定义务,其变更应结合股东会决议、公司章程及工商登记情况综合认定。2006年12月10日的公司章程、股东会决议及章程修正案仅涉及股东方某转让股权给周某某,使周某某持股比例由40%增至70%,并未涉及三亚某管理处出资方式的变更。三亚某管理处主张其出资方式由土地使用权出资变更为货币出资,但未能提交足够的股东会决议或公司章程修正案予以证明,故该主张不予支持。

3. 关于三亚某管理处是否应将案涉土地使用权转移登记至三亚某公司名下的问题

案涉土地为国有划拨土地，根据《土地管理法》等法律规定，划拨土地使用权的用途须严格限定于法定划拨范围，不能直接用于出资。若以划拨土地使用权出资，需政府收回作价，或变更为出让土地使用权。《最高人民法院关于适用〈中华人民共和国公司法〉若干问题的规定（三）》第 8 条规定，若划拨土地存在权利瑕疵但可补正，且在法院指定期限内完成补正，可认定出资有效。然而，是否能补正由政府及土地管理部门决定，法院须以补正结果作为认定依据。

本案再审期间，法院已给予当事人合理期限（2016 年 4 月 23 日至 2016 年 6 月 22 日）办理土地变更登记，但当事人未能完成，无法自行补正划拨土地出资的瑕疵。因此，尽管三亚某管理处已将土地交付公司使用，因未办理权属变更，其出资承诺并未完全履行。周某某、三亚某公司请求确认三亚某管理处未履行出资义务，事实与法律依据充分，予以支持。但因土地仍属划拨用地，未能完成变更登记，故请求将土地过户至三亚某公司名下无法律依据，不予支持。

【风险提示】

划拨土地使用权由土地行政部门通过行政划拨方式设立，通常为无偿取得，法律规定该类土地使用权仅限于划拨用途，不得擅自进入市场流通。但在司法实践中，如出资人已约定以划拨土地使用权出资设立公司，并经市场监督管理部门登记，公司及履约股东要求其履行出资义务时，法院应依据《最高人民法院关于适用〈中华人民共和国公司法〉若干问题的规定（三）》第 8 条的规定，责令当事人在合理期限内办理土地变更手续。若出资人按期完成变更，法院可认定其出资有效；逾期未办理的，则应认定其未依法全面履行出资义务。

在以划拨土地使用权出资的情形中，存在多重法律风险需重点关注：首先，划拨土地因其特殊性质（仅限划拨用途）不能直接用于出资，须经政府收回作价或变更为出让土地后方可合法出资。若未完成土地性质变更或权属转移登记，如本案中三亚某管理处未将划拨土地过户至公司名下，将构成出资瑕疵,股东可能被认定为未履行出资义务。其次,出资方式的变更须通过股东会决议、公司章程修正及登记等法定程序确认,仅凭单方主张,如本案中三亚某管理处主张由实物出资变更为货币出资无法成立。最后,若出资瑕疵无法在法院指定期限内补正,如本案中当事人未能在合理期限内完成土地变更登记,股东将面临承担违约责任及赔偿公司损失的风险。因此,企业在以划拨土地出资时,需提前评估土地性质变更的可行性,并严格履行出资义务及程序要求,避免因出资瑕疵引发纠纷。

【律师建议】

为避免划拨土地使用权出资纠纷,笔者建议企业及股东采取以下措施。

1. 评估划拨土地

出资前对划拨土地的性质及用途进行充分评估,确认其是否符合出资条件,并与政府及自然资源主管部门沟通,明确土地性质变更(如由划拨转为出让)的具体程序、时间及费用;若变更难度较大,可提前协商替代出资方案(如货币出资)。

2. 明确划拨土地约定

在出资协议及公司章程中明确约定划拨土地的出资方式、变更程序及各方责任,并设置违约责任条款(如未按期完成变更须支付违约金或赔偿损失)。在履行出资义务时,需在合理期限内完成土地性质变更及权属转移登记(如将土地使用权过户至公司名下),并留存相关证据(如政府批复文件、土地变更登记证明);若因客观原因无法完成变更,应及时协商变更出资方式,并通过股东会决议及章程修正等法定程序确认。若已进入诉讼阶段,应积极利用法院指定的补正期限完成土地变更,避免被认定为出资瑕疵。

3. 评估损失范围

通过司法会计鉴定或资产评估明确损失范围,以降低赔偿金额。此外,在纠纷初期应优先通过协商或调解解决争议,避免诉讼成本及时间损耗;若以划拨土地出资存在重大障碍,可协商转为以货币出资或以其他实物出资,并通过股东会决议及章程修正确认。

通过上述措施，企业及股东可有效规避以划拨土地出资的法律风险，确保出资合法合规，维护公司治理的稳定性与股东权益。

【法条链接】

《中华人民共和国公司法》(2023 年修订)

第四十九条　股东应当按期足额缴纳公司章程规定的各自所认缴的出资额。

股东以货币出资的，应当将货币出资足额存入有限责任公司在银行开设的账户；以非货币财产出资的，应当依法办理其财产权的转移手续。

股东未按期足额缴纳出资的，除应当向公司足额缴纳外，还应当对给公司造成的损失承担赔偿责任。

《最高人民法院关于适用〈中华人民共和国公司法〉若干问题的规定(三)》(2020 年修正)

第八条　出资人以划拨土地使用权出资，或者以设定权利负担的土地使用权出资，公司、其他股东或者公司债权人主张认定出资人未履行出资义务的，人民法院应当责令当事人在指定的合理期间内办理土地变更手续或者解除权利负担；逾期未办理或者未解除的，人民法院应当认定出资人未依法全面履行出资义务。

第十条　出资人以房屋、土地使用权或者需要办理权属登记的知识产权等财产出资，已经交付公司使用但未办理权属变更手续，公司、其他股东或者公司债权人主张认定出资人未履行出资义务的，人民法院应当责令当事人在指定的合理期间内办理权属变更手续；在前述期间内办理了权属变更手续的，人民法院应当认定其已经履行了出资义务；出资人主张自其实际交付财产给公司使用时享有相应股东权利的，人民法院应予支持。

出资人以前款规定的财产出资，已经办理权属变更手续但未交付给公司使用，公司或者其他股东主张其向公司交付、并在实际交付之前不享有相应股东权利的，人民法院应予支持。

(五)实际出资人的股东身份认定标准及退股条件

石某某与隆德县某商贸公司、许某某股东出资纠纷案[①]

【关键词】

董监高　实际出资人　股东身份　退股

【案情简介】

隆德县某商贸公司成立于2007年5月22日。2016年7月,石某某向隆德县某商贸公司投资50万元成为该公司股东。石某某自2016年7月起作为股东参与了公司的经营管理并从公司分红。2017年1月9日,石某某作为隆德县某商贸公司股东参加了该公司2017年第一次股东会议。2017年2月16日,隆德县某商贸公司召开股东会决议聘请石某某为该公司财务主管。

2017年2月17日,隆德县某商贸公司召开股东会对公司《章程》进行了修改,《章程》记载石某某以货币出资76(实际57)万元,出资比例为10%,出资时间为2016年11月。石某某在《章程》全体股东亲笔签字盖章处签名盖章。

2017年3月15日,隆德县某商贸公司为石某某出具了股权证。该证记载石某某出资金额为50万元;出资方式为房产;股权比例为6.57%(50万元÷760万元=6.57%);出资日期为2016年7月;股东分红记录为2016年分红金额为32750元。

隆德县某商贸公司现状为存续,但当下已经资不抵债,公司亏损100万元,已经没有能力偿还银行贷款及利息。公司未经清算,因所欠贷款、借款未能清偿,公司已经失信并处于瘫痪状态。

石某某以隆德县某商贸公司数次对工商登记进行变更,但均未依约变更石某某为隆德县某商贸公司股东,同时也未给石某某任何股东权利为

① 参见宁夏回族自治区固原市中级人民法院民事判决书,(2023)宁04民终385号。

由,请求返还投资款及资金占用期间利息。

宁夏回族自治区隆德县人民法院于 2023 年 5 月 4 日作出(2023)宁 0423 民初 218 号民事判决:驳回原告石某某的诉讼请求,案件受理费由石某某负担。

宣判后,石某某不服一审法院判决,以一审认定事实错误,石某某的出资经转账给许某某后并未转化为隆德县某商贸公司的财产,该公司没有记载石某某为股东的股东名册,石某某不满足认定股东身份的法定实质要件和形式要件,故其并未成为隆德县某商贸公司股东,应当返还其出资为由向固原市中级人民法院提起上诉,请求依法撤销原判,改判支持石某某一审诉讼请求或发回重审。

宁夏回族自治区固原市中级人民法院于 2023 年 8 月 14 日作出(2023)宁 04 民终 385 号民事判决:驳回上诉,维持原判。

【案例分析】

一审法院经审理认为,石某某的出资行为具有明显的共同经营、共享收益、共担风险的特征,应认定为投资而非借款。并且石某某实际参与公司经营并获得分红,已取得公司股东资格。因此,法院判决驳回石某某的诉讼请求。

二审法院审理认为,本案的案由因石某某变更了诉讼请求而应变为股东出资纠纷。本案争议焦点是隆德县某商贸公司及许某某应否返还石某某的出资款及资金占用期间的利息、一审判决驳回石某某的诉讼请求有无事实和法律依据。

首先,关于石某某的出资是投资款还是借款:由于隆德县某商贸公司、许某某、石某某对案涉石某某出资的 50 万元是投资款而非借款的事实均无异议,且在石某某出资的过程中,具有明显的共同经营、共享收益、共担风险的投资合作特征,确实应当认定石某某的出资为投资款而非借款。

其次,关于石某某向隆德县某商贸公司投资后,是否在形式上和实质上取得股东资格、行使股东权利,能否认定石某某具有股东身份:第一,虽然隆德县某商贸公司未为石某某股权办理工商登记,且未备有股东名册,但在案证据(如隆德县某商贸公司股东会议、授权书、会议纪要、公司章程、会议决议、股息分红清算单等)上均有石某某的签字,且石某某对其签名的真实性予以认可。第二,庭审中石某某亦称其从隆德县某商贸公司获得分红 3 万余元,构成法律上的自认,综上,石某某向隆德县某商贸公司进行了投资,该公司《章程》已将其记载为公司股东,且石某某参与了公司的经营决策和管理,并从公司取得分红。因此,在公司内部石某某已实际取得股东资格、行使股东权利,其股东身份足以认定。

最后,关于在公司经营严重亏损,未经依法注销情况下股东要求返还出资的问题:公司是企业法人,有独立的法人财产,享有法人财产权,其以全部财产对公司的债务承担责任。石某某向隆德县某商贸公司出资后,其出资款即转为公司的法人财产,独立于股东个人财产而构成公司法人人格的物质基础。

石某某作为隆德县某商贸公司的股东依法享有公司资产收益分红、参与重大决策和选择管理者的权利,不再享有出资款的所有权,在公司未经清算且清偿完毕所有债务的情况下,石某某诉请隆德县某商贸公司返还投资款及资金占用期间的利息于法无据且与公司资本维持原则相悖,不予支持。

【风险提示】

法院在认定有限责任公司股东资格时,应在区分公司内部关系与外部关系的基础上,综合考量当事人是否表达了出资设立公司的意愿、是否履行了出资义务,以及是否在工商登记、公司章程、股东名册等具有公示效力的文件中被列为股东。在涉及公司外部关系的案件中,应充分尊重商事外观主义原则;在公司内部关系中,则应重点审查当事人是否实际行使了股东权利,如是否参与股东会、获取公司分红或参与经营管理等。此外,在区分投资款与借款时,应重点考察是否具有共同经营、共享收益、共担风险的投资合作特征。从本案出发,笔者总结出以下法律风险。

1. 股东身份认定的实质重于形式原则

根据新《公司法》第 56 条,股东名册记载的股东可向公司主张股东权利,但未登记不影响实际股东身份的认定。本案中,石某某虽未完成工商登记,但通过签署公司章程、参与股东会决策、领取分红等行为,被法院认定为实质股东。其风险在于,即使未办理工商变更,若存在内部文件(如章程、股东会决议、分红记录)证明实际行权,则出资人仍可能被认定为股东,无法以“未登记”为由主张返还出资。

2. 出资的不可逆性与资本维持原则

新《公司法》第53条明确规定,股东不得抽逃出资。出资款一旦投入公司即转化为公司法人财产,股东仅享有股权,而无权直接主张返还出资。其风险在于,公司存续期间,股东以“未登记”“公司亏损”等为由要求返还出资,因违反资本维持原则将被驳回(如本案中石某某的诉讼请求被两级法院驳回)。

3. 退股条件的法定限制

公司股东的退出途径存在程序上的限制,股东退出须通过股权转让、公司减资、解散清算等法定程序实现。未经法定程序直接抽回出资可能构成抽逃出资,需承担相应民事赔偿责任甚至刑事责任。

4. 隐名股东与显名股东的权利冲突

若实际出资人通过代持协议隐名持股,可能因显名股东擅自处分股权(如转让、质押)导致权益受损,且维权成本高昂。

【律师建议】

针对以上法律风险,笔者提出以下法律建议。

1. 明确出资性质与股东身份

(1)区分投资与借款。投资款与借款的区分是股东出资纠纷中的关键问题。投资款通常具有参与公司经营、享受公司收益、承担公司风险的特征,而借款则是纯粹的债权债务关系,不参与公司经营。在本案中,石某某的出资行为明显带有投资的特征,且他实际参与了公司经营并获得分红,符合投资款的特征。若为投资,则需签订《投资协议》或《股东协议》,明确出资性质为“股权出资”,约定持股比例、分红规则、退出机制等核心条款。若为借款,需单独签订《借款合同》,约定利息、还款期限及担保措施。通过银行转账备注“投资款”或“借款”、保存股东会决议、分红凭证等,避免性质混淆,如本案中石某某的出资因缺乏借款证据而被认定为投资。

(2)完善股东身份公示与登记。确保公司章程、股东名册、出资证明书等内部文件明确记载股东身份及出资比例，即使暂未进行工商登记，该类文件亦可作为认定股东身份的依据；若存在代持关系，则应督促公司办理工商变更登记，若遇障碍，通过代持协议明确权利义务，并约定显名条件及违约责任。

2. 设计合法退出机制

章程或协议约定退出条款。在章程中约定“公司连续三年亏损”“股东丧失劳动能力”等情形下的股权回购条件，并明确回购价格计算方式（如净资产评估）；约定其他股东或公司对退出股权的优先购买权，避免股权外流；约定明确公司的解散事由，并且依据公司法相关规定在解散事由出现之日起15日内组成清算组进行清算。

3. 风险应对与争议解决

（1）诉讼策略。对出资股东而言，若主张借款，需提供《借款合同》、还款催告记录、利息支付凭证等；若主张股东身份无效，需证明未参与公司经营、未签署内部文件。对公司而言，公司可举证股东的实际行权记录（如本案中的分红、参会签字）并坚持资本维持原则，对抗返还出资请求。

（2）代持关系下的风险防范。明确代持人不得擅自处分股权，约定违约赔偿责任，并要求代持人配偶签署知情同意书；定期获取公司财务报表、股东会纪要，保留出资流水、沟通记录，防止代持人否认关系。

【法条链接】

《中华人民共和国公司法》（2023年修订）

第三条　公司是企业法人，有独立的法人财产，享有法人财产权。公司以其全部财产对公司的债务承担责任。

公司的合法权益受法律保护，不受侵犯。

第五十六条　有限责任公司应当置备股东名册，记载下列事项：

（一）股东的姓名或者名称及住所；

（二）股东认缴和实缴的出资额、出资方式和出资日期；

（三）出资证明书编号；

（四）取得和丧失股东资格的日期。

记载于股东名册的股东，可以依股东名册主张行使股东权利。

第二百三十四条　清算组在清算期间行使下列职权：

（一）清理公司财产，分别编制资产负债表和财产清单；

（二）通知、公告债权人；

（三）处理与清算有关的公司未了结的业务；

（四）清缴所欠税款以及清算过程中产生的税款；

（五）清理债权、债务；

（六）分配公司清偿债务后的剩余财产；

（七）代表公司参与民事诉讼活动。

《最高人民法院关于适用〈中华人民共和国公司法〉若干问题的规定（三）》（2020年修正）

第十二条　公司成立后，公司、股东或者公司债权人以相关股东的行为符合下列情形之一且损害公司权益为由，请求认定该股东抽逃出资的，人民法院应予支持：

（一）制作虚假财务会计报表虚增利润进行分配；

（二）通过虚构债权债务关系将其出资转出；

（三）利用关联交易将出资转出；

（四）其他未经法定程序将出资抽回的行为。

(六)公司股权重置后股东履行出资义务数额的确定

某房地产公司与厉某某、卢某某股东出资纠纷案①

【关键词】

股权重置　工商登记　出资义务

【案情简介】

原告某房地产公司诉称:某房地产公司系由被告厉某某、卢某某设立,二人利用股东身份之便,恶意串通实施抽逃出资行为,严重损害公司利益。请求判令:(1)厉某某、卢某某向某房地产公司返还出资款1700万元及利息损失100万元(暂计,实际以1700万元为本金,按照中国人民银行同期同类贷款利率的标准,从2008年3月14日起计至2019年8月19日止,按照全国银行间同业拆借中心公布的贷款市场报价利率的标准,从2019年8月20日起计至实际支付之日止),并对上述款项的清偿承担连带责任;(2)厉某某、卢某某承担本案全部诉讼费用。厉某某、卢某某辩称:某房地产公司以2007年9月至2008年3月支出的5笔款项主张厉某某、卢某某抽逃出资,没有事实依据,且某房地产公司已提交证据确认其中部分款项为公司之间的经济往来。某房地产公司提交的支付凭证仅仅是资金运动过程中的某几笔数据,不能反映实际资金往来结果,亦不能证明厉某某、卢某某抽逃出资。厉某某、卢某某的行为不符合股东抽逃出资的形式要件和实质要件。厉某某、卢某某出资金额及比例不同,要求二人承担连带责任,没有事实与法律依据。

法院经审理查明:厉某某、卢某某系夫妻关系。2007年9月21日,两人出资设立某工贸公司,两人按约出资后,在没有基础法律关系的情况下转出资金,构成抽逃出资。2010年4月20日,某工贸公司变更名称为某房地产公司。2012年4月26日,某公司与厉某某、卢某某签订《山东乳山、广

① 参见山东省高级人民法院民事判决书,(2021)鲁民终2360号。

东惠州房地产项目合作合同》(以下简称《合作合同》),约定某公司以30万元向厉某某、卢某某收购其二人持有的包括某房地产公司在内的5家公司各75%的股份。合同载明,该5家公司的债权债务关系明晰,已由双方以书面形式作了完整准确的披露并经光岭会计师事务所有限公司出具《审计报告》。协议签订后,某房地产公司的股东变更为某公司持股75%,厉某某持股25%。2013年8月15日,某公司与厉某某签订《关于某房地产公司的补充协议》,约定双方对某房地产公司进行增资,该次以货币形式增资的1000万元由某公司负责实缴,厉某某不承担出资义务。增资后目标公司注册资本为3000万元,双方股权比例不变。某房地产公司于2018年提起了本案诉讼,主张厉某某、卢某某返还抽逃出资。山东省威海市中级人民法院于2021年7月6日作出(2020)鲁10民初201号民事判决:驳回某房地产公司的诉讼请求。某房地产公司、厉某某、卢某某均提起上诉,山东省高级人民法院于2022年3月9日作出(2021)鲁民终2360号民事判决:驳回上诉,维持原判。

【案例分析】

法院生效裁判认为,某房地产公司主张厉某某、卢某某在某房地产公司注册资金验资后,先后将5笔资金共计1700万元转出,既缺乏基础法律关系,也没有合同关系,款项往来没有对价,构成抽逃出资。厉某某、卢某某辩解某房地产公司付给某磁钢厂的200万元系偿还代付的土地款,转出的其他款项是正常经济往来,并非抽逃出资,即使抽逃出资也已补足。经查,某房地产公司的出资情况分为两个阶段。

第一个阶段,某房地产公司自始成立至2012年4月26日重置股权前。该公司由厉某某与卢某某出资于2007年9月21日设立,根据公司章程,注册资本为2000万元,厉某某以现金出资1600万元,占注册资本的80%,卢某某以现金出资400万元,占注册资本的20%。至2007年12月26日,注册资本2000万元出资到位。转出的5笔款项分别为:2007年9月25日,某房地产公司将725万元款项转出至惠州某公司账户。2007年12月27日,某房地产公司将90万元款项转出至卢某某账户,转出200万元至某磁钢厂账户。2008年3月14日,某房地产公司转出400万元至厉某某账户,转出285万元至卢某某账户。以上5笔共计1700万元。其中,某房地产公司于2007年12月27日向某磁钢厂转账200万元,该款为某房地产公司偿还某磁钢厂代付的土地款,支付对价的基础法律关系存在,某公司委托光岭会计师事务所有限公司对某房地产公司出具的专项审计报告中,列明了该款项,该款不属于抽逃出资。厉某某与卢某某转出的其余4笔款项共计1500万元,既没有合同对价,也没有基础法律关系。厉某某与卢某某辩称他人出具的《证明》可证明转回了出资,但因二人主张的往来款没有注明补足出资,没有补足出资的意思表示,亦未履行法定程序,所以不能认定为补足注册资本。故厉某某与卢某某抽逃出资1500万元,事实清楚。

第二个阶段,2012年4月26日重置股权后。2012年4月26日,某公司与厉某某、卢某某签订《合作合同》,约定某公司以30万元向厉某某、卢某某收购其二人持有的包括某房地产公司在内的5家公司各75%的股份。协议签订后,双方办理了股权变更登记。某房地产公司的股东变更为某公司持股75%,厉某某持股25%。某公司持股的75%为1500万元,厉某某持股的25%为500万元。此时,厉某某在某房地产公司的出资保持在500万元。所以,厉某某在某房地产公司的注册资本出资满足了约定的股东出资额。

某房地产公司于2018年提起本案诉讼,主张厉某某、卢某某返还出资款,没有事实依据,对其上诉请求不予支持。二审判决:驳回上诉,维持原判。

【风险提示】

本案裁判要旨及裁判理由部分显示,当原股东满足以下条件时,新《公司法》第53条第2款前句规定的法律后果可不予适用:其一,股权转让(注:法院称其为"股权重置")时,受让人通过审计形式,已知悉原股东抽逃出资的情况。其二,受让后,股东之间重新约定各方股东的出资额,并进行相应的变更登记。其三,原股东的出资满足股权重置后约定的股东出资额。考察上述条件,可以发现法院的基本裁判逻辑:受让股东通过工商变更的形式,豁免了原股东抽逃出资的责任,因此,尽管原股东构成抽逃出资,公司也不能诉请返还。从本案出发,笔者分析总结出以下法律风险。

1. 抽逃出资的严格认定标准

根据《最高人民法院关于适用〈中华人民共和国公司法〉若干问题的规定(三)》第12条,股东将出资款转入公司账户后无正当理由转出,且缺乏基础法律关系或合同对价的,可能被认定为抽逃出资。本案中,厉某某与卢某某在验资后将1500万元转至个人账户,因无合同对价且未履行补足程序,被法院认定构成抽逃出资。法院将重点审查资金转出的合法性,如某房地产公司转给某磁钢厂的200万元因有代付土地款的合同关系而被认可,其余1500万元无合法依据则被认定为抽逃出资。

2. 股权重置对出资义务的影响

股权转让或增资可能导致股东出资义务调整。本案中,2012年4月26日股权重置后,厉某某持股比例由80%降至25%,其出资义务相应从1600万元降至500万元。因重置后其已实缴500万元,故而法院认定其无须补足前期抽逃的1500万元。

3. 举证责任分配与证据要求

公司主张股东抽逃出资须提供验资报告、银行流水及无对价证据(如本案中5笔转款记录)。股东须证明资金转出具有合法基础(如合同、发票、还款记录)。本案中厉某某主张的《证明》因未注明补足出资且未履行程序,未被采信。

4. 诉讼时效与程序风险

抽逃出资的诉讼时效自公司知道或应当知道行为之日起算。本案中某房地产公司于2018年起诉,法院未支持时效抗辩,但若超过3年可能丧失胜诉权。补足出资须通过股东会决议、章程修改及变更登记,未履行相关程序(如本案)的补足主张无效。

【律师建议】

针对以上风险,笔者提出以下法律建议。

1. 规范资金往来与抽逃风险防范

(1)资金转出的合法性管理。股东或公司转出大额资金时,需签订书面合同(如借款协议、购销合同),注明用途并留存发票、收货单等对价凭证。例如,本案中的200万元因有代付土地款合同而被认可,其余款项因无合同而被认定抽逃。此外,应当避免直接向股东个人账户转账,若需支付分红、薪酬等,应通过股东会决议并依法扣税。

(2)补足出资的法定程序。补足抽逃出资须经股东会表决通过,修改章程并办理工商变更登记。此外,可以委托会计师事务所出具验资报告,明确补足金额及方式,以作为后续抗辩证据。

2. 股权重置时的合规操作

(1)股权转让协议的关键条款

在协议中明确转让方是否已全面履行出资义务,并附验资报告、审计报告作为附件。例如,本案《合作合同》载明"债权债务已披露并经审计",阻断了受让方的后续追责。此外,可以约定"受让方已知悉并接受公司现状,不得以历史出资问题追究转让方责任"。

(2)增资扩股的风险隔离

若部分股东不参与增资(如本案厉某某不实缴增资),须在协议中写明"某方单独出资,其他股东持股比例稀释",避免后续出资争议。增资后应及时办理变更登记,公示最新股权结构及出资信息。

3. 诉讼应对与证据准备

(1)公司主张股东抽逃出资的举证策略

提供验资后转款的银行流水,标注"无合同用途"。委托第三方审计机构出具专项报告,证明资金转出无对价性。

(2)股东抗辩的实务要点

如主张款项为借款,需提供《借款合同》、还款计划及利息支付记录;若为业务往来,需提供合同、发票、物流单据等。若已补足出资,需提供股东会决议、验资报告、银行回单等全套证据,以证明程序合法。

【法条链接】

《中华人民共和国公司法》(2023 年修订)

第五十三条 公司成立后,股东不得抽逃出资。

违反前款规定的,股东应当返还抽逃的出资;给公司造成损失的,负有责任的董事、监事、高级管理人员应当与该股东承担连带赔偿责任。

《最高人民法院关于适用〈中华人民共和国公司法〉若干问题的规定(三)》(2020 年修正)

第十二条　公司成立后,公司、股东或者公司债权人以相关股东的行为符合下列情形之一且损害公司权益为由,请求认定该股东抽逃出资的,人民法院应予支持:

(一)制作虚假财务会计报表虚增利润进行分配;

(二)通过虚构债权债务关系将其出资转出;

(三)利用关联交易将出资转出;

(四)其他未经法定程序将出资抽回的行为。

(七)外商投资企业与其外国投资者间的法律适用

福建某环保公司与某科技集团公司股东出资纠纷案[①]

【关键词】

外商投资法　出资义务　法律适用

【案情简介】

某科技集团公司系于2001年在新加坡注册成立的公司,公司类别为有限股份上市公司。2010年6月4日,新加坡高等法院作出法庭命令,应某科技集团公司的申请,裁定某科技集团公司进入司法管理程序,委任S某和余某为某科技集团公司的共同及个别司法管理人,主管公司的日常事务、业务及财产,以便对公司进行整顿或保留其全部或部分业务维持公司经营,以及(或)取得比解散企业更有利的企业资产变现等。2011年1月20日,某科技集团公司的司法管理人作出书面决议,将福建某环保公司的法定代表人田某变更为何某,将董事田某、潘某、陈某变更为S某、余某、何某。2012年3月1日,新加坡高等法院作出法庭命令,根据某科技集团公司的司法管理人S某和余某的申请,裁定将2010年6月4日作出的司法管理命令延期至2012年5月2日,批准S某和余某辞任某科技集团公司的司法管理人之职,并委任H某自该命令生效之日起担任某科技集团公司的司法管理人,其中包含了继续进行由前司法管理人在原诉传票中提起的任何诉讼或法律程序等。H某签署授权委托书,委托丹某某、邓某某律师作为某科技集团公司的委托代理人参加本案一审、二审、执行等所有程序。2012年3月30日,某科技集团公司的司法管理人再次作出书面决议和任免书,免去何某的福建某环保公司董事长及法定代表人职务,委派保某为福建某环保公司董事长和法定代表人,免去S某、余某、何某3人的福建某环保公司董事职务,委派保某、徐某、宋某3人为福建某环保公司董事,任

---

① 参见最高人民法院民事判决书,(2014)民四终字第20号。

期均为3年。2013年1月11日,新加坡高等法院作出ORC336/2013清盘令,任命H某等3人为某科技集团公司的共同及个别清盘人。

福建某环保公司系于2004年经福建省人民政府批准的外国法人独资的有限责任公司。自2005年9月起至本案诉讼时,该公司股东为某科技集团公司。2012年12月18日,福建某环保公司的法定代表人变更登记为洪某。2008年6月30日,原福建省对外贸易经济合作厅作出批复,同意福建某环保公司的投资总额由2.3亿元增至5亿元,注册资本由1.3亿元增至3.8亿元,增资部分应按公司修订章程规定的期限到资,并核准了福建某环保公司就上述变更事项签订的补充章程。补充章程就增资款及缴纳时间载明:增资部分全部由某科技集团公司以等值外汇现金投入,首期缴付不低于20%的新增注册资本,余额在变更营业执照签发之日起2年内缴清。2008年、2009年某科技集团公司向福建某环保公司缴纳了两次增资款。至2009年5月19日,福建某环保公司实收注册资本为185221300元,此后某科技集团公司未再缴纳。

2010年8月18日,福建某环保公司向福建省福州市中级人民法院提起另案诉讼,请求判令某科技集团公司先行支付增资款4900万元。福州市中级人民法院判决支持了福建某环保公司的诉讼请求,在判决生效后,某科技集团公司于2011年10月31日支付了49395110.4元。至此,某科技集团公司实际缴付的出资额为234616431.4元,仍然欠缴增资款45383568.6元。在此情况下,福建某环保公司向福州市中级人民法院起诉,请求判令某科技集团公司履行股东出资义务,缴付增资款4500万元。福州市中级人民法院受理后,某科技集团公司提出管辖权异议,并对福州市中级人民法院驳回其异议的裁定提起上诉,福建省高级人民法院作出裁定,由其管辖。

福建省高级人民法院判决,某科技集团公司应于判决生效之日起10日内向福建某环保公司缴纳出资款4500万元。某科技集团公司不服原审判决,向最高人民法院提起上诉,请求撤销原判,驳回福建某环保公司的起诉或准许保某代表福建某环保公司撤回起诉;如不能支持前述请求,则中止审理本案或驳回福建某环保公司的全部诉讼请求。最高人民法院裁定如下:(1)撤销福建省高级人民法院(2013)闽民初字第43号民事判决;(2)驳回福建某环保公司的起诉。

【案例分析】

1. 本案双方当事人的诉讼代表权以及代理人的代理资格是否有效

某科技集团公司的司法管理人和清盘人有权代表公司诉讼,并可委托代理人。因此,福建某环保公司对其诉讼代表权及代理资格的异议不成立。福建某环保公司提交的法定代表人证明及授权委托书符合中国法律,其代理人有权诉讼,某科技集团公司的异议亦不成立。

2. 本案是否应当中止审理

某科技集团公司在本案一审受理后另行提起了数个关联诉讼,虽然部分案件涉及福建某环保公司法定代表人是否适格的问题,但本案争议焦点之一即工商登记的法定代表人与股东任命的法定代表人谁能代表福建某环保公司意志的问题。鉴于某科技集团公司在本案中就该问题提出了实质性抗辩,本案的审理范围当然包括福建某环保公司法定代表人是否适格的问题。本案应对此作出认定,无须等待其他案件结果。因此,本案不存在中止审理的情形,某科技集团公司该项主张不予支持。

3. 福建某环保公司提起本案诉讼的意思表示是否真实

福建某环保公司为某科技集团公司全资设立的一人公司,其董事及法定代表人的任免权归唯一股东所有。某科技集团公司司法管理人已作出变更决定,福建某环保公司董事会未执行股东决议,导致工商登记的法定代表人与股东任命的法定代表人不一致。法律规定,外部争议以工商登记为准,内部争议应以股东决议为准。因此,某科技集团公司任命的法定代表人对福建某环保公司具有拘束力。由于新任法定代表人反对诉讼,本案起诉不代表福建某环保公司的真实意思,应予驳回。

【风险提示】

从本案出发,笔者总结出以下法律风险。

(1)外国投资者出资义务的法律适用风险。根据《外商投资法》及《公司法》,外国投资者在中国设立的外商投资企业须遵守中国法律,包括履行出资义务。即使外国投资者在境外进入司法管理或清盘程序,其对中国境内企业的出资义务也不受影响。本案中,某科技集团公司虽在新加坡进入司法管理程序,但仍须按中国法律向福建某环保公司履行增资义务。

(2)强制执行风险。若外国投资者未按期履行出资义务,境内企业可通过诉讼要求其履行,并申请强制执行,如本案中福建某环保公司通过诉讼追讨4900万元增资款。若外国投资者在境外进入清盘程序,则境内企业可能面临跨境执行的复杂性与高成本。

(3)法定代表人任免权与诉讼代表权冲突风险。根据《公司法》及《外商投资法》,外商投资企业的法定代表人任免权通常归属于外国投资者。但若股东决议与工商登记不一致,如本案中工商登记的法定代表人与股东任命的法定代表人不同,可能导致诉讼代表权争议。

(4)诉讼意思表示的真实性。若法定代表人的变更未及时登记,可能导致诉讼被认定为非公司真实意思表示,如本案中法院认定起诉不代表福建某环保公司的真实意思。

(5)司法管理程序对境内企业的影响。外国投资者进入司法管理或清盘程序后,其司法管理人或清盘人有权代表公司参与境内诉讼,如本案中新加坡司法管理人委托代理人参与诉讼,但须符合中国法律程序要求。若司法管理人的授权程序存在瑕疵(如未提供合法授权文件),可能导致诉讼被驳回。若外国投资者在境外进入清盘程序,境内企业须通过跨境执行程序(如《海牙民商事案件外国判决的承认和执行公约》)追索其在境外的资产,程序复杂且耗时长。

【律师建议】

外国投资者的出资义务受中国法律约束,法定代表人的任免须内外一致,司法管理程序不影响境内企业的诉讼权利;企业需通过合同约定、程序合规及跨境执行维护自身权益。针对上述“风险提示”中所涉及的风险,笔者提出以下法律建议。

1. 明确出资义务与法律适用

(1)在合同与章程中明确约定。在投资协议及章程中明确外国投资者的出资义务、出资期限及违约责任,并约定适用中国法律,避免法律适用争议。若涉及增资,须在章程中明确增资金额、增资期限及违约责任,并报商务部门审批(如本案中原福建省对外贸易经济合作厅批复同意增资)。

(2)及时追讨出资。若外国投资者未按期出资,境内企业应及时通过诉讼或仲裁追讨,并申请财产保全(如冻结境外资产)。若外国投资者在境外进入清盘程序,境内企业可通过跨境执行程序追索其在境外的资产,必要时聘请境外律师协助。

2. 规范法定代表人任免与登记程序

(1)及时办理变更登记。外国投资者任免法定代表人后,应及时召开董事会并通过决议,办理变更登记,确保内外一致(如本案中因未及时变更导致诉讼被驳回)。保存股东决议、董事会决议、工商变更申请文件等全套证据,以备后续争议使用。

(2)内部决议与外部登记衔接。在股东决议与登记信息不一致时,优先以股东决议为准处理内部事务(如本案中法院认定股东任命的法定代表人具有内部拘束力)。对外事务(如诉讼、合同签署)以登记的法定代表人为准,避免诉讼代表权争议。

3. 应对司法管理程序的策略

(1)确认司法管理人权限。若外国投资者进入司法管理程序,境内企业应核实其司法管理人的授权范围及程序合法性(如本案中新加坡司法管理人的委托程序符合中国法律)。确保司法管理人的授权文件符合中国法律要求(如公证认证、翻译件等),避免因程序瑕疵导致诉讼被驳回。

(2)跨境执行与资产追索。若外国投资者在境外进入清盘程序,境内企业可通过《海牙民商事案件外国判决的承认和执行公约》或双边司法协助条约追索其在境外的资产。聘请境外律师调查外国投资者的资产情况(如银行账户、不动产、股权等),并申请境外法院冻结或查封资产。

【法条链接】

《中华人民共和国公司法》(2023年修订)

第十三条 公司可以设立子公司。子公司具有法人资格,依法独立承担民事责任。

公司可以设立分公司。分公司不具有法人资格,其民事责任由公司承担。

第三十四条　公司登记事项发生变更的,应当依法办理变更登记。

公司登记事项未经登记或者未经变更登记,不得对抗善意相对人。

第四十六条　有限责任公司章程应当载明下列事项:

(一)公司名称和住所;

(二)公司经营范围;

(三)公司注册资本;

(四)股东的姓名或者名称;

(五)股东的出资额、出资方式和出资日期;

(六)公司的机构及其产生办法、职权、议事规则;

(七)公司法定代表人的产生、变更办法;

(八)股东会认为需要规定的其他事项。

股东应当在公司章程上签名或者盖章。

《中华人民共和国涉外民事关系法律适用法》

第十四条第一款　法人及其分支机构的民事权利能力、民事行为能力、组织机构、股东权利义务等事项,适用登记地法律。

《中华人民共和国民事诉讼法》(2023年修正)

第五十一条　公民、法人和其他组织可以作为民事诉讼的当事人。

法人由其法定代表人进行诉讼。其他组织由其主要负责人进行诉讼。

二、股东资格确认问题

在公司运营阶段，股东资格的确认不仅是公司内部治理的重要一环，而且是公司争议解决中常见且复杂的法律问题之一。股东资格的确认涉及股东的身份认定、权利义务的界定，以及各类股东身份纠纷的解决。具体而言，出资瑕疵股东的资格认定、一人公司股权代持关系的判断、外商投资企业股东资格的审查、借名股东与冒名股东的司法认定等问题，都可能给公司股东结构、股东权益以及公司日常运营带来重大影响。

在实践中，这些纠纷往往因出资方式不明、股东身份不清、股东权利与义务不明确等原因而产生。如何合理合法地认定股东资格，确保股东身份与公司治理的合规性，是避免法律风险、保障公司稳定运营的关键。因此，本节将重点讨论股东资格确认过程中涉及的主要法律问题，帮助企业在实践中正确识别和处理与股东资格确认相关的法律风险，从而为企业的长远发展奠定坚实的法律基础。

（一）出资瑕疵股东的股东资格认定

陈某与河南甲公司等与公司有关的纠纷案①

【关键词】

出资瑕疵　股东资格　权利限制

【案情简介】

陈某原系河南乙公司（现为河南甲公司）的法定代表人。2014 年 1 月 27 日，公司召开股东会，审议并通过以下事项：（1）变更公司法定代表人，免去陈某执行董事兼经理职务，同时不再担任公司法定代表人。选举崔某某为公司执行董事兼经理，并为公司法定代表人。（2）……（3）同意变更股权。同意原股东陈某将所持有的公司 60% 的股份 60 万元中的 40 万元转让给新股东张某某，张某某自愿接收该股份相应的债权债务……陈某、崔某某、张某某 3 人均在股东会决议上签字确认。此次变更后，公司各股东的出资情况如下：陈某出资额为 20 万元、出资比例为 20%；崔某某出资额为 40 万元、出资比例为 40%；张某某出资额为 40 万元、出资比例为 40%。

2016 年 3 月 9 日，河南乙公司召开股东会，审议并通过以下事项：（1）同意变更公司经营范围；（2）同意变更公司名称；（3）同意变更公司注册资本，由原来的 100 万元增加到 1500 万元，增加部分由股东崔某某以货币方式出资 710 万元，由股东张某某以货币方式出资 690 万元并于 2045 年 12 月 31 日前缴足……崔某某、张某某签字确认，陈某否认其在股东会决议上签字。同日，河南乙公司在郑州市原工商行政管理局申请变更登记。

陈某主张自己于 2016 年 5 月 18 日被省纪委监视居住，于 2016 年 6 月 16 日被刑事拘留，以行贿罪和买卖国家公文证件罪被判处 5 年有期徒刑，

① 参见河南省商丘市中级人民法院民事判决书，（2021）豫 14 民终 24 号。

2017年5月11日被送往河南省第一监狱服刑,没有参加河南甲公司2016年3月9日、2017年6月6日召开的股东会,也未在股东会决议上签名,对公司增资及自己的股权转让毫不知情,并诉至河南省柘城县人民法院,要求确认股权转让协议无效,并返还其1.333%的股权。河南省柘城县人民法院于2018年5月2日作出(2018)豫1424民初510号民事判决:确认陈某与杨某某于2017年6月6日签订的《股权转让协议》无效;杨某某返还陈某在河南甲公司的1.333%股权。杨某某不服,提起上诉,河南省商丘市中级人民法院作出(2018)豫14民终2698号民事判决:驳回上诉,维持原判。

原告陈某诉至河南省永城市人民法院,要求河南甲公司提供公司章程、股东会会议记录、董事会会议决议、监事会会议决议和财务会计报告以供查阅、复制;提供会计账簿、原始凭证、契约等以供查阅。被告河南甲公司辩称:陈某请求确认股东会决议无效的诉讼请求已经超出时效,且其在期限内拒不补缴出资额,河南甲公司有权限制其股东权利,应当驳回陈某的全部诉讼请求。第三人杨某某述称,同意河南甲公司的意见。第三人张某某、崔某某未答辩。

河南省永城市人民法院于2020年11月23日作出(2020)豫1481民初3647号民事判决,判决:(1)被告河南甲公司于该判决生效之日起10日内提供2014年1月27日至2020年5月12日的会计账簿供原告陈某查阅。上述材料应由原告陈某在正常业务时间内查阅,查阅时间不得超过10个工作日,地点在河南甲公司。(2)驳回原告陈某的其他诉讼请求。宣判后,陈某和河南甲公司不服判决,均提出上诉,河南省商丘市中级人民法院于2021年3月26日作出(2021)豫14民终24号民事判决书,判决:驳回上诉,维持原判。

【案例分析】

法院生效裁判认为,本案的争议焦点有以下三个。

(1)关于本案陈某的诉讼请求是否超过诉讼时效问题。诉讼时效仅适用于请求权,不适用于决议效力确认等形成权,单纯的时间经过不能影响决议的效力,也就是说,形成权不受诉讼时效期间的限制。故法院对河南甲公司、杨某某认为本案超过诉讼时效的意见,不予采信。

(2)股东会决议的效力认定。本案中,2016年3月9日,河南甲公司以股东会决议形式对变更公司经营范围、名称、注册资本、经营期限以及提交公司章程修正案作出决议,股东会决议的内容并不违反法律、行政法规的规定,且经代表三分之二以上表决权的股东通过。陈某以河南甲公司未通知其参加,会议召集的程序、表决方式、内容违反法律规定为由,主张该股东会决议无效,无事实及法律依据,故法院对原告要求判决股东会决议无效、公司更名,恢复其持股比例及公司注册资本、办理变更登记的诉讼请求,不予支持。

(3)出资有瑕疵的股东的股东资格认定和权利限制问题。若股东对公司未履行出资义务或者未全面履行出资义务或者抽逃出资,则公司根据公司章程或者股东会决议可以限制该类瑕疵股东的股东权利包括利润分配请求权、新股优先认购权、剩余财产分配请求权等,而不包含股东知情权。法院生效判决确认陈某与杨某某签订的股权转让协议无效,并判决杨某某返还陈某在河南甲公司的1.333%股权,因此陈某是河南甲公司的股东,并经登记备案,应当享有股东知情权,有权查阅公司的相关资料。

根据法律规定,会计账簿不包括原始凭证和记账凭证,故法院对陈某要求河南甲公司提供会计账簿以供查阅的诉讼请求,予以支持;陈某要求河南甲公司提供原始凭证、契约合同、公司账户流水等超出了股东知情权查阅范围的资料的诉讼请求,于法无据,法院不予支持。

【风险提示】

股东有按期足额出资的义务,未按期足额缴纳出资会侵害公司独立的财产权,进而影响公司的经营和发展。同时,公司一旦依法成立,股东与公司之间即为出资合同的相对人,股东是否按期足额缴纳出资直接关系到公司的重大利益。股东不履行出资义务,亦会损害公司债权人的利益。为此,新《公司法》进一步加强了股东的出资法律义务。除限制滥用认缴期限等不负责任行为外,新《公司法》第49条还明确规定:“股东应当按期足额缴纳公司章程规定的各自所认缴的出资额。股东以货币出资的,应当将货币出资足额存入有限责任公司在银行开设的账户;以非货币财产出资的,应当依法办理其财产权的转移手续。股东未按期足额缴纳出资的,除应当向公司足额缴纳外,还应当对给公司造成的损失承担赔偿责任。”由此可见,按期足额出资是股东的核心义务,是股东享有权利的基础。由司法实践可以看出,认定瑕疵出资的股东具有股东资格并无争议,股东瑕疵出资时,公司可以限制其利润分配请求权、新股优先认购权、剩余财产分配请求权,但是否可以限制除此之外的其他股东权利,在实务中争议较大。本案确认,瑕疵出资股东的知情权不受影响,但除此之外,瑕疵股东的其他权利是否受到影响仍存在不确定,故瑕疵出资股东仍面临许多法律风险。

【律师建议】

从本案可以看出,瑕疵出资的股东仍具有股东资格,且瑕疵出资股东的知情权不受影响。故笔者将提出以下建议,确保瑕疵出资的股东享有其合法权益。

1. 积极行使股东知情权

即使出资存在瑕疵,根据案例判决,法院确认瑕疵出资股东依然享有知情权。知情权是股东的基本权利之一,具体权利包括对公司会计账簿、财务报告、股东会决议、董事会决议等文件的查阅权,公司不得无故拒绝股东行使这一权利。若公司拒绝提供相关资料,股东可以提起诉讼,要求公司提供这些资料。但需要注意的是,股东的知情权并不包括要求公司提供原始凭证、记账凭证和公司账户流水等内容,在本案中法院已经明确这一点。

2. 积极行使股东表决权

根据《公司法》的相关规定,瑕疵出资股东仍然享有股东会的表决权,但如果未按期足额出资,按照公司章程或股东会决议,可能会对其表决权进行一定限制。例如,股东表决权的行使可能会与其实际出资比例挂钩,即股东的表决权与其已缴纳的出资比例相对应,而非认缴的出资比例。故笔者建议股东应当提前查阅公司章程,确保充分了解公司章程中关于出资和表决权的具体规定。如若发现自己的表决权受到不利限制,则最有效的解决方案是尽快补足出资额,恢复完整的股东权利。通过补缴出资,不仅能够恢复表决权,还能避免更多的法律纠纷。如果觉得自己的表决权遭到不当限制，还可以通过法律途径进行维护，向法院提出诉讼，确认应享有的表决权份额。如果其他股东质疑瑕疵出资股东的表决权或公司管理层未依法履行程序限制瑕疵出资股东的表决权，则瑕疵出资股东可以请求法院判决，以确认其表决权应当依据实际出资比例或认缴比例行使。

【法条链接】

《中华人民共和国公司法》(2023年修订)

第二十五条　公司股东会、董事会的决议内容违反法律、行政法规的无效。

第二十六条　公司股东会、董事会的会议召集程序、表决方式违反法律、行政法规或者公司章程，或者决议内容违反公司章程的，股东自决议作出之日起六十日内，可以请求人民法院撤销。但是，股东会、董事会的会议召集程序或者表决方式仅有轻微瑕疵，对决议未产生实质影响的除外。

未被通知参加股东会会议的股东自知道或者应当知道股东会决议作出之日起六十日内，可以请求人民法院撤销；自决议作出之日起一年内没有行使撤销权的，撤销权消灭。

第五十七条第一款、第二款　股东有权查阅、复制公司章程、股东名册、股东会会议记录、董事会会议决议、监事会会议决议和财务会计报告。

股东可以要求查阅公司会计账簿、会计凭证。股东要求查阅公司会计账簿、会计凭证的，应当向公司提出书面请求，说明目的。公司有合理根据认为股东查阅会计账簿、会计凭证有不正当目的，可能损害公司合法利益的，可以拒绝提供查阅，并应当自股东提出书面请求之日起十五日内书面答复股东并说明理由。公司拒绝提供查阅的，股东可以向人民法院提起诉讼。

第六十六条　股东会的议事方式和表决程序，除本法有规定的外，由公司章程规定。

股东会作出决议，应当经代表过半数表决权的股东通过。

股东会作出修改公司章程、增加或者减少注册资本的决议，以及公司合并、分立、解散或者变更公司形式的决议，应当经代表三分之二以上表决权的股东通过。

《最高人民法院关于适用〈中华人民共和国公司法〉若干问题的规定(三)》(2020年修正)

第十六条 股东未履行或者未全面履行出资义务或者抽逃出资,公司根据公司章程或者股东会决议对其利润分配请求权、新股优先认购权、剩余财产分配请求权等股东权利作出相应的合理限制,该股东请求认定该限制无效的,人民法院不予支持。

(二)一人公司股权代持关系的认定

兰某与新疆某矿业公司、钟某某股东资格确认纠纷案[①]

【关键词】

股权代持 股东资格 一人公司

【案情简介】

2015 年 8 月 3 日,兰某设立新疆某矿业公司(以下简称某矿业公司),注册资本 10000000 元,委托自己的亲戚钟某某为该公司的代持股人,代持兰某某在该公司的全部股份,公司工商登记股东为钟某某,持股比例为 100%。2015 年 11 月 27 日,实际出资人兰某向新疆某建材公司转账 1000000 元,用于缴纳新疆矿权交易中心的押金。2016 年 4 月 19 日,某建材公司向新疆国土资源厅缴纳探矿权价款 100000 元,并于 6 月 13 日获得矿产资源勘查权证,勘查项目为新疆阜康市某某沙漠石英砂矿。2016 年 10 月 8 日,某矿业公司与新疆某地质勘查有限公司签订《勘查合同》,委托后者进行石英砂矿的地质勘查,合同金额为 450000 元,兰某及其妻子于某某后续支付勘查费用共计 350000 元。2016 年 10 月 23 日,原告兰某为明确被告钟某某系代持股人及其他事项,双方签订《法定代表人聘用合同》,聘用钟某某为某矿业公司的法定代表人,合同期限为 5 年,聘用合同期满前一个月,经双方协商同意,可以续订聘用合同;本合同期满后,任何一方认为不再续订聘用合同的,应在合同期满前一个月书面通知对方。因公司股份实属兰某所有,在钟某某被聘用为某矿业公司的法定代表人期间,兰某享有公司股东的一切权利和义务,兰某只授权钟某某对公司生产经营管理。

2019 年 8 月 15 日,兰某的妻子于某某向某建材公司法定代表人王某某支付了 19108.86 元的石英砂探矿权税费。2019 年 11 月 13 日,某建材

---

① 参见新疆维吾尔自治区阜康市人民法院民事判决书,(2021)新 2302 民初 1569 号。

公司将探矿权过户至某矿业公司名下，期限至2021年1月23日。2020年7月17日，于某某支付给某矿业公司化验费4050元。同年，某矿业公司向于某某借款48000元用于住房及办公室，且在2020年9月1日出具借条，确认28800元（2015－2017年）和18900元（2018－2020年）的借款总计47700元，并将该款用于支付会计工资。2020年10月30日，于某某向某矿业公司转账支付10000元用于办证。2020年8月31日，兰某、钟某某、于某某在阜康市召开工作会议，会议记录显示兰某为董事长，钟某某为总经理，于某某为财务总监。2020年12月8日，兰某等人再次召开会议，记录中同样确认兰某为董事长。其中，2013年到2017年，兰某与于某某多次向钟某某个人转账。

2020年年底，原告为规范公司管理，要求被告钟某某交出部分印章，钟某某以各种理由拒绝交出。经原告多次通知，被告钟某某既不接听电话，也不回复短信和微信。被告钟某某的行为严重影响公司业务开展，其已经不再适合作为原告兰某的代持股人。为防止股权或者矿权被转移，2021年4月19日，原告兰某向新疆维吾尔自治区阜康市人民法院申请诉前保全。法院于次日作出裁定书，兰某为此缴纳保全费5000元。原告兰某诉请：（1）确认原告兰某是被告新疆某矿业公司实际股东，持股比例为100%；（2）判令被告新疆某矿业公司在工商登记中的股东由被告钟某某变更为原告兰某；（3）判令被告钟某某向原告兰某移交新疆某矿业投资有限公司的印章；（4）判令保全费由被告承担。

2021年10月13日，新疆维吾尔自治区阜康市人民法院作出民事判决：（1）确认原告兰某为被告新疆某矿业公司的股东，持股比例为100%；（2）被告新疆某矿业公司于本判决生效后10日内至公司登记机关办理上述股权的变更登记手续（从被告钟某某名下变更登记至原告兰某名下）；（3）被告钟某某于本判决生效后10日内向原告兰某移交被告新疆某矿业公司的印章（①公司行政章；②公司财务章；③公司合同专用章；④发票专用章；⑤法定代表人印鉴）及证照（①营业执照正副本原件；②银行开户许可证；③银行账户卡；④探矿许可证）；（4）被告钟某某于本判决生效后10日内向原告兰某支付保全费5000元。

【案例分析】

生效裁判认为,依法成立的合同对当事人具有法律约束力。兰某与钟某某签订的《法定代表人聘用合同》在平等自愿、协商一致的基础上形成,系双方真实意思表示,合法有效,法院予以确认。《最高人民法院关于适用〈中华人民共和国公司法〉若干问题的规定(三)》第21条规定,当事人请求确认股东资格时,应以公司为被告,利害关系人作为第三人参加诉讼。本案系股东资格确认纠纷。虽然钟某某应作为第三人参与诉讼,但因某矿业公司为自然人独资的有限责任公司,兰某要求确认其股东身份并要求钟某某交付印章、证照,故将钟某某作为被告并无不当。兰某要求确认其为某矿业公司的100%股东,钟某某对这一请求及事实理由均不认可。兰某承认与钟某某未有书面股权代持协议,亦无证据证明口头代持协议的存在。根据相关规定,在缺乏直接书面证据的情况下,若实际股东的证据形成完整证据链,证明隐名股东是实际出资人并参与公司管理或对名义股东有较大控制力,法院应依据优势证据原则作出认定。

首先,《法定代表人聘用合同》显示钟某某身份为某矿业公司的法定代表人,且合同中明确约定原告享有股东权利并授权钟某某进行管理。钟某某声称仅是其他公司法定代表人,但未提供证据。因此,对钟某某的抗辩不予采纳。其次,原告参与办理探矿权证,相关费用由原告及其妻子支付。钟某某声称系委托原告办理,但未证实委托关系。重大事项未有证据支持,不符合常理。根据法律规定,举证责任在于提出主张的一方,因钟某某未能提供相应证据,故对其抗辩不作采纳。再次,原告提交的工作会议记录表明兰某是董事长,钟某某为总经理,原告参与公司管理,具备较大控制权。钟某某并未对会议记录提出异议,反而通过记录予以确认。原告的行为为其实际参与公司经营管理的有效证据。复次,原告与妻子对公司进行了直接及间接出资,资金用于公司日常开支。钟某某辩称资金往来是借款等法律关系,但未提供证据,因此原告及其妻子与公司之间的款项应认定为出资。最后,某矿业公司自成立一直未分红,原告兰某未享受过股东权益,被告钟某某亦未享受过股东权益。对于是否享有股东权利,不仅包括参与公司的分红受益,还应当包括是否实际进行公司管理经营、投资决策等。被告钟某某以原告未行使过股东权利为由否认原告实际股东身份不具有合理性。根据法律规定,实际出资人要求显名等须经其他股东同意,但某矿业公司为自然人独资,没有其他股东。兰某要求确认其实际股东身份及股权比例,合理合法,法院予以确认。钟某某认可印章及证照在其手中,因此原告要求交付印章与证照的请求法院予以支持。

【风险提示】

在认定有限责任公司实际权利人与名义权利人的关系时,应综合考量经营管理控制权及财产实质归属,不能仅凭公示外观认定。在可能存在股权代持的情形下,判断是否构成代持关系,应重点审查代持人是否实际出资及是否享有股东权利。若缺乏直接证据,但实际股东提交的证据能形成完整证据链,证明其系实际出资人,且其参与公司经营管理或对名义股东具备较强控制力,则应结合案件事实,认定股权代持关系成立。从本案出发,笔者总结出以下法律风险。

1. 股权代持关系的证明难度

在一人公司中,若实际出资人与名义股东之间未签订书面代持协议,实际出资人须通过其他证据(如出资凭证、参与公司管理的记录)证明代持关系。本案中,兰某虽无书面代持协议,但通过《法定代表人聘用合同》、出资记录、会议记录等形成了完整证据链,最终被法院认定为实际出资人。若证据链不完整,可能无法证明代持关系,导致实际出资人权益受损。法院在认定代持关系时,要求证据形成完整链条,包括出资事实、参与管理、控制权行使等。若某一环节证据缺失(如出资凭证未注明用途),可能影响整体认定。

2. 名义股东的法律责任

名义股东可能因代持关系被实际出资人主张权利,或因公司债务被债权人追偿。若名义股东无法证明代持关系,可能被认定为实际股东,承担相应责任。本案中,钟某某作为名义股东,因未能提供证据反驳兰某的实际出资人身份,最终须移交公司印章及证照。名义股东若控制公司印章及证照,可能被要求移交。若拒绝移交,可能面临法院的强制执行。

3. 出资性质的认定风险

实际出资人须明确出资性质（如股权出资或借款），并提供充分证据（如银行转账记录、合同约定）。若出资性质模糊，可能被认定为借款或其他法律关系，影响股东资格确认。本案中，兰某及其妻子的转账记录之所以被认定为出资，是因为钟某某未能提供证据证明其为借款。若出资后需进行债务转移，应在协议中明确约定该行为不影响股东出资的性质，并取得其他股东书面同意。

【律师建议】

在进行商事活动的过程中，实际出资人出于对自身以及现实因素的考量，选择将股权交由他人代持。但作为市场经济主体的公司，其经营活动具有很大的不确定性，从而使代持协议具有一定的法律风险。公司登记股东在股权代持纠纷中拒绝隐名股东显名所产生的法律责任和对真实权利人的损害均有着不可忽视的社会影响。结合上述法律风险，笔者将给出以下具体法律建议。

1. 对实际出资人的合规建议

(1) 签订书面代持协议。在一人公司中，实际出资人应与名义股东签订书面代持协议，明确双方权利义务（如出资比例、收益分配、股权归属），并留存签署过程的证据（如见证人签字、公证文件）。

(2) 保留出资与管理证据。实际出资人应保留出资凭证（如银行转账记录、出资协议）及参与公司管理的证据（如会议记录、决策文件），以便在争议中证明存在代持关系及其具有实际控制权。

(3) 明确出资性质。在转账时注明款项用途（如股权出资款），并在协议中明确出资性质，避免因性质模糊被认定为借款或其他法律关系。

2. 对名义股东的风险防范建议

(1) 审查代持协议的真实性。名义股东应确保代持协议真实有效，避免因协议瑕疵被认定为无权处分或虚假代持。

(2) 保留出资证据。名义股东应保留实际出资人的出资凭证（如银行转账记录、出资协议），以备在争议中证明代持关系的真实性。

(3) 及时办理变更登记。若代持关系解除，应及时办理变更登记，避免因登记信息与实际出资人不一致引发纠纷。

【法条链接】

《中华人民共和国公司法》(2023年修订)

第五十五条 有限责任公司成立后,应当向股东签发出资证明书,记载下列事项:

(一)公司名称;

(二)公司成立日期;

(三)公司注册资本;

(四)股东的姓名或者名称、认缴和实缴的出资额、出资方式和出资日期;

(五)出资证明书的编号和核发日期。

出资证明书由法定代表人签名,并由公司盖章。

《最高人民法院关于适用〈中华人民共和国公司法〉若干问题的规定(三)》(2020年修正)

第二十二条 当事人之间对股权归属发生争议,一方请求人民法院确认其享有股权的,应当证明以下事实之一:

(一)已经依法向公司出资或者认缴出资,且不违反法律法规强制性规定;

(二)已经受让或者以其他形式继受公司股权,且不违反法律法规强制性规定。

第二十四条 有限责任公司的实际出资人与名义出资人订立合同,约定由实际出资人出资并享有投资权益,以名义出资人为名义股东,实际出资人与名义股东对该合同效力发生争议的,如无法律规定的无效情形,人民法院应当认定该合同有效。

前款规定的实际出资人与名义股东因投资权益的归属发生争议,实际出资人以其实际履行了出资义务为由向名义股东主张权利的,人民法院应予支持。名义股东以公司股东名册记载、公司登记机关登记为由否认实际出资人权利的,人民法院不予支持。

实际出资人未经公司其他股东半数以上同意,请求公司变更股东、签发出资证明书、记载于股东名册、记载于公司章程并办理公司登记机关登记的，人民法院不予支持。

第二十六条　公司债权人以登记于公司登记机关的股东未履行出资义务为由，请求其对公司债务不能清偿的部分在未出资本息范围内承担补充赔偿责任，股东以其仅为名义股东而非实际出资人为由进行抗辩的，人民法院不予支持。

名义股东根据前款规定承担赔偿责任后，向实际出资人追偿的，人民法院应予支持。

(三)外商投资法“准入前国民待遇加负面清单管理”规定的适用

如皋市金鼎置业有限公司等与吴某等股东资格确认纠纷案[①]

【关键词】

股东资格确认　外商投资法　国民待遇　负面清单

【案情简介】

如皋市金鼎置业有限公司(以下简称金鼎公司)于2005年9月9日由叶某投资设立,系外商独资企业。2008年9月3日,经江苏省如皋市对外贸易经济合作局批准,该公司变更为中外合资经营企业,股东为叶某(占股99.9%)和大地公司(占股0.1%)。2018年10月18日,金鼎公司股东变更为叶某和正达公司。

2007年1月1日,叶某作为甲方、郑某某作为乙方、吴某作为丙方,三方签订《合资协议书》。协议第一条约定:甲方把金鼎公司的20%股份转让给丙方,转让后甲方占股份45%,乙方占股份35%,丙方占股份20%。公司投资总额计人民币贰亿元整,股份转让款金额及支付方式等详见三方签字确认的本协议附件。2011年9月15日,叶某、郑某某签署《股权比例确认书》,载明:……现金鼎公司股权比例为:叶某占公司全部股权的52.5%;郑某某占公司全部股权的47.5%(其中包含吴某承包给郑某某的占公司20%的股权在内)。

2012年1月,吴某与郑某某签订《股权转让协议书》,吴某将持有的金鼎公司20%股权转让给郑某某。2013年10月20日,吴某与郑某某形成《股权确认书》一份,主要内容为:吴某与郑某某协商后一致同意解除并终止上述吴某与郑某某2012年1月签订的《股权转让协议书》,现吴某收回原转让给郑某某的金鼎公司20%股权,即吴某仍持有金鼎公司20%的股

---

① 参见江苏省高级人民法院民事判决书,(2019)苏民终1194号。

权,享有股东的权利,并承担相应义务。本确认书经吴某、郑某某签字后生效。2013 年 10 月 20 日,金鼎公司召开股东会,会议由吴某主持,叶某、吴某、林某某、郑某某、陈某某、佘某某、王某某参会。会议形成《金鼎公司股东会议纪要》一份,主要内容为:2013 年 10 月 31 日止,金鼎公司目前工商登记在叶某名下的 99.9% 的股权和大地公司 0.1% 的股权的实际股东及股权比例为:叶某占股 52.5%(含王某某的股份、大地公司的股份)、吴某股份 20%、林某某股份 10%、郑某某股份 7.5%、陈某某股份 5%、佘某某股份 5%。叶某同意办理工商登记变更,将工商登记在其名下的金鼎公司股份,根据本次会议确认的比例分别转让给吴某、林某某、郑某某、陈某某、佘某某、王某某等实际所有人或实际所有人成立的全资公司成为显名股东,以上登记在 2013 年 11 月 15 日前完成。2017 年 7 月 6 日的《金鼎公司股东会议纪要》也对金鼎公司实际股东及股权比例进行了确认,其中载明吴某的持股比例为 20%。

吴某向一审法院诉请叶某和金鼎公司将隐名于叶某名下的 20% 股权以吴某为受让人,以叶某为转让人共同向如皋市商务局办理股权转让备案手续,叶某、金鼎公司按照《金鼎公司股东会议纪要》第一项的规定,将吴某享有并隐名于叶某名下的 20% 股权工商变更登记至吴某名下。

南通市中级人民法院于 2019 年 5 月 15 日作出(2017)苏 06 民初 128 号民事判决:(1)叶某、金鼎公司于本判决生效之日起 3 个月内将叶某持有的金鼎公司 20% 的股权变更登记至吴某名下;(2)驳回吴某的其他诉讼请求。金鼎公司不服一审判决,上诉请求:撤销一审判决第一项,驳回吴某的诉讼请求。江苏省高级人民法院于 2020 年 4 月 14 日作出(2019)苏民终 1194 号民事判决:驳回上诉,维持原判。金鼎公司(一审被告、二审上诉人)、正达公司(一审第三人)不服,向最高人民法院以吴某主张的股权变更登记并未征得外商投资企业审批机关的同意等为理由申请再审,请求撤销一、二审判决,改判驳回被申请人吴某的诉讼请求,或者将本案发回重审。最高人民法院于 2021 年 6 月 30 日作出最高法民申 1074 号民事裁定:驳回金鼎公司、正达公司的再审申请。

【案例分析】

最高人民法院认为,本案争议焦点是:(1)再审申请人有关案涉股权变更登记应当征得外商投资企业审批机关同意的主张是否成立。(2)再审申请人有关二审法院未考虑正达公司关于案涉股权变更登记的意见,存在错误的主张是否成立。

再审申请人有关案涉股权变更登记应当征得外商投资企业审批机关同意的主张是否成立?

《外商投资法》第 4 条第 1 款、第 2 款规定:"国家对外商投资实行准入前国民待遇加负面清单管理制度。前款所称准入前国民待遇,是指在投资准入阶段给予外国投资者及其投资不低于本国投资者及其投资的待遇;所称负面清单,是指国家规定在特定领域对外商投资实施的准入特别管理措施。国家对负面清单之外的外商投资,给予国民待遇。"第 28 条第 3 款规定:"外商投资准入负面清单以外的领域,按照内外资一致的原则实施管理。"第 31 条规定:"外商投资企业的组织形式、组织机构及其活动准则,适用《中华人民共和国公司法》、《中华人民共和国合伙企业法》等法律的规定。"依照《外商投资法实施条例》第 48 条第 1 款的规定,香港特别行政区投资者在内地投资,参照《外商投资法》和《外商投资法实施条例》执行;法律、行政法规或者国务院另有规定的,从其规定。案涉股东会议纪要确认被申请人享有金鼎公司 20% 的股份,明确了案涉股权变更登记应在 2013 年 11 月 15 日前完成,当时施行的 2001 年修正的《中外合资经营企业法》(已失效)第 3 条规定:"合营各方签订的合营协议、合同、章程,应报国家对外经济贸易主管部门审查批准……"2016 年修正的《中外合资经营企业法》(已失效)第 15 条规定:"举办合营企业不涉及国家规定实施准入特别管理措施的,对本法第三条、第十三条、第十四条规定的审批事项,适用备案管理……"二审期间,《外商投资法》《外商投资法实施条例》,以及商务部、国家市场监督管理总局制定的《外商投资信息报告办法》于 2020 年 1 月 1 日起施行,对外商投资实行准入前国民待遇加负面清单管理以及外商投资信息报告等制度。关于负面清单以外的领域,《外商投资法》第 4 条规定了"给予国民待遇",第 28 条第 3 款规定,按照内外资一致的原则实施管理。

《外商投资法》《外商投资法实施条例》施行后,《中外合资经营企业法》《外资企业法》《中外合作经营企业法》及其实施条例或实施细则同时废止。这些已被废止的法律、行政法规中有关审批、备案管理的制度不再实行。因此,虽然相关法律行为发生在《外商投资法》实施之前,但是诉争外商投资企业的股权变更登记不属于《外商投资法》第 4 条所称的负面清单的管理范围的,法院应当依照"给予国民待遇"和"内外资一致"的原则,对当事人有关应当征得外商投资企业审批机关同意的主张不予支持。本案中,金鼎公司的经营范围为"房地产开发",案涉股权变更登记不属于负面清单的管理范围,因此,再审申请人的相关申请再审理由不能成立。

再审申请人有关二审法院未考虑正达公司关于案涉股权变更登记的意见,存在错误的主张是否成立？本案中,根据股东会议纪要、2013 年 10 月 20 日的《股权确认书》等证据,能够证明被申请人吴某已实际投资并享有金鼎公司 20% 的股份。被申请人受叶某的委托主持股东会议,与其他股东共同推荐董事,已实际参与公司经营管理活动,行使股东权利。被申请人于 2017 年 6 月 26 日提起本案诉讼,正达公司于 2018 年 10 月 18 日受让叶某名下的金鼎公司股份,再审申请人有关二审法院未考虑正达公司意见,存在错误的主张不能成立。正达公司在一审中是没有独立请求权的第三人,案涉股权变更登记不涉及正达公司享有的股权,一审判决也没有判令其承担法律责任,正达公司有关其有权提起上诉的申请再审理由也不能成立。

【风险提示】

外商投资企业的股权变更登记不属于《外商投资法》第 4 条规定的负面清单管理范围。对于当事人以相关法律行为发生在该法实施前为由,主张变更登记须经审批机关同意的,法院应依据《外商投资法》的国民待遇和内外资一致原则,不予支持。从本案出发,笔者总结出以下法律风险。

1. 外商投资准入的法律适用风险

(1)"准入前国民待遇加负面清单管理"制度:根据《外商投资法》第 4 条,外商投资企业在负面清单之外的领域享有与内资企业同等待遇(内外资一致原则)。本案中,金鼎公司的经营范围(房地产开发)不属于负面清单范围,故其股权变更登记无须审批,应直接适用《公司法》相关规定。

(2)法律溯及力问题。若法律行为发生在《外商投资法》实施前(如本案2013年作出的股权变更约定),但争议发生在法律实施后,法院将依据新法内外资一致原则裁判,旧法中的审批要求不再适用。例如,本案中2013年约定的股权变更虽发生在《外商投资法》实施前,但因争议发生在2020年之后,法院直接适用新法,未支持审批要求。

2. 股权变更登记的程序合规风险

(1)变更登记义务。根据《公司法》及《外商投资信息报告办法》,外商投资企业的股权变更须及时办理变更登记及外商投资信息报告。若未及时履行,如本案中2013年约定变更但未执行,可能引发股东资格确认纠纷。

(2)诉讼时效风险。若一方长期未履行变更义务,如本案中2015年发送联系函但未执行,另一方须及时通过诉讼主张权利,避免因超出诉讼时效而丧失胜诉权。根据《民法典》第188条,普通诉讼时效为3年,自知道或应当知道权利受损之日起算。

3. 股东资格确认的证据要求

(1)证据链完整性。股东资格确认须提供充分证据(如股东会决议、股权转让协议、出资凭证等)。本案中,吴某提交的股东会议纪要及联系函被法院采信,而金鼎公司未能提供相反证据,导致败诉。

(2)举证责任分配。主张股东资格的一方须承担举证责任,若证据不足(如仅有口头约定或无签字文件),可能被驳回请求。

【律师建议】

针对以上风险,笔者提出以下法律建议。

1. 明确外商投资准入的法律适用

在投资前核查《外商投资准入特别管理措施(负面清单)(2024年版)》,确保拟投资领域不属于限制或禁止类。若属负面清单外领域,直接适用《公司法》规定,无须审批。若法律行为发生在《外商投资法》实施前,但争议发生在实施后,应依据新法内外资一致原则主张权利,避免引用已废止的审批规定。

2. 规范股权变更登记程序

股东会决议或股权转让协议达成后，应及时办理工商变更登记及外商投资信息报告，避免因程序瑕疵引发纠纷。保存股东会决议、股权转让协议、出资凭证、变更登记申请文件等，以备后续争议使用。

3. 股东资格确认的诉讼策略

主张股东资格的一方须提供股东会决议、股权转让协议、出资凭证等证据，证明其股东身份及变更登记的合法性（如本案中吴某提交的股东会议纪要及联系函）。若对方未履行变更义务，应及时通过诉讼主张权利，避免超出诉讼时效（如本案中被申请人吴某2015年发送联系函后未及时诉讼，但因后续诉讼未超时效，法院未支持时效抗辩）。

4. 第三人权利的保护

若股权变更不涉及第三人权益，则第三人无权主张独立请求权或提起上诉。在股东会决议或股权转让协议中，应明确约定各方权利义务，避免因变更登记损害第三人利益。

【法条链接】

《最高人民法院关于适用〈中华人民共和国公司法〉若干问题的规定（三）》（2020年修正）

第二十四条　有限责任公司的实际出资人与名义出资人订立合同，约定由实际出资人出资并享有投资权益，以名义出资人为名义股东，实际出资人与名义股东对该合同效力发生争议的，如无法律规定的无效情形，人民法院应当认定该合同有效。

前款规定的实际出资人与名义股东因投资权益的归属发生争议，实际出资人以其实际履行了出资义务为由向名义股东主张权利的，人民法院应予支持。名义股东以公司股东名册记载、公司登记机关登记为由否认实际出资人权利的，人民法院不予支持。

实际出资人未经公司其他股东半数以上同意，请求公司变更股东、签发出资证明书、记载于股东名册、记载于公司章程并办理公司登记机关登记的，人民法院不予支持。

《中华人民共和国外商投资法》

第四条 国家对外商投资实行准入前国民待遇加负面清单管理制度。

前款所称准入前国民待遇,是指在投资准入阶段给予外国投资者及其投资不低于本国投资者及其投资的待遇;所称负面清单,是指国家规定在特定领域对外商投资实施的准入特别管理措施。国家对负面清单之外的外商投资,给予国民待遇。

负面清单由国务院发布或者批准发布。

中华人民共和国缔结或者参加的国际条约、协定对外国投资者准入待遇有更优惠规定的,可以按照相关规定执行。

《最高人民法院关于审理外商投资企业纠纷案件若干问题的规定(一)》(2020年修正)

第十四条 当事人之间约定一方实际投资、另一方作为外商投资企业名义股东,实际投资者请求确认其在外商投资企业中的股东身份或者请求变更外商投资企业股东的,人民法院不予支持。同时具备以下条件的除外:

(一)实际投资者已经实际投资;

(二)名义股东以外的其他股东认可实际投资者的股东身份;

(三)人民法院或当事人在诉讼期间就将实际投资者变更为股东征得了外商投资企业审批机关的同意。

(四)外籍隐名股东显名的审查标准

程某某与上海某某公司、张某、程某股东资格确认纠纷案①

【关键词】

股东资格确认 外商投资法 隐名股东

【案情简介】

2009年,原告程某某(美国籍)与第三人张某、程某(均为中国籍)决定在国内新设一家贸易公司从事对美贸易。鉴于当时的政策,程某某无法与国内自然人成立合资公司,三方遂决定以第三人张某、程某两人的名义成立上海某某公司。2009年11月,程某某与第三人张某、程某签订一份《股份协议书》,约定以第三人张某、程某名义成立上海某某公司,实际投资比例为:程某某占51%,第三人张某占25%,第三人程某占24%。

同月,程某某通过第三人程某向第三人张某打款人民币(以下币种均为人民币)458762元。审理中,程某某和第三人程某均表示,该款项中的26万元系程某某以第三人张某名义缴纳的出资,但上海某某公司和第三人张某均予否认。

2009年11月11日,上海某某公司成立,类型为有限责任公司,注册资本100万元,第三人张某占股51%、第三人程某占股49%,经营范围为:从事货物与技术的进出口业务,进行机械设备、五金交电、电子产品、建材、化工产品(除危险化学品、监控化学品、烟花爆竹、民用爆炸物品、易制毒化学品)、纺织品、橡胶塑料制品、光学仪器、体育运动器材、机电产品、一类医疗器械、工艺品的销售。

2012年10月,程某某与第三人张某、程某又签订一份《股份协议书》,约定上海某某公司收购案外A公司,根据三人对上海某某公司的持股比例,三人对A公司的占股比例为:程某某占51%,张某占25%,程某

① 参见上海市第一中级人民法院民事判决书,(2020)沪01民终3024号。

占 24%。

2018 年 8 月,上海某某公司向程某某出具一份出资证明书,载明程某某于 2009 年向上海某某公司缴纳出资 51 万元。审理中,上海某某公司和第三人张某认为该出资证明书系第三人程某事后擅自在空白盖章页上伪造。

2009 年至 2018 年,第三人张某与程某某、程某之间有众多电子邮件往来,以汇报上海某某公司的运营情况。其中,2013 年 9 月,第三人张某向程某某发送的上海某某公司分红方案中,拟分配程某某 510 万元、第三人张某 250 万元、第三人程某 240 万元。

上海市浦东新区人民法院于 2020 年 1 月 2 日作出(2019)沪 0115 民初 6248 号民事判决:(1)确认登记在第三人张某名下的被告上海某某公司 26% 的股权系程某某所有;(2)上海某某公司将第三人张某名下的上海某某公司 26% 的股权变更登记到程某某名下,第三人张某应当予以配合。判决后,上海某某公司不服,提起上诉。上海市第一中级人民法院于 2020 年 5 月 14 日作出(2020)沪 01 民终 3024 号民事判决:驳回上诉,维持原判。

【案例分析】

法院认为,本案系一起典型的涉外股东资格确认纠纷,根据《涉外民事关系法律适用法》第 14 条的规定,法人的股东权利义务等事项,适用登记地法律。上海某某公司登记于国内,故本案应当适用中华人民共和国法律。本案的争议焦点如下。

1. 关于第三人张某是否代持了程某某所有的 26% 的上海某某公司股权的问题

首先,双方有一系列明确的协议相互印证程某某实际享有上海某某公司 51% 的股权。2009 年 11 月的《股份协议书》、2012 年 10 月的《股份协议书》以及 2018 年 8 月的出资证明书均是各方真实意思表示,均能证实程某某实际享有上海某某公司 51% 的股权,其中 26% 的股权由第三人张某代持,25% 的股权由第三人程某代持。其次,程某某已举证证明其对上海某某公司履行了相应的出资义务。程某某称 2009 年 11 月 3 日程某向张某打款 458762 元中的 26 万元系程某某以张某名义缴纳的出资,第三人程某对此表示认可,同时也承认其出资的 49 万元中的 25 万元实际系程某某出资。上海某某公司及第三人张某虽然否认,但没有提供充分的证据予以佐证,且根据后来的《股份协议书》、出资证明书及分红方案等,亦可推断原告程某某已经实际履行了出资义务。最后,从各方往来的一系列电子邮件可以看出,程某某事实上参与了上海某某公司的经营管理,特别是重大事项的决策,履行了其作为大股东的权利和义务。至于上海某某公司抗辩出资证明书系程某事后伪造。一方面,司法鉴定意见书对此没有得出明确的结论,上海某某公司也没有提供其他证据予以佐证;另一方面,各方均认可该出资证明书上的公章系真实。即使存在第三人程某在空白盖章页上打印出资证明书的情况,系上海某某公司内部管理问题,不影响法院综合全案证据认定上海某某公司股权的实际所有人。因此,法院认定程某某系上海某某公司的隐名股东,第三人张某名下 26% 的上海某某公司股权的实际拥有人是程某某。

2. 关于程某某要求办理股权变更登记是否存在法律或政策上的障碍

上海某某公司系有限责任公司,显名股东为第三人张某、程某,均系国内自然人;隐名股东为程某某,系美国国籍。如变更相应的登记信息,使隐名股东显名,主要存在以下争议:

(1)关于国内自然人能否与外国人成立外商投资企业的问题。原《中外合资经营企业法》第 1 条规定,允许外国公司、企业和其他经济组织或个人……同中国的公司、企业或其他经济组织共同举办合营企业。该法规定的中国合营人虽然未包括中国的自然人,但该法已于 2020 年 1 月 1 日废止。后生效的《外商投资法》并没有这方面的限制。该法第 2 条第 3 款明确规定,外商投资企业,是指全部或者部分由外国投资者投资,依照中国法律在中国境内经登记注册设立的企业。《外商投资法实施条例》第 3 条进一步明确,《外商投资法》第 2 条中的其他投资者,包括中国的自然人在内。同时,《最高人民法院关于适用〈中华人民共和国外商投资法〉若干问题的解释》第 2 条规定:“对外商投资法第四条所指的外商投资准入负面清单之外的领域形成的投资合同,当事人以合同未经有关行政主管部门批准、登记为由主张合同无效或者未生效的,人民法院不予支持。前款规定的投资合同签订于外商投资法施行前,但人民法院在外商投资法施行时尚未作出生效裁判的,适用前款规定认定合同的效力。”因此,本案中,上海某某公司及第三人张某要求确认程某某与第三人共同成立公司的行为无效,法院不予支持。

(2)关于外国人成为公司股东是否需要办理相关审批手续的问题。《外商投资法》施行后,我国对外商投资实行准入前国民待遇加负面清单管理制度。所谓准入前国民待遇,是指在投资准入阶段给予外国投资者及其投资不低于本国投资者及其投资的待遇;所谓负面清单,是指国家规定在特定领域对外商投资实施的准入特别管理措施,国家对负面清单之外的外商投资,给予国民待遇。本案中,法院特别致函上海市商务委员会,就“如确认原告为被告股东,上海市商务委员会是否同意将原告变更为被告股东,并将被告变更为外商投资企业”进行咨询。上海市浦东新区商务委复函称:上海某某公司所从事领域不属于外商投资准入特别管理措施(负面清单)内范围,我委办理程某某变更为上海某某公司股东,并将上海某某公司变更为外商投资企业的备案手续不存在法律障碍。因此,程某某要求变更为上海某某公司股东,无须履行特别审批手续,亦不存在法律上的障碍。

此外,根据《最高人民法院关于适用〈中华人民共和国公司法〉若干问题的规定(三)》第24条,除名义股东张某以外的其他股东,即第三人程某明确认可程某某的股东身份,也同意将程某某变更登记为股东。因此,程某某请求上海某某公司将第三人张某代持的26%的股权变更登记到程某某名下,符合法律及司法解释规定,法院依法予以支持。

【风险提示】

《外商投资法》施行后,《最高人民法院关于审理外商投资企业纠纷案件若干问题的规定(一)》第14条确立的“外籍隐名股东的股东资格确认及变更登记”的3项司法审查标准作出如下调整:(1)外籍隐名股东已实际投资;(2)名义股东以外的其他股东半数以上认可隐名股东股权并同意变更登记;(3)对于外商投资准入负面清单内的限制类领域,人民法院及当事人在诉讼期间应征得外商投资企业主管机关的同意;对于负面清单外的领域,无须征得外商投资企业主管机关的同意。从本案出发,笔者总结出以下法律风险。

(1)隐名股东显名的证据要求。隐名股东须提供充分证据证明其实际出资及股东身份,如本案中程某某提交的《股份协议书》、出资证明书、分红方案及电子邮件。若证据不足(如仅有口头约定或无签字文件),可能被驳回请求。隐名股东与显名股东之间的代持协议须为双方真实意思表示,且不违反法律强制性规定,如本案中法院认定《股份协议书》有效。

(2)公司内部管理的合规风险。若公司公章管理不规范,如本案中的出资证明书被指伪造,可能导致内部文件效力争议。隐名股东显名须经其他股东半数以上同意,若未履行内部决策程序,可能影响显名登记的合法性。

【律师建议】

针对上述法律风险,笔者提出以下法律建议。

1. 明确隐名股东显名的法律适用

在隐名股东显名前,核查《外商投资准入特别管理措施(负面清单)(2024年版)》,确保公司经营范围不属于限制或禁止类。若属负面清单外领域,直接适用《公司法》规定,无须审批。若隐名股东协议签订于《外商投资法》实施前,但争议发生在实施后,应依据新法"内外资一致"原则主张权利,避免引用已废止的审批规定。

2. 规范隐名股东显名的证据管理

隐名股东与显名股东应签订书面代持协议,明确出资比例、权利义务及显名条件,并留存出资凭证,如银行流水、验资报告。隐名股东应保存参与公司经营管理的证据(如电子邮件、会议纪要、分红记录),以证明其实际行使股东权利。

3. 履行内部决策程序

隐名股东显名须经其他股东半数以上同意,应召开股东会并通过决议,确保程序合法,如本案中程某同意程某某显名。在股东会决议通过后,及时办理变更登记及外商投资信息报告,避免因程序瑕疵引发纠纷。

4. 规范公章管理与文件合规

公司应加强公章管理,避免空白盖章页被滥用,如本案中出资证明书被指伪造。对重要文件(如代持协议、出资证明)进行公证或由律师见证,确保其法律效力。

【法条链接】

《最高人民法院关于适用〈中华人民共和国公司法〉若干问题的规定(三)》(2020年修正)

第二十四条 有限责任公司的实际出资人与名义出资人订立合同,约定由实际出资人出资并享有投资权益,以名义出资人为名义股东,实际出资人与名义股东对该合同效力发生争议的,如无法律规定的无效情形,人民法院应当认定该合同有效。

前款规定的实际出资人与名义股东因投资权益的归属发生争议,实际出资人以其实际履行了出资义务为由向名义股东主张权利的,人民法院应予支持。名义股东以公司股东名册记载、公司登记机关登记为由否认实际出资人权利的,人民法院不予支持。

实际出资人未经公司其他股东半数以上同意,请求公司变更股东、签发出资证明书、记载于股东名册、记载于公司章程并办理公司登记机关登记的,人民法院不予支持。

《中华人民共和国外商投资法》

第二条 在中华人民共和国境内(以下简称中国境内)的外商投资,适用本法。

本法所称外商投资,是指外国的自然人、企业或者其他组织(以下称外国投资者)直接或者间接在中国境内进行的投资活动,包括下列情形:

(一)外国投资者单独或者与其他投资者共同在中国境内设立外商投资企业;

(二)外国投资者取得中国境内企业的股份、股权、财产份额或者其他类似权益;

(三)外国投资者单独或者与其他投资者共同在中国境内投资新建项目;

(四)法律、行政法规或者国务院规定的其他方式的投资。

本法所称外商投资企业,是指全部或者部分由外国投资者投资,依照中国法律在中国境内经登记注册设立的企业。

（五）借名股东与冒名股东的司法认定问题

叶某与江苏某工程有限公司、第三人纪某等股东资格确认纠纷案①

【关键词】

股东资格确认　借名股东　冒名股东

【案情简介】

2004年6月28日，江苏某工程有限公司（以下简称工程公司）成立，注册资本为1000万元，工商登记载明股东为纪某（占股90%）、叶某（占股10%），纪某担任公司执行董事兼总经理，叶某担任监事。2019年8月，第三人某某公司诉至法院，要求纪某在抽逃出资的900万元本息范围内对（2011）盱商初字第×××号民事判决书确认的工程公司结欠某某公司的债务承担赔偿责任；叶某在抽逃出资的100万元本息范围内对（2011）盱商初字第×××号民事判决书确认的工程公司结欠某某公司的债务承担赔偿责任。叶某在收到上述案件开庭传票后另行提起本案诉讼，请求确认其不是工程公司的股东。

原告叶某诉称：第三人纪某在未经其同意的情况下冒用其名义将其登记为工程公司的股东，其对此不知情，也从未参与工程公司的登记注册、经营管理、分红等事宜，故其不是工程公司的股东。故请求判令：（1）确认其不是工程公司的股东；（2）工程公司承担本案的诉讼费用。

被告工程公司辩称：对叶某主张的诉讼请求无异议，叶某不是公司股东。

第三人纪某述称：其在叶某不知情的情况下借用叶某的身份证办理工商登记，叶某不是工程公司的股东。第三人某某公司述称：叶某与纪某关系密切，足以说明叶某同意纪某将叶某登记为工程公司的股东，构成借名

---

① 参见江苏省无锡市中级人民法院民事判决书，（2020）苏02民终4197号。

登记,叶某是工程公司的名义股东。

经叶某申请,法院委托鉴定机构对工程公司设立登记时的出资协议书、公司章程、股东会决议中“叶某”的签名笔迹进行鉴定。经鉴定,上述材料中“叶某”笔迹均非叶某本人书写。

庭审中,某某公司提供工程公司 2004 年、2005 年、2006 年的年检材料,年检材料中均附有带有“叶某”签名笔迹的身份证复印件。对此,纪某陈述称,身份证复印件是叶某找工作和考驾照时给他的,其中 2004 年的签名是因为公司要年检,需要叶某签字,所以其就和叶某说了,让叶某签了字;2005 年、2006 年的年检材料上的签名均是由工程公司的王会计签的。叶某解释称,2004 年年检材料中的身份证复印件是其交给纪某的,但目的是请纪某帮其找工作,签名是其本人所签;2005 年年检材料中的身份证复印件不是其交给纪某的,应该是纪某复印的,签名也不是其本人所签;2006 年年检材料中的新的二代身份证复印件是其交给纪某的,但目的是用于驾驶证年审,签名也不是其本人所签。

另查明,位于无锡市某庄园 1 区 × × × 号房屋(以下简称案涉房屋)登记在叶某名下。2014 年 5 月,纪某与装饰公司签订工程承包合同,约定由装饰公司承包案涉房屋的装修工程,纪某于合同签订当日向装饰公司支付装修工程款 20 万元。关于纪某为何会支付案涉房屋的装修工程款,纪某解释称其曾向叶某父亲借过很多钱,出于还债的心理帮叶某装修。

再查明,某汽车附件公司的工商登记载明纪某担任该公司董事长,叶某担任副总经理。法院在执行(2019)苏 0213 执恢 × × × 号案中,曾拍卖一处营业房,该营业房的登记簿载明标的所有人为纪某、叶某。

江苏省无锡市梁溪区人民法院于 2020 年 8 月 17 日作出(2019)苏 0213 民初 12203 号民事判决:驳回叶某的诉讼请求。宣判后,叶某、工程公司提出上诉。江苏省无锡市中级人民法院于 2020 年 11 月 10 日作出(2020)苏 02 民终 4197 号民事判决:驳回上诉,维持原判。

【案例分析】

法院生效裁判认为,本案的争议焦点为叶某是不是被冒名成为工程公司的股东。所谓冒名股东,是指被他人冒用或者被盗用名义出资登记为公司股东的股东。被冒名者没有出资设立公司、参与经营管理、分享利润和承担风险的意思表示,也无为自己或者他人与公司其他股东设立公司的合意,且根本不知其名义被冒用,被冒名者不应视为法律上的股东。冒名登记不同于借名登记,借名登记表现为借用他人名义登记成为公司股东,并由借名人实际行使股东权利,被借名人并不行使股东权利。借名登记与冒名登记的根本区别之处在于对方是否知情并同意,如果对方不知情则为冒名登记行为,如果对方知情并同意则为借名登记行为。在对外法律关系中,由于被借名人登记为公司股东,依据公司法外观主义原则与公示原则,为保护无过错的公司债权人及公司其他股东,被借名人仍应承担相应的股东责任。《最高人民法院关于民事诉讼证据的若干规定》第 9 条规定,当事人作出自认后,就要受到该自认的约束,只有经对方当事人同意及自认是在受胁迫或者重大误解情况下作出的,才准许当事人撤销自认。纪某一审中陈述“2004 年因为公司要年检,要叶某签字,所以我就和叶某说了,让叶某签了字”。二审中,纪某改变其自认,称其是和王会计说了,让王会计签的字。某某公司不同意纪某撤销自认,纪某也不是在受胁迫或者重大误解情况下作出的上述自认。故纪某应受一审中自认的约束。根据纪某的该陈述,叶某知道其是工程公司的股东,也并不反对其成为工程公司的股东,叶某不是被冒名成为工程公司的股东。经司法鉴定,工程公司设立时的相关文件上“叶某”的签名不是其本人所签,但对外不能据此即否定叶某为工程公司的股东。此外,叶某与纪某有共有房屋,纪某以自己的义务为登记在叶某名下的房屋进行装修并支出费用等,可以认定纪某与叶某关系密切,叶某称其对被登记为工程公司股东一事始终不知情,不足以令人采信。故叶某仅能认定为被借名成为工程公司股东,对外应承担股东的相应责任。对于叶某的诉讼请求,法院不予支持。

【风险提示】

冒名股东与借名股东的性质有着根本的不同。尽管两者都未实际行使股东权利,但借名股东通常明知或应知其名义被借用,而冒名股东则完全不知其名义被冒用,且没有任何成为公司股东的意图。区分冒名股东与借名股东的关键,在于当事人是否明知自己被登记为公司股东。公司设立时并不强制要求投资人到场,代签可在被代签者知情或默认的情况下发生,因此“代签”并不等同于“盗用”或“冒用身份”签名。因此,仅凭工商登记材料中的签字,不能简单地认定为登记股东亲自签署,也不能直接得出其是冒名股东的结论。法院会综合考虑冒名者是否能合理解释其身份材料、与冒名者之间是否存在利益关联等因素,作出全面判断。从本案出发,笔者总结出以下法律风险。

(1)借名股东与冒名股东的认定风险。若股东身份系被他人冒用或盗用,如未经同意使用其身份证件办理登记,且无出资、参与经营或分红的意思表示,则可能被认定为冒名股东,无须承担股东责任。若股东虽未实际出资或参与经营,但知情并同意他人使用其名义登记(如本案中叶某知晓并同意纪某使用其名义),则被认定为借名股东,须对外承担股东责任(如抽逃出资赔偿责任)。

(2)证据不足导致的败诉风险。主张冒名股东的当事人需提供充分证据证明其不知情且未同意被登记为公司股东(如本案中叶某未能证明其对登记不知情)。若证据不足(如仅有口头陈述或无其他佐证),可能被认定为借名股东。

(3)外观主义原则的适用风险。根据《公司法》外观主义原则,登记具有公示效力,即使股东未实际出资或参与经营,对外仍须承担股东责任,如本案中叶某虽未实际出资,但因登记为股东须对外承担责任。

【律师建议】

冒名股东与借名股东的性质有显著差异。尽管两者都没有实际行使股东权利,但借名股东通常明知或应知其名义被借用,而冒名股东则完全不知其名义被冒用,并没有任何成为公司股东的意图。因此,在对外法律关系中,二者的法律后果截然不同。借名股东遵循商事法的外观主义和公示公信原则,因此需要对外承担股东责任;冒名股东是在不知情的情况下形成了所谓的股东外观,且该外观是因侵权行为产生,因此应适用民法的意思表示原则,被冒名者不应视为法律上的股东,也不应对外承担股东责任。确认冒名股东资格的目的,实际上是推翻登记股东身份的公示效力,从而免除其补足出资责任及对公司债务部分未能清偿的赔偿责任。因此,对于主张自己是冒名股东的人，应适用更严格的证明标准，以防止股东滥用诉权来规避其应承担的法律责任。针对上述“风险提示”中涉及的法律风险，笔者提出以下法律建议。

(1)明确借名与冒名的法律界限。若同意他人使用自己名义登记为股东，应签订书面协议明确权利义务，避免被认定为冒名股东。若发现身份被冒用，应及时通过诉讼主张冒名股东身份，并提供充分证据，如对工商登记文件中的签名申请笔迹鉴定(本案中叶某成功鉴定签名非本人)，或者提供须参与经营的证据(如无分红记录、无任职证明、无通信记录等)。

(2)规范公司登记与内部管理。第一，公司设立或变更登记时，确保股东亲自签署相关文件(如出资协议、章程)，避免代签或冒签，如本案中“叶某”签名系他人代签。第二，加强公章管理，避免空白盖章页被滥用；对重要文件进行公证或由律师见证，确保其法律效力。

(3)诉讼策略与证据准备。主张冒名股东的一方需提供身份证遗失证明、无签字文件、未参与经营证据(如无分红记录、无会议纪要)等，证明其不知情且未同意。

(4)外观主义原则的应对。即使被认定为借名股东，也须对外承担股东责任，如抽逃出资赔偿责任，但可通过内部协议向实际股东追偿。若公司债权人主张股东责任，则借名股东须先行承担责任，再通过内部追偿维护自身权益。此外，还需要避免与实际股东存在财产混同(如共有房产、共同账户)，防止法院因关联关系推定知情，如本案中叶某与纪某共有房屋，成为认定借名的关键证据。

【法条链接】

《最高人民法院关于适用〈中华人民共和国公司法〉若干问题的规定(三)》(2020年修正)

第二十八条　冒用他人名义出资并将该他人作为股东在公司登记机关登记的，冒名登记行为人应当承担相应责任；公司、其他股东或者公司债权人以未履行出资义务为由，请求被冒名登记为股东的承担补足出资责任或者对公司债务不能清偿部分的赔偿责任的，人民法院不予支持。

(六)实际出资人身份的认定

兰州某商贸公司、厉某、赵某某与武威某商贸公司、余某某等股东资格确认纠纷案①

【关键词】

股东资格确认　实际出租人　债务转移　名义股东

【案情简介】

1998年4月28日,兰州某商贸公司(以下简称兰州公司)成立,厉某以兰州公司股东之一地基公司的委派股东代表身份在兰州公司担任副董事长。1999年6月10日,武威某商贸公司(以下简称武威公司)成立,法定代表人为厉某,注册资本500万元。武威公司工商档案显示:武威公司股东(发起人)为厉某、余某某,其中厉某出资额400万元,占出资比例的80%,余某某出资100万元,占出资比例的20%;厉某担任执行董事,余某某担任监事;公司章程上有厉某签字、余某某签字字样。

1999年6月2日,某某实业公司与武威公司签订《关于联合开发某某商贸城的协议书》及《补充协议》,约定某某商贸城由双方联合开发。1999年6月3日,省建总公司与兰州公司签订《借款合同》,约定兰州公司向省建总公司融资借款1000万元。省建总公司按照兰州公司委托分别于1999年6月4日、1999年7月2日向省建九公司转账200万元、300万元,于1999年7月15日、1999年8月11日向兰州公司转账200万元、300万元,收据用途载明为借款。1999年7月29日、1999年8月13日兰州公司向武威公司开户行账户转账200万元、300万元,其中300万元的银行汇票委托书显示汇款用途为“投资款”。

1999年11月22日,省建总公司、兰州公司、武威公司签订《债务转让协议书》,约定经债权人省建总公司、债务人兰州公司及债务接受人武威公

① 参见最高人民法院民事判决书,(2022)最高法民终191号。

司三方协商，同意债务转移，兰州公司将借省建总公司1000万元的债务，转移至武威公司。2001年8月20日，省建总公司向甘肃省高级人民法院起诉武威公司请求其支付欠款，双方当事人在该案中达成调解协议。后省建总公司因与案外人借款合同纠纷被诉至兰州市中级人民法院，因省建总公司等未履行生效法律文书确定的义务，案外人申请强制执行，查封了省建总公司已经取得的武威公司房产，2005年5月21日，武威公司向执行法院申请以拍卖价购买该房产，并将购房款汇入兰州市中级人民法院账户。2000年3月13日，厉某未经余某某本人同意，伪造其签名与朱某1签订《股份转让协议》，将余某某名下武威公司20%的股权无偿转让给朱某1。2011年4月26日，朱某1又将其名下武威公司20%的股权无偿转让给赵某某。2012年8月6日，厉某、赵某某与董某1、朱某2、董某2签订股权转让协议，将武威公司全部股权转让给后三者，董某1、朱某2、董某2按照协议支付了股权转让款。

2012年3月28日，余某某向武威市原工商行政管理局申请撤销2000年3月13日将余某某名下武威公司20%股权转让给朱某1的行为，但原工商部门以2000年3月13日变更登记时申请人提交的材料齐全、符合法律规定为由未支持余某某的申请。后兰州公司提起本案诉讼，主张其为武威公司实际出资人，根据借款金额其对武威公司享有100%股权的实际出资人权益。

甘肃省高级人民法院于2022年2月21日作出(2019)甘民初186号民事判决：兰州公司享有余某某在武威公司20%股权的实际出资人权益；厉某与赵某某向兰州公司支付股权赔偿款及利息。宣判后，兰州公司、厉某、赵某某均提出上诉。最高人民法院于2022年6月24日作出(2022)最高法民终191号民事判决：驳回上诉，维持原判。

【案例分析】

法院认为，认定武威公司实际出资人及其相应权益的问题，应综合武威公司设立过程中各股东关于设立公司的合意、各自所持股权比例的合意以及公司成立时实际出资人的出资情况、实际出资人与名义股东之间的真实意思表示等因素作出判断。从武威公司的工商登记情况看，武威公司成立时发起人为余某某、厉某两位自然人，其中余某某持有20%股权，厉某持有80%股权。在无相反证据证明的情况下，据此认定余某某和厉某具有作为公司股东设立武威公司的真实意思表示，具备事实依据。对于余某某持有的20%股权，厉某不持异议；对于厉某持有的80%股权，虽然余某某主张厉某在武威公司注册登记文件上的签名是伪造签名，兰州公司主张厉某是其派驻武威公司的代表，其行为属于职务行为，但均未提供充分证据证明，厉某对此亦不予认可。故余某某和兰州公司针对厉某名下80%股权的主张理由不成立。

关于兰州公司的出资情况，从一审已查明事实看，兰州公司与省建总公司签订《借款合同》约定借款1000万元全部用于武威“某某商贸城”工程建设，并于1999年7月29日、8月13日分两笔向武威公司开户银行的账户转账200万元和300万元，其中300万元的汇款用途载明为“投资款”。对于兰州公司转入武威公司的200万元，并未记载转款用途，难以认定为股东出资。另外300万元虽载明汇款用途为“投资款”，但未明确其性质为股权性投资抑或债权性投资，并且上述款项在投入后不久即通过债务转移的方式，由武威公司实际负担对省建总公司的全部借款债务。因此，该300万元“投资款”难以径行认定为兰州公司以发起人身份对武威公司的股东出资；即便将兰州公司的上述行为认定为对武威公司的出资行为，但兰州公司在武威公司成立后不久即将该出资款债务转移的行为，也应被视为出资转让。综上，兰州公司提出的其对武威公司100%股权出资应享有100%出资人权益的主张，法院不予支持。

【风险提示】

关于实际出资人及其出资权益的认定，法院将综合考虑公司设立时各股东就股权比例的合意、实际出资情况以及实际出资人与名义股东之间的真实意思表示等因素判断。若当事人将借款投入公司经营，但未明确款项性质，且投入后不久便通过债务转移让公司承担偿还责任，则该当事人仅凭借款出资主张享有公司全部股权和出资人权益的，法院将不予支持。从本案出发，笔者总结出以下法律风险。

1. 实际出资人身份认定的复杂性

实际出资人身份的认定须综合工商登记、出资凭证、股东合意等多方面证据。若实际出资人无法提供充分证据证明其出资行为(如银行转账记录明确注明“投资款”),则可能被认定为债权性投资而非股权性投资。本案中,兰州公司虽主张其对武威公司100%股权享有实际出资人权益,但因部分转账未注明用途且存在债务转移行为而被认定为出资转让,法院仅支持其对20%股权的实际出资人权益。此外,若实际出资人通过名义股东代持股权,须明确代持协议的真实性及双方合意。名义股东可能以工商登记为依据主张股东身份,则实际出资人须提供充分证据(如代持协议、出资凭证)证明存在代持关系。本案中,厉某作为名义股东,其80%股权未被认定为兰州公司实际出资,因兰州公司未能提供充分证据证明其与厉某存在代持关系。

2. 名义股东与代持关系的法律风险

名义股东可能因代持关系被实际出资人主张权利,或因公司债务被债权人追偿。若名义股东无法证明代持关系,则可能被认定为实际股东,承担相应责任。此外,在代持法律关系内部,若代持协议存在瑕疵(如未明确出资比例、收益分配),甚至没有明确的代持协议,双方之间的代持关系可能无法被有效认定,导致实际出资人权益受损。

3. 债务转移对出资认定的影响

若实际出资人将出资款通过债务转移方式由标的公司承担,可能被认定为出资转让而非股东出资。本案中,兰州公司向武威公司转账的300万元虽注明“投资款”,但因后续债务转移行为,法院认定该款项性质存疑,不支持其股东出资主张。债务转移须经债权人同意,并办理相关手续(如签订债务转让协议)。若程序不合规,可能影响债务转移的效力,进而影响出资认定。

【律师建议】

针对上述法律风险,笔者将提出以下法律建议。

1. 对实际出资人的合规建议

(1)明确出资性质与用途。在出资时,应通过银行转账记录明确注明款项用途(如股权出资款),并保留相关凭证(如出资协议、股东会决议),避免因用途不明被认定为债权性投资。

(2)签订书面代持协议。若通过名义股东代持股权,应签订书面代持协议,明确双方权利义务(如出资比例、收益分配、股权归属),并留存签署过程的证据(如见证人签字、公证文件)。

(3)避免债务转移影响出资认定。若出资后需进行债务转移,应在协议中明确该行为不影响股东出资性质,并取得其他股东书面同意。

2. 对名义股东的风险防范建议

(1)审查代持协议的真实性。名义股东应确保代持协议真实有效,避免因协议瑕疵被认定为无权处分或虚假代持。

(2)保留出资证据。名义股东应保留实际出资人的出资凭证(如银行转账记录、出资协议),以备在争议中证明代持关系的真实性。

(3)及时办理变更登记。若代持关系解除,应及时办理变更登记,避免因登记信息与实际出资人不一致引发纠纷。

3. 诉讼策略与证据管理

(1)请求权基础选择。实际出资人可依据《最高人民法院关于适用〈中华人民共和国公司法〉若干问题的规定(三)》第24条主张股东资格确认,但须提供充分证据证明出资事实及代持合意。

(2)举证重点:①出资事实。提交银行转账记录、出资协议、股东会决议等,证明出资行为及用途。②代持合意。提供代持协议、沟通记录等,证明代持为双方真实意思表示。③债务转移不影响出资。提交相关协议及股东同意文件,证明债务转移不影响股东出资性质。

(3)诉讼请求的精细化。若无法证明全部股权出资,可主张部分股权(如本案中20%股权)的实际出资人权益,避免因举证不足被全部驳回。

【法条链接】

《最高人民法院关于适用〈中华人民共和国公司法〉若干问题的规定(三)》(2020年修正)

第二十四条 有限责任公司的实际出资人与名义出资人订立合同,约定由实际出资人出资并享有投资权益,以名义出资人为名义股东,实际出资人与名义股东对该合同效力发生争议的，如无法律规定的无效情形，人民法院应当认定该合同有效。

前款规定的实际出资人与名义股东因投资权益的归属发生争议，实际出资人以其实际履行了出资义务为由向名义股东主张权利的，人民法院应予支持。名义股东以公司股东名册记载、公司登记机关登记为由否认实际出资人权利的，人民法院不予支持。

实际出资人未经公司其他股东半数以上同意，请求公司变更股东、签发出资证明书、记载于股东名册、记载于公司章程并办理公司登记机关登记的，人民法院不予支持。

三、股东权利问题

在公司运营过程中，股东的权利不仅是股东身份的体现，而且是保障公司治理和股东利益的重要制度基础。然而，随着公司治理结构的复杂化和股东之间利益的多样化，股东权利纠纷成为常见且棘手的法律问题。本部分将深入探讨股东权利纠纷的常见类型及其法律适用，包括瑕疵出资股东在限制其表决权决议中的表决权问题、股东会计账簿查阅权的范围与限度、公司章程对股东知情权的限制效力等关键问题。此外，针对股东知情权纠纷中的抗辩事由、股东与实质性竞争关系业务的认定，以及股利分配请求权的性质问题，本部分也将提供详尽的法律分析和案例解析。通过对这些常见纠纷进行分析，为企业和股东提供应对股东权利争议的法律指导，帮助企业在日常经营中更好地维护股东合法权益，确保公司运作的稳定与合规。

（一）瑕疵出资股东在限制其表决权决议中的表决权

王某某、山东黑豹集团有限公司与威海汤泊温泉度假有限公司等公司决议效力确认案①

【关键词】

出资瑕疵　表决权　权利限制

【案情简介】

2007 年 4 月，烟台虹光房地产开发有限公司、山东黑豹集团有限公司（以下简称黑豹公司）出资设立威海汤泊温泉度假有限公司（以下简称汤泊公司）。其后汤泊公司注册资本及股东发生多次变更。2010 年 11 月 17 日汤泊公司修改公司章程，将注册资本进行变更，其中虹口大酒店出资 5940 万元，王某某出资 2910 万元，黑豹公司出资 150 万元。

2015 年 9 月 17 日，王某某、黑豹公司将虹口大酒店等诉至法院，请求确认虹口大酒店抽逃了对汤泊公司的出资 5420.2 万元等，山东省威海市中级人民法院作出（2015）威商初字第 117 号民事判决：确认虹口大酒店抽逃出资 5420.2 万元。

2016 年 8 月 1 日，王某某、黑豹公司向汤泊公司执行董事发函，提议召开临时股东会，审议减少虹口大酒店在汤泊公司的出资额 5420.2 万元。2016 年 8 月 7 日，王某某、黑豹公司向汤泊公司监事第二次发函，内容为：因公司执行董事未能及时根据提议人的提议召开临时股东会，现向公司监事提议于 2016 年 8 月 25 日前召开临时股东会，审议事项与上次发函内容一致。2016 年 8 月 8 日汤泊公司监事向全体股东发出会议通知，通知全体股东召开临时股东会，议题为减少股东虹口大酒店在汤泊公司的出资额为 5420.2 万元，汤泊公司注册资本相应减少。2016 年 8 月 27 日，汤泊公司召开 2016 年第一次临时股东会，王某某委托代理人、黑豹公司出席会议，虹

---

① 参见山东省高级人民法院民事判决书，（2020）鲁民终 2501 号。

口大酒店缺席会议。会议对议题进行了表决,王某某、黑豹公司均投同意票,并制作股东会决议。股东会决议载明:根据已生效的民事判决书确认,虹口大酒店抽逃在公司的出资 5420.2 万元,且该股东未在判决确定的时间内向公司返还抽逃的出资,因此其有效表决权金额法定应当减少 5420.2 万元,故本次会议的有效表决权总额为 3579.8 万元。王某某、黑豹公司对会议议题投赞成票,占有效表决权比例的 85.48%;虹口大酒店弃权(其拥有的表决权比例为 14.52%)。会议通过决议:减少虹口大酒店在汤泊公司的出资额为 5420.2 万元,相应减少汤泊公司注册资本 5420.2 万元。另查明,在 2016 年 8 月 27 日股东会决议作出后,汤泊公司未依据《公司法》第 177 条的规定对于减少注册资本编制资产负债表及财产清单,亦未通知债权人及发布公告。

王某某、黑豹公司向一审法院起诉请求:(1)判决确认汤泊公司于 2016 年 8 月 27 日作出的股东会决议有效;(2)判决汤泊公司根据注册资本及股权变更情况修改公司章程,并在公司登记机关办理变更登记手续。后于 2019 年 9 月 30 日将诉讼请求第二项变更为请求依法判决汤泊公司根据生效的股东会决议修改公司章程,并在公司登记机关办理工商变更登记手续。

山东省威海市中级人民法院于 2020 年 7 月 13 日作出(2019)鲁 10 民初 177 号民事判决:(1)确认汤泊公司于 2016 年 8 月 27 日作出的股东会决议有效;(2)驳回王某某、黑豹公司的其他诉讼请求。

宣判后,汤泊公司不服,提出上诉。山东省高级人民法院于 2021 年 11 月 12 日作出(2020)鲁民终 2501 号民事判决:驳回上诉,维持原判。

【案例分析】

法院认为:关于涉案股东会决议是否有效的问题,首先,股东出资不到位并不影响其股东资格的取得,但其享有股东权利的前提是承担股东义务,违反出资义务,也就不应享有股东的相应权利,这是民法中权利与义务统一、利益与风险一致原则的具体体现。股东在没有履行出资义务的情况下行使股东全部权利,明显有违公平原则,亦损害其他股东利益,因而瑕疵出资股东对限制其股东权利的股东会决议不应享有表决权,如果允许瑕疵出资股东对限制其股东权利的议题参与表决,且该决议须经代表公司三分之二以上表决权的股东通过,则限制该股东权利的决议可能达不成,故对瑕疵出资股东的表决权进行合理限制是必要和合理的。因此,虹口大酒店应当按照其实际出资比例行使表决权。本案中,2016 年 8 月 27 日股东会以黑豹公司 150 万元、王某某 2910 万元、虹口大酒店 519. 8 万元的出资额确定有效表决权总额为 3579. 8 万元,并因王某某、黑豹公司对会议议题投赞成票、占有效表决权比例的 85. 48% ,而通过涉案股东会决议。该决议符合公司章程及法律规定,应认定合法有效。其次,汤泊公司上诉主张涉案临时股东会并未实际召开。法院认为,汤泊公司并未提交证据证明该主张,且根据黑豹公司、王某某提交的证据,涉案临时股东会召开程序合法,并形成有效的股东会决议,故对汤泊公司的该主张不予支持。至于虹口大酒店上诉主张监事孙某某超出权限,临时股东会应为无效的观点,法院认为,汤泊公司章程第 20 条载明,监事的权限包括“提议召开临时股东会会议;在执行董事不履行本章程规定的召集和主持股东会会议职责时召集和主持股东会会议”。本案中,孙某某召开临时股东会的程序符合公司章程的规定,也未超出公司章程规定的监事权限范围,故虹口大酒店的该项上诉请求不能成立,对此不予支持。最后,汤泊公司在二审期间提交会议纪要一份,主张黑豹公司在汤泊公司的股份已于 2009 年划归文登市开发区管委会,所以其不具有诉讼资格。法院认为,根据汤泊公司章程等载明的内容,黑豹公司至诉讼时仍为汤泊公司登记在册的股东,汤泊公司并无证据证明黑豹公司依据该会议纪要实际出让自己持有的股权,故对此不予支持。

【风险提示】

瑕疵出资是指股东未履行或不当履行出资承诺的行为。目前,《最高人民法院关于适用〈中华人民共和国公司法〉若干问题的规定(三)》第 16 条明确对 3 项股东权利进行限制。通过对该法第 16 条的理解,可以总结出我国瑕疵出资股东限权制度的几个特点:一是我国采取了反向否定的模式进行股东权利限制。二是强调公司自治。根据该司法解释的规定,只有在公司章程或股东会决议中有明确约定时,才会对股东权利进行限制。三是该第 16 条中规定的可限制的股东权利包括“利润分配请求权、新股优先认购权、剩余财产分配请求权”等，但并未明确将表决权列为权限对象，因此表决权是否属于“等”的权利范围尚不清晰。因此，我国尚未形成体系化、条文化的瑕疵出资股东表决权限制度。

由于立法的缺失，司法实践中对于瑕疵出资股东的表决权是否可以完整行使的问题尚无统一指导，法官只能根据公司法原理对相关条文进行个案解释，这给司法实践带来了困扰。《最高人民法院关于适用〈中华人民共和国公司法〉若干问题的规定（三）》第 16 条适用的 3 个要点包括：一是股东存在未履行或未全面履行出资义务，或抽逃出资的行为。二是必须有公司章程的特别规定或股东会决议，这意味着对瑕疵出资股东权利的限制属于公司自治范畴，而非司法救济范畴。三是对股东的特定权利进行合理限制。关于第二点，如果公司章程没有特别规定，在股东会就瑕疵出资股东权利的限制进行表决时，涉事股东的表决权是否应当受到限制仍未明确规定。法律和相关司法解释未进一步阐明这一问题，而司法实践的观点并不统一。一种观点认为，司法实践中倾向于限制瑕疵出资股东的表决权；另一种观点认为，瑕疵出资股东在股东会未作出权利限制决议之前，其表决权不应受限制，且仍可根据认缴的出资比例行使完全的表决权。上述所述之不确定，会给商业实践中瑕疵出资股东对于限制其表决权决议中的表决权带来不确定因素。

【律师建议】

在司法实践中，如果公司章程没有特别规定，在股东会就瑕疵出资股东权利的限制进行表决时，涉事股东的表决权是否应当受到限制仍存在争议，笔者将给瑕疵出资的股东以下法律建议，以尽可能避免不利后果。

1. 确保出资义务履行

若股东未履行出资承诺，尤其是未按期足额缴纳出资，可能会面临股东权利的限制（如表决权的限制）或其他股东的法律挑战。尤其是当其他股东通过股东会决议，基于出资瑕疵来限制其表决权、利润分配权等时，瑕疵出资的股东可能无法参与公司决策，或者在公司关键决策中没有足够的话语权。故瑕疵出资的股东应当尽快履行未缴的出资义务以避免对其股东权利的进一步限制，或与公司达成协议，达成补缴或调整股东出资比例的协议。除此之外，在某些情况下，如果出资瑕疵严重，可能导致股东资格受到质疑。因此，瑕疵出资的股东可以提出审查股东资格建议，确保公司股东身份的稳定，以便在股东会中合法行使权利。

2. 关注股东会程序是否合法

如同本案例所示，股东会的召集和表决程序是否合法至关重要。如果程序不合法，股东会决议可能被法院判定为无效，从而影响公司的治理结构和决策效率。在本案中，尽管存在瑕疵出资股东，但股东会仍然依据公司章程合法召开，因此决议的效力得以确认。瑕疵出资的股东应当注意，股东会的召集、通知及表决程序是否严格按照公司章程执行，每次股东会的召开是否都经过有效的通知和议程设置。如果公司章程或股东会决议限制了瑕疵出资股东的表决权，则应确保在股东会召开时，瑕疵出资股东未行使超出实际出资比例的表决权。若股东会决议涉及瑕疵出资股东的权利，建议提前审查其表决权的限制。

3. 防止股东权利被恶意剥夺

在涉及瑕疵出资的案件中，其他股东可能会通过修改公司章程或股东会决议，企图恶意剥夺瑕疵股东的权利。因此，瑕疵出资的股东可能会面临权利被非法或不公正剥夺的风险。故，股东应当明确股东权利保障条款，确保公司章程中对瑕疵出资股东的权利进行了合理规定，避免其他股东在章程中加入过于严苛的条款；股东还应当关注股东会决议的内容，在股东会进行表决时，密切关注是否有其他股东试图通过决议剥夺其股东权利。若发现有恶意剥夺行为，可以提起诉讼或通过谈判解决问题。

【法条链接】

《中华人民共和国公司法》(2023 年修订)

第二十六条　公司股东会、董事会的会议召集程序、表决方式违反法律、行政法规或者公司章程，或者决议内容违反公司章程的，股东自决议作出之日起六十日内，可以请求人民法院撤销。但是，股东会、董事会的会议召集程序或者表决方式仅有轻微瑕疵，对决议未产生实质影响的除外。

未被通知参加股东会会议的股东自知道或者应当知道股东会决议作

出之日起六十日内，可以请求人民法院撤销；自决议作出之日起一年内没有行使撤销权的，撤销权消灭。

第六十六条 股东会的议事方式和表决程序，除本法有规定的外，由公司章程规定。

股东会作出决议，应当经代表过半数表决权的股东通过。

股东会作出修改公司章程、增加或者减少注册资本的决议，以及公司合并、分立、解散或者变更公司形式的决议，应当经代表三分之二以上表决权的股东通过。

《最高人民法院关于适用〈中华人民共和国公司法〉若干问题的规定（三）》（2020 年修正）

第十六条 股东未履行或者未全面履行出资义务或者抽逃出资，公司根据公司章程或者股东会决议对其利润分配请求权、新股优先认购权、剩余财产分配请求权等股东权利作出相应的合理限制，该股东请求认定该限制无效的，人民法院不予支持。

第十七条 有限责任公司的股东未履行出资义务或者抽逃全部出资，经公司催告缴纳或者返还，其在合理期间内仍未缴纳或者返还出资，公司以股东会决议解除该股东的股东资格，该股东请求确认该解除行为无效的，人民法院不予支持。

在前款规定的情形下，人民法院在判决时应当释明，公司应当及时办理法定减资程序或者由其他股东或者第三人缴纳相应的出资。在办理法定减资程序或者其他股东或者第三人缴纳相应的出资之前，公司债权人依照本规定第十三条或者第十四条请求相关当事人承担相应责任的，人民法院应予支持。

(二)股东会计账簿查阅权的范围与限度

美国阿某斯公司与河北阿某斯公司股东知情权纠纷案①

【关键词】

外资公司股权重置　股东抽逃出资　原始股东出资义务

【案情简介】

2005年7月16日,美国阿某斯公司与河北阿某斯公司的中方股东签署《合同章程的修改协议》,通过股权转让成为河北阿某斯公司的股东,持股比例为50%。根据协议,美国阿某斯公司委派鲁某和周某民担任河北阿某斯公司的董事,后周某民被替换为鲁某的侄子。然而,自2010年起,由于美国阿某斯公司与中方股东之间的矛盾,尽管河北阿某斯公司曾发出召开董事会会议的通知,但双方未能实际召开会议。

在诉讼过程中,河北阿某斯公司向美国阿某斯公司提供了包括《合营各方的协议》《中外合资经营企业河北艾某机械制造有限公司章程》《中外合资经营企业河北艾某机械制造有限公司合同》《河北阿某斯设备制造有限公司章程修正案》以及2011年至2013年的审计报告和月度财务报表等文件。二审期间,河北阿某斯公司还补充提交了2014年度的审计报告及月度财务报表。

值得注意的是,美国阿某斯公司与河北阿某斯公司经营的产品类型相同。此外,鲁某的侄子于2006年6月22日成立了A某公司。根据河北阿某斯公司提供的线索,一审法院向海关调取了相关证据,海关出具的证明显示,美国阿某斯公司曾多次从河北阿某斯公司的竞争对手——石家庄欧某贸易有限公司、石家庄思某泵业有限公司及石家庄宏某泵业有限公司处采购同类产品。

河北省石家庄市中级人民法院于2015年作出(2015)石民五初字第

① 参见最高人民法院民事判决书,(2020)最高法民再170号。

00346 号民事判决,判令河北阿某斯公司在判决生效后 15 日内向美国阿某斯公司提交 2015 年至判决生效日的年度财务审计报告和财务报表,同时驳回了美国阿某斯公司的其他诉讼请求。美国阿某斯公司不服判决,提起上诉。河北省高级人民法院于 2018 年 1 月 25 日作出(2018)冀民终 4 号民事判决,维持原判。

美国阿某斯公司随后向最高人民法院申请再审。2021 年 2 月 3 日,最高人民法院作出(2020)最高法民再 170 号民事判决,撤销了河北省高级人民法院和石家庄市中级人民法院的原判决,并作出如下改判:河北阿某斯公司需在判决生效后 30 日内,提供自公司成立之日起至实际提供日止的公司章程、董事会会议记录、决议及财务会计报告,供美国阿某斯公司查阅和复制,同时提供包括原始会计凭证在内的所有会计账簿供查阅,总时限不超过 30 个工作日;美国阿某斯公司可在判决生效后 90 日内,自行委托具备资质的机构对河北阿某斯公司的账目进行审计。

【案例分析】

本案的核心争议焦点在于美国阿某斯公司行使股东知情权的目的正当性,以及其是否有权查阅包含原始凭证和记账凭证在内的全部会计账簿。最高人民法院经审理后作出以下认定:

1. 股东查阅公司文件的基本权利

根据公司治理的基本原则,合资公司章程、董事会会议记录及财务会计报告等文件属于公司必须制备并向股东公开的基础性资料。作为持股 50% 的股东,美国阿某斯公司理应享有不受限制地查阅和复制这些文件的权利。若对此项权利施加不当限制,将违背股东平等原则和公司治理的透明度要求。

2. 股东知情权目的的正当性认定

河北阿某斯公司主张美国阿某斯公司存在不正当目的,主要基于两点:一是股东自营竞争性业务,二是为竞争对手采购同类产品。对此,最高人民法院认为:首先,判断主营业务应当综合考量该项业务对公司利润的贡献程度及其在营业收入中的占比。作为专业渣浆泵生产企业,河北阿某斯公司的主营业务确系渣浆泵的生产制造。其次,实质性竞争关系的认定需结合具体经营情况。经查，河北阿某斯公司的经营范围涵盖各类工业水泵的研发、生产和销售，而美国阿某斯公司仅从事泵件销售业务，二者在生产环节并不构成直接竞争关系。河北阿某斯公司虽提供海关证据证明美国阿某斯公司曾向竞争对手采购同类产品，但未能充分证明该行为与股东知情权行使之间存在必然关联，故其关于股东目的不正当的主张不能成立。

3. 会计账簿查阅范围的界定

虽然《公司法》第 33 条第 2 款未明确将原始凭证和记账凭证纳入股东查阅范围，但本案具有特殊情形：股权结构方面，合资双方各持 50% 股份，不存在小股东滥用权利干扰公司经营的情形；合同约定方面，合资合同及公司章程均明确规定各方有权自行聘请审计师审计公司账目，且审计过程中必然涉及原始凭证的核查；现实情况方面，河北阿某斯公司已停止经营，双方进入清算阶段，此时保障股东充分知情权对公平解决遗留问题尤为重要。

最高人民法院特别强调，当事人通过合资合同和章程对内部治理事项作出的约定，属于意思自治范畴，应当得到尊重和执行。若在约定审计权的情况下限制原始凭证的查阅，不仅违背契约精神，更与股东知情权制度的立法初衷相悖。

综上所述，基于保障股东合法权益、维护契约自由原则以及平衡双方利益的考量，最高人民法院最终认定美国阿某斯公司有权查阅包括原始凭证在内的全部会计账簿。这一裁判既符合法律规定，也契合本案的特殊情形，有利于纠纷的妥善解决。

【风险提示】

新《公司法》第 57 条第 2 款规定股东有权查阅公司会计账簿，但未明确包含原始凭证和记账凭证，旨在在保障股东知情权的同时，防止小股东滥用权利干扰公司正常经营。然而，在中外股东持股比例相同且合资合同约定一方可自行指定审计师审计合资公司账目的情况下，审计必然涉及原始凭证和记账凭证。若对股东知情权的范围加以限制，则将违背设立该制度的初衷。从本案出发，笔者总结出以下法律风险。

(1)股东知情权的范围与限度风险。根据新《公司法》第57条,股东有权查阅、复制公司章程、股东会会议记录、董事会会议决议、监事会会议决议和财务会计报告,并可查阅公司会计账簿。但股东查阅会计账簿须说明正当目的,如核实公司财务状况、调查管理层行为。若公司有合理理由认为股东目的不正当,如损害公司利益或为竞争对手获取商业机密,可拒绝查阅。

(2)合同约定与法律规定的衔接风险:公司章程或合资协议中若明确约定了审计权、知情权范围(如允许查阅原始凭证),法院可能优先尊重合同约定。企业须确保内部文件与《公司法》规定协调一致,避免因条款模糊导致权利受限或引发诉讼。

(3)举证责任分配。股东须证明其查阅请求具有正当目的,而公司则须证明股东目的不正当,如提供证据证明股东与竞争对手存在关联。若双方证据不足,法院可能根据具体案情进行裁量。

【律师建议】

1.公司如何规范股东知情权

(1)事前防范:完善公司治理文件。在合资协议或章程中明确股东知情权的具体范围(如是否包含原始凭证)、行使程序及限制条件,尤其对竞争性业务股东可增设保密条款或限制性约定。建议约定审计权的独立行使机制(如共同委托第三方审计),避免单方审计引发争议。

(2)事中应对:规范知情权行使流程。公司收到股东查阅请求时,应审查其目的正当性,必要时要求股东书面说明用途;若存在疑虑,可依法拒绝并留存证据(如竞争业务证明)。提供文件时注意分类处理:对于章程、决议等基础文件应无条件配合;对会计凭证等敏感资料,可采取现场查阅、专人监督等方式防止信息滥用。

(3)争议解决:注重证据与策略。若涉诉,公司须重点举证股东的不正当目的(如关联公司经营范围、实际竞争行为等),并援引《公司法》第57条"可能损害公司合法利益"进行抗辩。建议在清算等特殊阶段提前协商知情权方案,或通过股东协议约定清算中的审计规则,降低纠纷成本。

2. 股东如何行使知情权

（1）明确查阅范围与程序。第一，股东在行使知情权时，应明确查阅范围（如会计账簿、财务报告），并书面说明正当目的（如核实财务状况、监督管理层）。第二，查阅程序：公司可通过章程或股东协议规定股东查阅的具体程序（如提前书面申请、限定查阅时间地点），避免股东滥用权利。

（2）股东知情权诉讼。股东须提供查阅请求的正当目的证据，如财务状况异常、管理层行为可疑等，公司则须提供股东目的不正当的证据，如与竞争对手的关联证明等。此外，公司应证明其已按章程规定的程序处理股东查阅请求，如书面回复、提供部分资料等。

【法条链接】

《中华人民共和国涉外民事关系法律适用法》

第十四条　法人及其分支机构的民事权利能力、民事行为能力、组织机构、股东权利义务等事项，适用登记地法律。

法人的主营业地与登记地不一致的，可以适用主营业地法律。法人的经常居所地，为其主营业地。

《中华人民共和国公司法》（2023年修订）

第二十条　公司从事经营活动，应当充分考虑公司职工、消费者等利益相关者的利益以及生态环境保护等社会公共利益，承担社会责任。

国家鼓励公司参与社会公益活动，公布社会责任报告。

《最高人民法院关于适用〈中华人民共和国公司法〉若干问题的规定（三）》（2020年修正）

第十二条　公司成立后，公司、股东或者公司债权人以相关股东的行为符合下列情形之一且损害公司权益为由，请求认定该股东抽逃出资的，人民法院应予支持：

（一）制作虚假财务会计报表虚增利润进行分配；

（二）通过虚构债权债务关系将其出资转出；

（三）利用关联交易将出资转出；

（四）其他未经法定程序将出资抽回的行为。

(三)公司章程对股东知情权另有规定的效力认定

某甲公司与上海某乙公司股东知情权纠纷案[①]

【关键词】

股东知情权　全资控股　股东查阅权　章程另有规定

【案情简介】

被告上海某乙公司于2010年5月20日经批准整体改制为中外合资股份有限公司,原告某甲公司系上海某乙公司的股东。

2012年3月,上海某乙公司向中国证券监督管理委员会(以下简称证监会)报送上市并首次公开发行股票的申请材料。某会计师事务所接受上海某乙公司委托,对上海某乙公司将向证监会提交的有关公开发行A股股票的文件、须一并递交的2009年度至2011年度以及延伸审计期间,按照财政部颁布的《企业会计准则——基本准则》(2006年修订,已失效)编制的财务报表进行审计。

2012年6月7日,某会计师事务所致函某甲公司等上海某乙公司的全体股东,称:在对上海某乙公司相关期间财务报表进行审计的过程中,发现上海某乙公司需进一步提供有关林业局征询函、银行询证函的相关信息及资料,以核实消耗性生物资产的所有权及银行存款的存在性和准确性。考虑到上述事项的严重程度及可能对过往各个期间的财务报表造成的重大影响,希望上海某乙公司的股东立即对上述事项进行独立核查,立即采取措施以防止上述报告被进一步对外分发及被使用者信赖。

2012年6-7月,上海某乙公司撤回上市申报材料。

2012年8月13日,上海某乙公司向股东出具现金自查报告,对2011年9月30日至2012年6月30日的现金资产进行了核查。因某甲公司对上海某乙公司出具的现金自查报告以及上海某乙公司委托某会计师事务

---

① 参见上海市第二中级人民法院民事判决书,(2013)沪二中民四(商)终字第S1264号。

所出具的审计报告等存有异议，故其与上海某乙公司沟通，希望上海某乙公司配合其聘请的某咨询公司对农户补偿款及林权证等进行核查。

2013 年 2 月 28 日，某甲公司致函上海某乙公司要求查阅相关资料并对相关财务问题进行审计。上海某乙公司未予回复，故某甲公司起诉至法院。

2013 年 8 月 22 日，上海市静安区人民法院判决上海某乙公司向某甲公司提供 2008 年 8 月 30 日至判决生效日的财务会计报告、股东大会及董事会会议记录、监事会决议等文件。某甲公司不服提起上诉。2014 年 1 月 10 日，上海市第二中级人民法院部分维持原判，并要求某乙公司提供子公司财务会计报告、会议相关文件、会计账簿、会计凭证、林权证及相关交易文件、1.96 亿元农户补偿款支付明细等，且配合某甲公司聘请的会计师事务所审计其银行收支和林权证变动情况，同时驳回某甲公司其他诉讼请求。

【案例分析】

法院认为，某甲公司要求查阅上海某乙公司及其分公司的财务会计报告、股东大会会议记录、董事会和监事会会议决议，符合公司法及公司章程的相关规定，原审法院对此予以支持并无不当，应予维持。

关于某甲公司要求查阅上海某乙公司子公司的财务报表及上海某乙公司及其分公司、子公司的会计账簿问题，法院认为，公司章程第 144 条和第 146 条明确规定，公司应向股东提供子公司财务报表，且股东享有检查公司及其子公司的会计账簿、记录和管理账目的权利。该规定虽超出《公司法》对股东知情权的列举内容，但考虑到上海某乙公司为股份有限公司，股东仅 5 名，且知情权的合理行使一般不会对公司经营造成重大影响，故相关章程条款有效。尤其是某甲公司系因上海某乙公司申请上市过程中，审计发现财务问题而行使知情权的，其请求具有正当性，故某甲公司要求查阅子公司财务报表及会计账簿的诉讼请求应予支持。由于公司章程未明确界定子公司范围，且双方对此未达成一致，考虑到子公司依法享有独立民事权利并承担责任，为避免损害子公司其他股东的权利，法院认定此处的“子公司”应限于上海某乙公司的全资子公司。

关于某甲公司请求查阅的具体资料范围，法院认为，公司章程对股东知情权的规定明确，且未违反法律法规的禁止性规定，亦不违背《公司法》的立法目的和价值取向，因此股东应在章程规定范围内行使知情权。据此，某甲公司要求查阅与股东大会、董事会及相关委员会会议的通知、会议记录、授权委托文件、决议及通信材料的请求，符合法律及公司章程规定，应予支持。此外，关于会计凭证问题，虽然《公司法》未明确赋予股东查阅会计凭证的权利，但公司章程已赋予股东检查会计账簿、记录和管理账目的权利，而会计凭证是佐证账簿、记录是否正确的重要依据。同时，章程还赋予股东对特定财务问题自行委托审计的权利，而审计过程中必然涉及会计凭证的查阅，因此，某甲公司要求查阅会计凭证的请求亦应支持。

关于查阅林权证相关资料的诉请，法院认为，审计过程中某会计师事务所已指出，上海某乙公司申请上市期间，涉及林权证的资金使用情况存在进一步核查的必要。某甲公司据此提出查阅请求，理由合理，且公司章程第 146 条亦对此提供依据，故该请求应予支持。

对于某甲公司的其他诉讼请求，法院认为，部分诉请缺乏法律及章程依据，部分内容与已获支持的请求存在重合，故不予支持。

关于某甲公司请求复制相关资料的问题，法院认为，《公司法》规定的股东知情权仅限于查阅，公司章程亦仅规定公司应向股东提供相关信息和材料，但未赋予股东复制权。因此，某甲公司要求复制材料的请求缺乏法律依据，法院对此不予支持。

【风险提示】

从公司治理角度来看，公司章程的作用主要体现在两个方面：一是作为公司设立和运作的基本准则，二是规范股东权利义务。其中，股东知情权既是股东行使股权的基础，也是维护股东权益的重要手段。因此，公司章程对股东知情权的具体规定应予尊重。从诚信原则出发，公司章程是股东自愿达成的自治规则，只要其不违反法律的强制性规定，就对公司及股东均具有约束力。从本案出发，笔者总结出以下法律风险。

(1)公司章程对股东知情权的限制与扩展风险。公司章程可对股东知情权作出不同于《公司法》的规定，既可扩展，也可限制。本案中，上海某乙公司章程扩展了股东知情权范围,如允许查阅子公司会计账簿,法院认定其有效。但若章程条款违反《公司法》的强制性规定,如完全剥夺股东知情权等,可能被认定为无效。若章程未明确“子公司”范围,可能引发争议。本案中,法院将子公司限定为全资子公司,避免损害其他股东权益。

(2)股东知情权行使的正当性与程序风险。股东行使知情权须说明正当目的,如核实财务状况、监督管理层等。若公司有合理理由认为股东目的不正当,如损害公司利益或为竞争对手获取商业机密等,可拒绝查阅。本案中,某甲公司因上海某乙公司上市审计发现问题而主张知情权的行使,法院认定其目的正当。股东须按章程规定程序行使知情权,若未履行程序,则可能被驳回请求。

(3)股东知情权与公司利益的平衡风险。股东知情权可能涉及公司商业秘密或敏感信息,如客户名单、财务数据等,若股东滥用权利,如泄露信息或为竞争对手获取资料等,可能损害公司利益。子公司作为独立法人,其股东权益须得到保护。若母公司股东过度行使知情权,如查阅非全资子公司资料等,可能损害子公司其他股东权益。

【律师建议】

针对上述法律风险,笔者提出以下法律建议。

1.公司章程的合规设计与明确规定

(1)扩展知情权范围。在章程中明确股东可查阅的文件范围,如子公司财务报表、会计凭证等,并规定行使程序,如书面申请、提前通知,避免模糊表述引发争议。若涉及子公司知情权,须在章程中明确“子公司”范围,如全资子公司或持股50%以上控股子公司,避免损害其他股东权益。

(2)限制知情权行使条件。在章程中设置股东知情权的限制条件,如持股比例、持股时间,避免小股东或短期股东滥用权利。规定股东行使知情权需书面说明正当目的,公司有权审查并拒绝不正当请求。

2.规范股东知情权行使程序

(1)书面申请与回复。股东行使知情权时,应书面说明查阅范围及正当目的,公司则需书面回复是否同意并提供理由。公司应保存股东查阅请求及回复记录,以备后续争议使用。

(2)信息保密措施。股东查阅敏感信息前,须签署保密协议,承诺不泄露或滥用信息。公司可安排专人监督股东查阅过程,确保信息不被复制或外泄。

3. 诉讼策略与证据准备

(1)股东知情权诉讼。股东需提供查阅请求的正当目的证据,如财务状况异常、管理层行为可疑等,公司则需提供股东目的不正当的证据,如与竞争对手的关联证明等。公司应证明已按章程规定程序处理股东查阅请求,如书面回复、提供部分资料等。

(2)公司抗辩策略。若股东请求涉及商业秘密,公司可主张信息保密,要求法院限制查阅范围或附加保密条件。若股东请求涉及非全资子公司,公司可主张子公司独立法人地位,避免损害其他股东权益。

【法条链接】

《中华人民共和国公司法》(2023 年修订)

第五条 设立公司应当依法制定公司章程。公司章程对公司、股东、董事、监事、高级管理人员具有约束力。

第一百一十条 股东有权查阅、复制公司章程、股东名册、股东会会议记录、董事会会议决议、监事会会议决议、财务会计报告,对公司的经营提出建议或者质询。

连续一百八十日以上单独或者合计持有公司百分之三以上股份的股东要求查阅公司的会计账簿、会计凭证的,适用本法第五十七条第二款、第三款、第四款的规定。公司章程对持股比例有较低规定的,从其规定。

股东要求查阅、复制公司全资子公司相关材料的,适用前两款的规定。

上市公司股东查阅、复制相关材料的,应当遵守《中华人民共和国证券法》等法律、行政法规的规定。

《最高人民法院关于适用〈中华人民共和国公司法〉若干问题的规定(四)》(2020 年修正)

第七条 股东依据公司法第三十三条、第九十七条或者公司章程的规定,起诉请求查阅或者复制公司特定文件材料的,人民法院应当依法予以受理。

公司有证据证明前款规定的原告在起诉时不具有公司股东资格的，人民法院应当驳回起诉，但原告有初步证据证明在持股期间其合法权益受到损害，请求依法查阅或者复制其持股期间的公司特定文件材料的除外。

(四)股东知情权纠纷中抗辩事由的认定

德某甲公司与上海某甲公司股东知情权纠纷案[①]

【关键词】

股东知情权　抗辩事由　抗辩权

【案情简介】

上海某甲公司成立于2007年11月23日,为有限责任公司,股东分别为上海某丙贸易有限公司(以下简称某丙公司)(占股45%)与德国某甲国际有限责任公司(以下简称德国某甲公司)(占股55%)。公司董事会成员由两大股东委派,其中伍某(U)任董事长,陆某某任副董事长兼总经理。公司经营范围包括设计、生产自动化控制系统设备,并销售相关产品与提供技术服务。

2011年10月9日,某丙公司董事陆某某向德国某甲公司法定代表人格某(G)发送电子邮件,称上海某甲公司资金紧张,希望德国某甲公司注资100万元人民币或10万欧元,未获支持。随后,德国某甲公司于2012年1月21日致函上海某甲公司,要求查阅自公司设立以来的完整会计账簿及全部董事会会议记录,理由包括此前监事及股东的查阅请求被拒,对公司财务透明度问题及对公司运营状况存在担忧。然而,上海某甲公司并未满足该请求,双方未能达成一致。

2012年9月26日,德国某甲公司提起诉讼,要求法院判令上海某甲公司提供完整的财务账簿(含原始凭证)及董事会决议,以供查阅与复制。诉讼过程中,双方提交了大量电子邮件证据,其中德国某甲公司认为,上海某甲公司拒绝提供相关财务资料,意图隐瞒公司财务状况,并可能涉及管理不善或不当行为。上海某甲公司则辩称,部分财务信息涉及商业机密,特别是客户名单的披露可能损害公司利益,且德国某甲公司可能通过其设立

① 参见上海市第二中级人民法院民事判决书,(2014)沪二中民四(商)终字第S488号。

的某乙公司进行恶意竞争。

此外,证据显示,德国某甲公司于 2010 年设立某乙公司,该公司经营范围与上海某甲公司类似,并在德国某甲公司官网上取代了上海某甲公司,削弱了后者的市场地位。上海某甲公司认为,德国某甲公司意图通过查阅账簿获取商业秘密,进而扶持某乙公司,与合资企业竞争。

一审法院支持德国某甲公司的诉求,判令上海某甲公司提供自公司成立以来的会计账簿及董事会决议供其查阅与复制。然而,上海某甲公司不服判决并提起上诉。二审法院在审理后认为,德国某甲公司有权查阅并复制董事会决议,但其要求查阅原始会计凭证及完整财务账簿的诉求可能涉及商业秘密保护,因此仅支持其部分请求,驳回其对财务账簿的查阅要求。

二审法院作出终审判决,维持德国某甲公司查阅、复制董事会决议的权利,但不支持其对上海某甲公司财务账簿的查阅请求。本案的裁决反映了公司章程与股东知情权之间的法律平衡,以及商业秘密保护在合资企业中的重要性。

【案例分析】

法院认为,本案的争议焦点在于,德国某甲公司要求查阅公司会计账簿是否具有不正当目的。判断德国某甲公司是否存在不正当目的,应着重审查以下事实:

(1)某乙公司的设立、经营范围及产品。根据原审查明的事实及德国某甲公司的自述,某乙公司即为德国某甲公司在中国境内投资成立的独资公司,其 3 名高管成员与上海某甲公司的 3 名德方董事完全一致;某乙公司章程载明的经营范围与上海某甲公司的经营范围基本一致,主要为“自动化行业设备”的销售及技术服务;某乙公司主营的产品与上海某甲公司有较大重合,均包括“控制电缆设备、LSC 布线控制系统、接口技术”等大类产品。

(2)某乙公司与上海某甲公司之间的竞争关系。根据二审法院另查明内容,陆某某于 2012 年 5 月 18 日发送给某甲公司及 2012 年 8 月 31 日发送给格某的电子邮件中均陈述了某乙公司与上海某甲公司之间存在同业竞争,以及客户有流失的情况,对方未提出异议;上海某甲公司提交的其工程师任某某的证词也直接陈述了具体客户流失的事实。德国某甲公司对该员工的证词虽不确认真实性,但也未提供相反证据,且该证词内容与上述邮件内容、上海某甲公司提供的其他证据及其原审一贯陈述相印证,可以证明两家公司相互竞争的事实。

(3)德国某甲公司查阅的目的。根据双方确认的往来邮件内容及庭审陈述,上海某甲公司对德国某甲公司试图关闭合资公司、切断供货来源、取消优惠、关闭网上销售渠道等行为表达了不满,并多次对其为扶持某乙公司,试图获取合资公司客户信息等商业秘密的目的表示了严重担忧。此外,上海某甲公司也称其一直在向德方股东提供公司财务报表、资产负债表、损益表等财务信息。德国某甲公司称其提起本案诉讼的主要理由是基于2011年10月9日合资公司提出的100万元增资要求,事实上,合资公司实际提出增资请求时是在2009年10月,且已被德国某甲公司拒绝。

结合上述事实,二审法院认为,在某乙公司与上海某甲公司之间存在同业竞争关系和竞争事实,上海某甲公司有理由怀疑德国某甲公司查阅会计账簿存在不正当目的的情况下,德国某甲公司应当对其查阅的目的作出合理解释。德国某甲公司已经查阅了公司审计报告、财务报表等信息,但既未对其真实性提出异议,也未合理说明实现股东利益与查阅会计账簿之间的必要性。二审法院进一步认为,股东行使权利应尽可能选择对公司和其他股东影响最小的方式,其查阅的目的也应当与该权利的救济程度相适应。在上海某甲公司明确表示愿意通过第三方独立审计的方式确保股东权利实现时,德国某甲公司完全可以通过其他合适的途径了解公司真实的经营状况。

因此,从本案具体情况来看,上海某甲公司以德国某甲公司存在不正当目的、可能损害公司合法利益为由拒绝其查阅会计账簿,具有事实和法律依据。公司章程中有关股东查阅权的规定不能阻却法律赋予公司的对股东不正当目的的抗辩。故二审法院对于上海某甲公司的上诉请求,依法予以支持。

【风险提示】

股东知情权是《公司法》赋予股东的法定权利，旨在确保其了解公司经营状况和财务信息。然而，该权利的行使需在保障股东权益与维护公司整体利益之间取得平衡，以防止因滥用知情权而影响公司正常运营或损害其利益。因此，股东提出查阅会计账簿的请求，应基于正当且善意的目的，并与其股东身份或相关利益直接相关。若股东违背诚信原则，意图借此获取商业秘密或开展同业竞争，从而损害公司利益，公司有权拒绝其请求。在此情况下，即便公司章程对股东查阅权作出保障性规定，亦不能否定公司依法对股东不正当目的行使抗辩权的权利。从本案出发，笔者总结出以下法律风险。

1. 股东知情权与商业秘密保护的冲突风险

根据新《公司法》第 57 条，股东有权查阅公司会计账簿，但须说明正当目的。若公司有合理理由认为股东目的不正当，如损害公司利益或为竞争对手获取商业机密等，可拒绝查阅。本案中，德国某甲公司设立某乙公司与上海某甲公司竞争，法院认定其查阅会计账簿可能损害公司利益，故驳回其请求。公司须证明股东查阅请求可能损害公司利益，如提供证据证明股东与竞争对手存在关联，股东则须证明其查阅具有正当目的，如核实财务状况、监督管理层等。若双方证据不足，法院可能根据具体案情裁量。

2. 公司章程与股东知情权的平衡风险

公司章程可对股东知情权作出限制性规定，如限定查阅范围或程序，但不得完全剥夺股东知情权。若章程条款违反《公司法》强制性规定，可能被认定为无效。若公司担心股东滥用知情权，可通过第三方独立审计满足股东监督需求，如本案中上海某甲公司提议由第三方审计，避免直接拒绝查阅引发诉讼的风险。

3. 股东与公司竞争关系的法律风险

若股东设立或控制的其他公司与本公司存在同业竞争，如本案中德国某甲公司设立某乙公司，公司有权以“不正当目的”为由拒绝股东查阅敏感信息。法院在判断竞争关系时，会综合考虑经营范围、产品重合度及客户流失情况。公司需采取有效措施，如保密协议、查阅监督等，防止股东滥用知情权泄露商业秘密。

【律师建议】

针对以上法律风险,笔者将提供以下法律建议。

1. 明确股东知情权的范围与程序

(1)章程设计。在章程中明确股东可查阅的文件范围,如财务报表、董事会决议及行使程序(如书面申请、提前通知),避免模糊表述引发争议;明确规定股东行使知情权须书面说明正当目的,公司有权审查并拒绝不正当请求。

(2)程序合规性。股东行使知情权时,应书面说明查阅范围及正当目的,公司则需书面回复是否同意并提供理由。公司应保存股东查阅请求及回复记录,以备后续争议使用。

2. 防范商业秘密泄露风险

(1)保密协议。股东查阅敏感信息前,须签署保密协议,承诺不泄露或滥用信息。在保密协议中约定高额违约金或赔偿责任,增强约束力。

(2)查阅监督。公司可安排专人监督股东查阅过程,确保信息不被复制或外泄。公司也可以采用技术手段(如禁止复制、限制打印等)防止信息外流。

3. 诉讼策略与证据准备

(1)公司抗辩策略。若股东请求涉及商业秘密,公司可提供证据证明股东与竞争对手存在关联,如本案中德国某甲公司设立某乙公司,公司可主张股东目的不正当。公司可主张信息保密,并要求法院限制查阅范围或附加保密条件。

(2)股东举证重点。股东须提供查阅请求的正当目的证据,如财务状况异常、管理层行为可疑,并说明查阅的必要性,如审计报告无法满足监督需求。股东应证明已按章程规定的程序行使知情权,如书面申请、提前通知等。

【法条链接】

《中华人民共和国公司法》(2023 年修订)

第五十七条 股东有权查阅、复制公司章程、股东名册、股东会会议记录、董事会会议决议、监事会会议决议和财务会计报告。

股东可以要求查阅公司会计账簿、会计凭证。股东要求查阅公司会计账簿、会计凭证的，应当向公司提出书面请求，说明目的。公司有合理根据认为股东查阅会计账簿、会计凭证有不正当目的，可能损害公司合法利益的，可以拒绝提供查阅，并应当自股东提出书面请求之日起十五日内书面答复股东并说明理由。公司拒绝提供查阅的，股东可以向人民法院提起诉讼。

股东查阅前款规定的材料，可以委托会计师事务所、律师事务所等中介机构进行。

股东及其委托的会计师事务所、律师事务所等中介机构查阅、复制有关材料，应当遵守有关保护国家秘密、商业秘密、个人隐私、个人信息等法律、行政法规的规定。

股东要求查阅、复制公司全资子公司相关材料的，适用前四款的规定。

《最高人民法院关于适用〈中华人民共和国公司法〉若干问题的规定(四)》(2020 年修正)

第八条 有限责任公司有证据证明股东存在下列情形之一的，人民法院应当认定股东有公司法第三十三条第二款规定的“不正当目的”：

(一)股东自营或者为他人经营与公司主营业务有实质性竞争关系业务的，但公司章程另有规定或者全体股东另有约定的除外；

(二)股东为了向他人通报有关信息查阅公司会计账簿，可能损害公司合法利益的；

(三)股东在向公司提出查阅请求之日前的三年内，曾通过查阅公司会计账簿，向他人通报有关信息损害公司合法利益的；

(四)股东有不正当目的的其他情形。

(五)股东知情权纠纷中"实质性竞争关系"业务的认定

孙某某与北京某科技有限公司股东知情权纠纷案①

【关键词】

股东知情权　公司经营范围　股东利益

【案情简介】

北京某科技有限公司(以下简称北京某科技公司)成立于2014年11月24日,股东包括孙某某和厦门某公司,孙某某同时担任经理,孟某培为监事。公司主要经营软件开发、技术服务及计算机设备销售等业务。孟某培系孙某某的妻子。

2019年4月29日,孙某某向北京某科技公司发送律师函,以《公司法》赋予的股东知情权为依据,要求查阅并复制2017年度、2018年度的公司章程及相关资料,并查阅2017年1月1日至2018年1月31日的会计账簿及原始凭证等。公司确认收到该函,并表示孙某某于2018年8月曾提出类似请求,公司已书面回复。

2018年11月23日,某科技(上海)有限公司成立,孙某某持股75%,担任法定代表人、执行董事,该公司主营互联网信息、计算机科技服务等业务。2019年9月16日,公司更名为某(上海)贸易有限公司,经营范围调整为进出口贸易等业务。孙某某称该公司一直从事玫瑰水、玫瑰精油等进出口贸易业务。

此外,2016年7月18日成立的某网络科技集团有限公司,被指由孙某某实际控制。该公司宣传主营互联网中心服务业务,与北京某科技公司控股股东厦门某公司经营的云服务业务存在一定关联。此外,由孟某培担任法定代表人的上海某电子商务公司,以及孙某宽(孙某某之弟)持股并任职的多家上海信息科技相关企业,也被北京某科技公司认为可能存在竞争

① 参见北京市第二中级人民法院民事判决书,(2020)京02民终816号。

关系。

孙某某认为,北京某科技公司位于北京,而其关联公司均在上海,地域不同,不构成竞争关系。因此,他诉至法院,要求北京某科技公司提供2017年1月1日起的公司章程、股东会会议记录、执行董事决定、监事决定、财务会计报告供其查阅、复制,并查阅2017年1月1日至2018年1月31日的会计账簿及相关凭证,或由其委托的会计师、律师协助查阅。

孙某某向一审法院起诉请求:(1)北京某科技公司向孙某某提供2017年1月1日起至判决生效之日止的公司章程、股东会会议记录、执行董事决定、监事决定和财务会计报告供孙某某查阅、复制,或在孙某某在场的情况下供孙某某委托的会计师、律师协助查阅、复制;(2)北京某科技公司向孙某某提供2017年1月1日至2018年1月31日的会计账簿(包括总账、明细账、日记账和其他辅助性账簿)及记账凭证、原始凭证、作为原始凭证附件入账备查的有关资料供孙某某查阅,或在孙某某在场的情况下供孙某某委托的会计师、律师协助查阅、复制;(3)本案诉讼费由北京某科技公司承担。北京市大兴区人民法院于2019年11月27日作出判决,要求北京某科技公司在判决生效后10日内,在正常营业时间内提供2017年1月1日至判决生效日的相关公司文件供孙某某查阅、复制,包括允许其委托会计师、律师协助,查阅时间不超过15个工作日。同时,驳回孙某某的其他诉讼请求。孙某某不服,上诉至北京市第二中级人民法院,上诉请求:(1)维持一审判决第1项;(2)撤销一审判决第2项,依法改判支持孙某某关于查阅会计账簿及记账凭证、原始凭证、作为原始凭证附件入账备查的有关资料的诉讼请求;(3)本案的诉讼费用由北京某科技公司承担。北京市第二中级人民法院于2020年1月21日判决驳回上诉,维持原判。

【案例分析】

法院生效裁判认为,本案的争议焦点主要包括以下三点:

首先,孙某某作为北京某科技公司的股东,有权依据《公司法》提出查阅会计账簿和财务报告的申请。北京某科技公司承认收到申请,但未能提供证据证明其已作出回复。根据2018年《公司法》第33条第2款及《最高人民法院关于适用〈中华人民共和国公司法〉若干问题的规定(四)》第8

条,北京某科技公司与某(上海)贸易有限公司(变更前)及上海某电子商务公司均从事计算机技术开发、服务和咨询等业务,主营业务和客户群高度重合,构成竞争关系。此外,孙某某持有某(上海)贸易有限公司 75% 的股权并担任法定代表人,孟某培(孙某某配偶)持有上海某电子商务公司 90% 的股权并担任法定代表人。由于孙某某及其配偶实际控制的公司与北京某科技公司业务相似,且形成利益链条,北京某科技公司有理由认为孙某某查阅会计账簿的目的可能涉及获取客户信息、合同底价等商业秘密,从而损害公司利益。因此,北京某科技公司关于孙某某存在不正当目的的抗辩主张具备事实依据,法院予以采信。

其次,孙某某主张某(上海)贸易有限公司自成立以来一直从事进出口贸易,与北京某科技公司无竞争关系。然而,该公司在 2019 年 9 月 16 日才变更名称和经营范围,而案件受理时间早于变更日期,且变更前后经营内容存在明显差异。孙某某未能提供充分证据证明其公司自始至终仅从事进出口贸易,法院不予认可。

最后,孙某某提出,北京某科技公司位于北京,而某(上海)贸易有限公司和上海某电子商务公司在上海,因此二者不构成竞争关系。法院认为,在互联网时代,企业运营突破地域限制,仅凭经营地不同不足以否定竞争关系的存在。

新《公司法》第 57 条第 2 款规定:“股东可以要求查阅公司会计账簿、会计凭证。股东要求查阅公司会计账簿、会计凭证的,应当向公司提出书面请求,说明目的。公司有合理根据认为股东查阅会计账簿、会计凭证有不正当目的,可能损害公司合法利益的,可以拒绝提供查阅,并应当自股东提出书面请求之日起十五日内书面答复股东并说明理由。公司拒绝提供查阅的,股东可以向人民法院提起诉讼。”新《公司法》第 57 条第 2 款明确规定股东只能请求查阅会计账簿,而会计账簿并不包括原始凭证和记账凭证,孙某某要求查阅记账凭证、原始凭证、作为原始凭证附件入账备查的有关资料等,没有法律依据。本案中,北京某科技公司主张孙某某查阅会计账簿有不正当目的,可能损害公司合法利益。综合双方提交的证据材料看,一审法院对北京某科技公司关于孙某某查阅会计账簿存在不正当目的的抗辩意见予以采纳并无不当。孙某某的上诉理由，没有事实和法律依据，孙某某的上诉请求不能成立，应予驳回；一审判决认定事实清楚，适用法律正确，应予维持。

【风险提示】

在股东知情权案件中，《最高人民法院关于适用〈中华人民共和国公司法〉若干问题的规定（四）》第8条从消极标准角度列举了不正当目的的情形，其中“实质性竞争关系业务”可通过以下方面认定：（1）鉴于我国传统的家庭和亲属观念，除非有相反证据推翻，公司股东与其配偶、父母、子女或兄弟姐妹等近亲属之间通常具有紧密联系。因此，由近亲属投资设立的公司与股东之间形成实际利益链条，与公司构成实质性竞争关系。（2）若股东自营、为他人经营或近亲属设立的公司发生经营范围变更，应结合变更时间、变更前后业务范围、变更后的实际经营情况，以及是否在一至两年内存在相关业务资料等因素，综合判断是否构成实质性竞争关系。（3）在全球信息化时代，行业发展具有高度开放性，通信技术发达。股东自营或近亲属设立的同行业公司，仅以地域不同为由不足以否定其与公司之间的实质性竞争关系。从本案出发，笔者总结出以下法律风险。

1.“实质性竞争关系”的认定标准不限于地域和经营范围

在互联网时代，企业经营地域的差异（如北京与上海）可能不足以阻却竞争关系的认定。法院会综合主营业务、客户群体、服务内容等核心要素判断竞争关系。本案中，尽管孙某某的关联公司后期变更了经营范围，但其原始业务（计算机技术服务）与北京某科技公司的主营业务高度重合，且两公司客户群存在交叉，构成实质性竞争。若股东主张关联公司业务与本公司无竞争关系，须提供充分证据（如实际经营记录、合同文件等），仅凭经营范围变更后的登记信息可能不足以证明。本案中，孙某某因未能证明某（上海）贸易公司始终从事进出口贸易而败诉。

2.股东“不正当目的”的推定与限制

若股东或其关联方（包括配偶、亲属控制的企业）与本公司存在业务关联或利益链条，可能被直接推定为存在“损害公司利益的不正当目的”，进而限制其查阅会计账簿等敏感信息。本案中，法院结合孙某某及其配偶控制的公司与北京某科技公司的业务相似性，认定其查阅可能泄露商业秘密（如客户信息、合同底价）。股东需注意配偶、亲属等关联方的企业布局。即使股东未直接参与关联公司经营，但因身份关系形成的利益关联仍可能被认定为“不正当目的”。

3. 诉讼主张须与证据保持一致

股东在诉讼中若主张关联公司未实际经营或业务方向不同，须确保陈述前后一致，并提供书面证据（如财务报表、业务合同）。本案中，孙某某一审主张某（上海）贸易公司从事进出口贸易，但二审未能证明其未实际经营云服务业务，导致法院认定其主张矛盾，加重了败诉风险。

【律师建议】

针对上述法律风险，笔者提出以下法律建议。

1. 对股东的合规建议

在行使知情权前，股东应全面梳理自身及关联方（配偶、亲属等）控制的公司业务范围，避免因业务重合引发“不正当目的”争议。若存在潜在竞争，建议通过剥离业务、调整经营范围等降低风险。若主张无竞争关系，须提前准备关联公司的完整经营证据链，包括但不限于：实际业务合同、交易流水（证明主营业务方向）、工商变更文件（如经营范围调整的时间节点）、客户名单与本公司无重叠的对比说明。会计账簿等文件的查阅可委托会计师或律师进行，以专业中立性降低“损害公司利益”的质疑，但须在诉讼请求中明确提出。

2. 对公司的抗辩及应辩策略

根据新《公司法》第57条，公司应在收到股东查阅请求后15日内书面答复并说明理由，否则可能被认定为程序瑕疵。本案中，北京某科技公司虽主张已回复，但因未能提供证据未被法院采信。此外，公司可以收集关联公司的官网宣传、招投标文件、客户重合清单等，证明业务竞争性，还可以梳理股东与关联公司的股权、任职关系（如配偶控股、亲属关联企业），形成利益链条图谱。公司可对会计账簿等敏感信息严格限制查阅（须证明无不正当目的），但对章程、股东会决议等一般性文件，不得拒绝提供。

3. 诉讼程序注意事项

股东知情权纠纷通常由公司所在地法院管辖，公司可提前准备本地化证据（如本地客户合同）；同时注意诉讼时效，避免因拖延导致不利后果。在庭审中，股东须确保对关联公司业务描述的每一细节均有证据支持，避免前后矛盾，如本案中孙某某对某（上海）贸易公司业务的两套说辞。若争议焦点涉及技术秘密（如客户信息关联性），可申请司法鉴定机构对业务重合度、数据关联性进行专业评估，增强抗辩说服力。

【法条链接】

《中华人民共和国公司法》（2023 年修订）

第五十七条　股东有权查阅、复制公司章程、股东名册、股东会会议记录、董事会会议决议、监事会会议决议和财务会计报告。

股东可以要求查阅公司会计账簿、会计凭证。股东要求查阅公司会计账簿、会计凭证的，应当向公司提出书面请求，说明目的。公司有合理根据认为股东查阅会计账簿、会计凭证有不正当目的，可能损害公司合法利益的，可以拒绝提供查阅，并应当自股东提出书面请求之日起十五日内书面答复股东并说明理由。公司拒绝提供查阅的，股东可以向人民法院提起诉讼。

股东查阅前款规定的材料，可以委托会计师事务所、律师事务所等中介机构进行。

股东及其委托的会计师事务所、律师事务所等中介机构查阅、复制有关材料，应当遵守有关保护国家秘密、商业秘密、个人隐私、个人信息等法律、行政法规的规定。

股东要求查阅、复制公司全资子公司相关材料的，适用前四款的规定。

《最高人民法院关于适用〈中华人民共和国公司法〉若干问题的规定（四）》（2020 年修正）

第八条　有限责任公司有证据证明股东存在下列情形之一的，人民法院应当认定股东有公司法第三十三条第二款规定的“不正当目的”：

（一）股东自营或者为他人经营与公司主营业务有实质性竞争关系业务的，但公司章程另有规定或者全体股东另有约定的除外；

（二）股东为了向他人通报有关信息查阅公司会计账簿，可能损害公司合法利益的；

（三）股东在向公司提出查阅请求之日前的三年内，曾通过查阅公司会计账簿，向他人通报有关信息损害公司合法利益的；

（四）股东有不正当目的的其他情形。

（六）对股利分配请求权性质的认定

某医药集团股份公司与某保险集团股份有限公司、第三人某集团公司盈余分配纠纷案[①]

【关键词】

股东利益　盈余分配请求权　股利分配请求权

【案情简介】

2015 年 12 月，第三人某集团公司（以下简称某集团）与某医药集团股份公司（以下简称医药公司）等签订《产权交易合同》，将某保险集团股份有限公司（以下简称保险公司）股份挂牌转让。2016 年 4 月 26 日，保险公司经股东大会同意股权转让，并决定在获得原中国保监会批准后办理变更手续。2018 年 9 月 17 日，原中国银保监会批准该股权转让，并于 2018 年 12 月 19 日同意修改股东名册，确认医药公司为股东。2018 年 12 月 26 日，保险公司向医药公司出具《股份证明》，完成股东登记。

在此期间，保险公司召开 2015 – 2017 年度股东大会，某集团以股东身份参会并行使表决权。2016 年 8 月 1 日，某集团要求保险公司支付 2015 年度的现金分红。保险公司回复称《产权交易合同》未明确股利归属，且某集团仍在股东名册，应享有分红。保险公司要求医药公司提供书面材料明确股利分配，但医药公司回函称，所有股权权益，包括 2015 年度分红，应归受让方所有，分红争议应由转让方与受让方协商解决。

2018 年 4 月 2 日，某集团再次要求保险公司支付 2015 – 2017 年度分红，保险公司维持此前意见。2019 年 2 月 20 日，医药公司称已完成股权变更登记，确认了其股东资格，请求支付 2015 – 2017 年度分红。保险公司回应称须双方确认分红归属后再支付。

2019 年 9 月 19 日，医药公司再次催促支付股利，保险公司坚持须双方

---

① 参见北京市西城区人民法院民事判决书，（2021）京 0102 民初 14238 号。

达成一致意见。2020 年 9 月 16 日，某集团向产权交易所发函，确认股权转让期间的损益由受让方享有。2020 年 9 月 29 日，医药公司据此要求支付股利及利息。保险公司随后向某集团询证，确认其是否同意将 2015 – 2017 年度股利及利息支付给医药公司。

庭审中，某集团否认曾同意支付股利给医药公司，并称合同未明确分红归属。保险公司章程规定，股东为依法持股者，股东名册为股权证明，登记在册股东享有股利分配权，董事会须在股东大会决议后两个月内完成派发。因此，股利归属争议仍须双方协商解决。

【案例分析】

法院认为，《产权交易合同》合法有效，但因股权转让获批晚了 3 年，医药公司在此期间未列入股东名册，无法作为股东主张分红。然而，根据原《合同法》关于债权转让的规定，股东享有的股利分配请求权具备债权性质，可依法转让。

某集团在函件与庭审中均表示同意将 3 年股利支付给医药公司，双方形成合法的债权转让协议。尽管某集团未直接通知保险公司，但医药公司已向保险公司提交了某集团确认权利归属的函件，保险公司亦认可向医药公司支付 3 年股利共计 17260925.35 元，法院对此予以支持。

关于医药公司主张的逾期支付赔偿，依据原《合同法》第 81 条，医药公司可随同受让与股利分配权有关的从权利。由于保险公司章程规定股东大会决议后 2 个月内须完成分红，未按时支付则形成债务违约。保险公司未及时支付股利，侵犯了医药公司的权益，应承担赔偿责任。

法院认定，因双方对股利归属争议持续至 2020 年 9 月 16 日才达成一致，保险公司多次沟通协调，延迟支付有客观原因。结合损失情况，法院裁定保险公司按全国银行间同业拆借中心公布的同期贷款市场报价利率，自 2020 年 10 月 23 日（保险公司收到医药公司转发函件回复之日）起支付逾期损失。

对于医药公司要求自股东大会决议 2 个月后开始计算赔偿的请求，法院认为债权转让自通知到达保险公司时生效，保险公司义务也从该时点起算，因此超出部分不予支持。保险公司主张不应支付逾期损失的抗辩意见,法院未予采纳。

【风险提示】

股东的盈余分配请求权(股利分配请求权)是股东基于其身份依法享有的,要求公司按持股比例分配股利的权利。作为股权的重要组成部分,该权利原则上随股权一并转让,但须区分抽象与具体两种形态。在公司未作出利润分配决议前,股东持有的是抽象利润分配请求权,该权利源于股东资格,属于股权的一部分,无法单独转让。一旦公司作出利润分配决议,股东获得的则是具体利润分配请求权,该权利已从股东身份中独立出来,性质上属于债权,不再依赖股东资格。因此,在股东会决议确定分配盈余后,该具体请求权可作为独立债权进行转让,与普通债权转让无本质区别。是否具备股东资格,不影响具体股利分配请求权的行使和转让。从本案出发,笔者总结出以下法律风险。

1. 股利分配请求权的债权性质

股利分配请求权具有债权性质,可依法转让。若股权转让合同中未明确约定股利归属,可能引发转让方与受让方之间的争议。本案中,因《产权交易合同》未明确 2015 – 2017 年度的股利归属,导致医药公司与某集团之间产生纠纷,最终需通过债权转让协议解决。债权转让须通知债务人(公司),否则对债务人不发生效力。本案中,医药公司通过向保险公司提交某集团的确认函件,完成了债权转让的通知义务,保险公司因此须向医药公司支付股利。

2. 股权转让期间的权利归属风险

在股权转让获批前,受让方未列入股东名册,无法直接主张股东权利(如分红权)。若转让方在此期间仍以股东身份行使权利(如参与股东大会),可能影响受让方的权益。本案中,医药公司因股权转让获批延迟 3 年,未能及时主张分红权,最终通过债权转让方式获得股利。股权转让合同中应明确约定转让期间的权利归属(如股利、表决权等),避免因约定不明引发争议。本案中,因合同未明确约定股利归属,导致双方长期争议。

3. 逾期支付股利的违约责任

公司应严格按照章程规定的时间(如股东大会决议后 2 个月内)支付

股利,否则可能构成债务违约,须承担逾期支付赔偿责任。本案中,保险公司因未按时支付股利,被法院裁定按同期贷款市场报价利率支付逾期损失。逾期损失的起算时间通常为债权转让通知到达公司之日,而非股东大会决议之日。本案中,法院认定债权转让自通知到达保险公司时生效,逾期损失从该时点起算。

【律师建议】

股利分配请求权的行使需满足以下条件:首先,公司必须拥有实际可供分配的利润。其次,股东会或股东大会须通过利润分配方案。新《公司法》第66条、第210条、第212条规定,股东通过定期或临时会议审议并通过利润分配方案后,股东享有的利润才能从抽象的股利分配请求权转化为具体的股利分配给付请求权,股东方可据此行使请求权。结合以上法律风险,笔者提出以下法律建议。

1. 对股权转让双方的合规建议

(1)明确股利归属。在股权转让合同中明确约定股利归属(如转让完成前的股利归转让方,转让完成后的股利归受让方),避免因约定不明引发争议。

(2)及时办理变更登记。股权转让获批后,应及时办理股东名册变更登记,确保受让方能够行使股东权利(如分红权)。

(3)签订债权转让协议。若股权转让期间股利归属存在争议,双方可通过签订债权转让协议明确约定权利归属,并通知公司履行支付义务。

2. 对公司的股利支付管理建议

(1)遵守章程规定。公司应严格按照章程规定的时间(如股东大会决议后2个月内)支付股利,避免因逾期支付承担违约责任。

(2)确认权利归属。若股东之间存在股利归属争议,公司应要求相关方提供书面确认文件(如债权转让协议),并在收到确认后及时支付股利。

(3)保留沟通记录。公司应保留与股东之间的沟通记录(如函件、邮件),以备在争议中证明已尽合理审查义务。

3. 诉讼策略与证据管理

(1)请求权基础选择。受让方可依据《民法典》关于债权转让的规定主张股利分配请求权,或依据公司章程主张股东权利。

(2)举证重点。提交债权转让协议、确认函件等,证明股利分配请求权已合法转让;提供公司章程、股东大会决议、支付记录等,证明公司未按时支付股利;提交逾期损失计算表,明确损失金额及计算依据。

(3)诉讼请求的精细化。若主张逾期支付赔偿,应明确起算时间(如债权转让通知到达公司之日),避免因请求超出范围被驳回。

4. 对债权转让的合规建议

(1)明确转让范围。债权转让协议应明确约定转让的权利范围(如股利分配请求权、利息请求权等),避免因约定不明引发争议。

(2)履行通知义务。债权转让须通知债务人(公司),否则对债务人不发生效力。通知方式可以是书面函件、邮件等,须保留通知证据。

(3)确认债务人认可。在债权转让后,受让方应要求债务人书面确认债权转让事实,并明确支付义务。

【法条链接】

《中华人民共和国公司法》(2023 年修订)

第四条　有限责任公司的股东以其认缴的出资额为限对公司承担责任;股份有限公司的股东以其认购的股份为限对公司承担责任。

公司股东对公司依法享有资产收益、参与重大决策和选择管理者等权利。

第一百六十六条　上市公司应当依照法律、行政法规的规定披露相关信息。

《中华人民共和国民法典》

第五百四十七条　债权人转让债权的,受让人取得与债权有关的从权利,但是该从权利专属于债权人自身的除外。

受让人取得从权利不因该从权利未办理转移登记手续或者未转移占有而受到影响。

四、股权转让问题

在公司运营过程中，股权转让是股东变动、企业重组，以及投资退出等常见现象。股权转让纠纷往往涉及复杂的法律关系，尤其在涉及股东出资瑕疵、股东权益保障，以及跨国投资等情形时，问题尤为突出。本部分将探讨股权转让中的常见法律纠纷及其解决方案。

首先，瑕疵出资股权转让合同的责任承担约定，是股权转让合同中的关键条款之一，其效力的认定对各方当事人的利益保护至关重要。其次，股权转让后继受股东追偿权的行使要件，关系到未履行或未全面履行出资义务的股东如何在股权转让后继续承担责任。关于外商投资企业股权转让的效力，尤其是在外国投资者隐名代持上市公司股份的情形下，如何认定股权转让的效力，则是跨境投资中的一大难点。

此外，股权转让涉及的公司债务处理、情势变更解除股权转让合同后的法律后果，以及"对赌协议"中股东优先购买权效力的认定，也常常引发纠纷。对于外商投资企业，审批程序与负面清单管理下的股权转让合同的效力认定尤为重要。最后，员工股权的对外转让问题也需要特别关注，因为其不仅涉及股东权益，还直接影响公司治理结构和经营控制。

这一部分将全面解析这些问题，并结合司法实践中的案例，提出具体的法律适用标准和解决路径，为企业在股权转让过程中规避潜在风险提供有力支持。

（一）瑕疵出资股权转让合同中责任承担约定的效力

杨某某与张某甲、张某乙、卢某某其他合同纠纷案①

【关键词】

出资瑕疵　股权转让　责任承担

【案情简介】

新晨公司成立于 2007 年 6 月 19 日，注册资本 1000 万元，股东包括任某甲、任某乙、许某某、杨某某，各持股 250 万元。2008 年 6 月 17 日，新晨公司与张某乙签订《转让合同》，约定将经纬轮公司院内炼钢车间的设施与物资转让给张某乙，转让价格为 60 万元（不含税）。合同约定，乙方（张某乙）付清款项后，甲方（新晨公司）将营业执照转让给乙方，并协助完成公司法人和股东变更手续，转让后的一切经济活动、债权、债务由乙方负责，甲方不再承担责任。该合同由新晨公司加盖合同专用章并由杨某某签字，张某乙则签字并捺手印。随后，新晨公司与经纬轮公司签订租赁合同，将炼钢车间及设备租赁用于生产经营。2008 年 7 月 1 日，新晨公司召开股东会，任某甲、任某乙、杨某某、许某某、张某甲、张某乙、卢某某等股东参加，会议确认了股权转让的事实，并对公司章程进行修改，之后完成了公司变更登记。2008 年 7 月 30 日，原股东与现股东就《转让合同》中的个别条款进行了修改。

由于新晨公司未按约定支付租金、水电费等款项，经纬轮公司将其诉至法院。2009 年 12 月 1 日，蚌埠市中级人民法院判决新晨公司支付拖欠的租金 100 万元及相关费用，并返还炼钢车间及设备，赔偿租金损失等。在案件审理过程中，经纬轮公司发现新晨公司原股东涉嫌抽逃出资，遂向法院申请执行。2011 年 6 月 13 日，蚌埠市中级人民法院作出裁定，追加任某甲、任某乙、杨某某、许某某为被执行人，并要求他们在抽逃的 1000 万元

---

① 参见上海市第二中级人民法院民事判决书，（2023）沪 02 民终 655 号。

注册资金范围内对经纬轮公司承担清偿责任。然而,任某甲等提出异议,蚌埠市中级人民法院于2014年撤销了该执行裁定。经纬轮公司不服,申请复议,安徽省高级人民法院于2015年3月30日驳回了其复议申请。

2015年7月,安徽省蚌埠市龙子湖区人民法院受理了经纬轮公司与新晨公司股东间的股东损害公司债权人利益责任纠纷案。2017年6月28日,龙子湖区人民法院判决任某甲等4人存在抽逃1000万元注册资金的行为,但未对张某甲、张某乙、卢某某追究责任。2018年6月,蚌埠市中级人民法院认为判决部分事实不清、适用法律有误,撤销了上述判决,并将案件发回重审。2019年4月,龙子湖区人民法院重新审理此案,并作出判决,认定2008年6月24日,新晨公司出纳张某丙从公司账户提取1979万元存入其个人账户"黄山卡"账户,随后部分资金流转至任某甲妻子账户,且资金流动与原股东的陈述不符。法院判决认定,任某甲、任某乙、杨某某、许某某存在抽逃注册资金的行为。由于张某甲、张某乙、卢某某应当知道这一事实,判决他们对原股东抽逃资金承担连带责任。

任某甲等不服一审判决提出上诉,蚌埠市中级人民法院于2020年6月23日作出终审判决,维持了原判。张某甲、张某乙、卢某某则辩称,他们在股权转让时未经过财务审计,且重新设立了公司账户和账簿,因此其未能得知原股东抽逃出资的行为。然而,法院认为他们应当知道此情况,并维持了连带责任判决。

2021年6月,经纬轮公司与任某甲等签署了《执行和解协议书》,约定由任某甲等支付400万元履行执行义务。杨某某支付了其中的100万元。卢某某和张某乙也分别履行了相应的支付义务。

2022年10月31日,上海市虹口区人民法院作出判决,判决张某甲、张某乙、卢某某共同支付杨某某100万元。张某乙和卢某某向上海市第二中级人民法院提出上诉,但后申请撤回上诉。2023年3月16日,上海市第二中级人民法院准许撤回上诉,案件最终得以结案。

【案例分析】

法院生效裁判认为:(1)综合合同订立的情况,蚌埠市中级人民法院的生效判决认定张某乙代表张某甲、卢某某与新晨公司签订了《转让合同》并无不当。另外,结合合同内容进行解释,《转让合同》第5条的真实意思表示应为新晨公司自转让之日起的一切经济活动及债权、债务均由三被告负责承担,而转让之日前所有的经济活动及债权、债务均由新晨公司原股东负责承担。(2)《转让合同》《补充协议》所约定的权利义务仅对原告、三被告等股权出让、受让方具有约束力,不损害公司或公司债权人的合法权益,与法律规定并行不悖,亦不与生效判决相悖。现本案诉请债务发生于三被告担任股东期间,根据约定三被告应当承担相应责任。原告因其违反对新晨公司的出资义务需承担出资责任,实际亦向公司债权人履行了100万元的支付义务,该支付一方面充实了新晨公司的资本并降低了新晨公司的对外债务,另一方面基于《转让合同》产生了对三被告的债权,故原告要求三被告支付相应金额的款项,法院予以认可。

【风险提示】

首先,关于瑕疵出资股权转让合同的效力。出资瑕疵和股权转让是两个不同的法律关系,出资存在瑕疵的股东并不会因此失去股权的可转让性。最高人民法院在曾某、甘肃华慧能数字科技有限公司股权转让纠纷案①中认为:"股东是否足额履行出资义务不是股东资格取得的前提条件,股权的取得具有相对独立性;股东出资不实或者抽逃资金等瑕疵出资情形不影响股权的设立和享有。股权转让关系与瑕疵出资股东补缴出资义务分属不同法律关系。"在司法实践中,受欺诈的撤销权很少被使用,转让合同在大多数情况下是有效的。在程序上,出资补足义务的履行纠纷与股权转让合同的签订时间跨度较大,撤销权的除斥期间通常在诉讼时已经过期。从实质上看,股权受让人与转让人对股权转移的意思表示均为真实,且股权出资情况可以通过工商登记和企业年报进行查询,因此出资瑕疵难以构成对股权给付内容的欺诈。因此,瑕疵股权转让通常被视为有效合同。

其次,瑕疵出资股权转让合同中关于责任承担的约定有效,且责任承担的约定应优先适用。《最高人民法院关于适用〈中华人民共和国公司

① 最高人民法院民事判决书,(2019)最高法民终230号。

法〉若干问题的规定(三)》明确规定转让人与受让人之间的约定具有优先效力。无约定时,受让人承担出资责任后可向转让人追偿,但当事人可自行约定责任承担方式。司法解释尊重当事人之间的利益分配,体现私法规范的谦抑性。学者指出,股东的法定出资义务与内部责任分配不冲突。因此,转让人与受让人约定由受让人承担出资义务,或约定转让人在履行出资义务后向受让人追偿的,均不违反司法解释的规定。

责任分配约定还可以消除出资瑕疵的附随义务。附随义务是合同履行过程中额外产生的义务。若未约定责任承担,转让人未告知股权瑕疵可能涉及附随义务的违反。若有约定,则附随义务消失,受让人不能因转让人违反附随义务而主张其承担赔偿责任。并且,关于合同责任,转让人与受让人约定的具体义务优先于瑕疵担保义务。瑕疵担保责任源自《民法典》的规定,但该责任为任意性法律规定,当事人可通过特别约定排除。因此,若转让合同中已有明确责任承担约定,受让人不能再以股权瑕疵为由要求转让人承担责任。故,股权受让人在此情形下,可能遭受巨大损失。

【律师建议】

针对上述风险,笔者认为,股权受让人在股权转让过程中应当注意以下几点。

1. 审慎核实股权的出资情况

股权受让人应详细核查股权的出资情况,特别是是否存在瑕疵出资。在股权转让前,建议要求转让人提供相关的工商登记资料、企业年报及其他财务信息,以确保所受让的股权没有涉及重大瑕疵。如果出资存在瑕疵,受让人应了解这些瑕疵是否会影响股权的价值或后续的股东权益。

2. 明确合同条款,约定责任分配

在股权转让合同中,应明确约定瑕疵出资的责任分配。尽管《最高人民法院关于适用〈中华人民共和国公司法〉若干问题的规定(三)》明确规定转让人与受让人承担连带责任,但双方可以通过约定确定由谁承担出资补足义务及责任追偿的方式。受让人应争取在合同中明确约定,确保在股权转让后发生出资瑕疵问题时能够向转让人追偿,以减少自身的法律风险。

3. 注意瑕疵担保责任的适用

尽管《民法典》规定了瑕疵担保责任,但此责任为任意性法律规定,当事人可以通过合同约定排除其适用。因此,受让人应在股权转让合同中仔细审查是否有特别约定,明确放弃对瑕疵担保责任的追索。如果合同中已有责任分配的明确约定,受让人无法再以瑕疵出资为由要求转让人承担责任。

4. 关注附随义务的履行

若股权转让合同未明确约定责任分配,转让人可能未履行相关附随义务,如未告知受让人股权的出资瑕疵等。受让人应确保合同中明确约定附随义务的履行,避免因未履行这些义务而产生额外的法律责任。如果责任已明确约定责任分配,附随义务的履行将不再构成额外的法律风险。

5. 尽早履行法律救济措施

如果在股权转让过程中发现任何瑕疵出资问题,受让人应尽早采取法律救济措施,包括与转让人协商履行补足出资义务或通过法律途径追偿。由于撤销权的除斥期较短,受让人应在发现瑕疵后尽快行动,避免错失追偿机会。

【法条链接】

《中华人民共和国民法典》

第一百四十二条 有相对人的意思表示的解释,应当按照所使用的词句,结合相关条款、行为的性质和目的、习惯以及诚信原则,确定意思表示的含义。

无相对人的意思表示的解释,不能完全拘泥于所使用的词句,而应当结合相关条款、行为的性质和目的、习惯以及诚信原则,确定行为人的真实意思。

《最高人民法院关于适用〈中华人民共和国公司法〉若干问题的规定(三)》(2020 年修正)

第十八条 有限责任公司的股东未履行或者未全面履行出资义务即转让股权,受让人对此知道或者应当知道,公司请求该股东履行出资义务、受让人对此承担连带责任的,人民法院应予支持;公司债权人依照本规定

第十三条第二款向该股东提起诉讼,同时请求前述受让人对此承担连带责任的,人民法院应予支持。

受让人根据前款规定承担责任后,向该未履行或者未全面履行出资义务的股东追偿的,人民法院应予支持。但是,当事人另有约定的除外。

(二)"未履行或者未全面履行出资义务"股权转让后继受股东的追偿权

朱某某与陆某某、上海某能源公司追偿权纠纷案①

【关键词】

追偿权　瑕疵股权　资本填补义务

【案情简介】

上海某能源公司成立于2010年6月25日,注册资本50万元(实缴并经验资),原始股东为张某及两名案外人,张某担任法定代表人,亦担任上海某能源公司的执行董事和总经理。同年7月,上海某能源公司进行增资,增资后注册资本1060万元(均实缴并经验资)。

2010年12月,陆某某向上海某能源公司支付106万元,各方均确认该款项性质为陆某某受让张某20%的上海某能源公司股份的股权转让款。2011年5月,上海某能源公司召开股东会形成决议:"……股权转让后,陆某某实缴出资212万元,出资比例20%。"2011年11月,案外人全某出具股份转让协议书,载明:"上海某能源公司注册资金为1060万元,本人系上海某能源公司股东全某,于2011年1月出资100万元,占20%股份,同意以140万元将所持股份一次性转让给上海某能源公司股东陆某某名下。"后陆某某向全某实际支付了140万元。同年12月,上海某能源公司召开股东会形成决议:"同意股东陆某某受让全某持有的本公司20%股权……股权转让后,陆某某实缴出资额424万元,出资比例40%。"至此,上海某能源公司股权结构变更为张某(持股60%)、被告陆某某(持股40%)。

2015年7月,陆某某及其父陆某甲(甲方)与朱某某(乙方,系张某配偶)签订《上海某能源公司股权转让协议》,约定甲方将其持有的上海某能源公司40%的股权转让给乙方,该协议载明:"一、1.甲方持有上海某能源

① 参见上海市第一中级人民法院民事判决书,(2020)沪01民终7595号。

公司40%的股权,甲方应出资424万元,实际出资424万元。乙方自愿出资455万元将甲方持有的上海某能源公司40%股权受让为乙方所有,甲方同意依455万元转让给乙方……三、甲方自签订本协议之日起与上海某能源公司亦全部核算结清,今后甲方与上海某能源公司无任何经济上的关系。四、甲方与上海某能源公司均承诺确认,双方已无任何债权债务关系。"该股权转让协议落款处由陆某某、陆某甲、朱某某、张某签字。后因朱某某欠付上述股权转让款,故陆某某向法院起诉,要求朱某某和张某共同支付该股权转让欠款。该案于2019年11月立案,法院生效判决判令朱某某和张某共同向陆某某支付剩余股权转让款235万元及相应利息。

2019年12月,上海某能源公司向朱某某发送《公函》,称经公司审查,朱某某持有的40%股权对应的注册资本金应当为424万元,但实缴金额仅为200万元,要求朱某某补充缴纳224万元注册资本。后,朱某某向上海某能源公司银行账户汇款224万元。朱某某向一审法院起诉请求:(1)判令陆某某赔偿朱某某224万元;(2)判令陆某某赔偿朱某某以224万元为本金,自2019年12月13日至实际给付之日,按年利率6%标准计算的利息。

2020年5月7日,一审法院判决驳回朱某某的诉讼请求。朱某某不服提出上诉,认为陆某某转让的40%股权对应的出资额应当是424万元,但陆某某仅支付了200多万元对价,该部分股权存在出资不实,且陆某某父亲从上海某能源公司转出了224万元,存在抽逃出资。被上诉人陆某某认为,其转让的股权并无瑕疵。

陆某某持股期间,陆某某与其父陆某甲向上海某能源公司转入共计551万元(包含支付张某20%股份的股权转让款106万元),上海某能源公司向陆某甲转出224万元。

【案例分析】

法院认为,本案的主要争议焦点是:朱某某是否有权行使追偿权。结合追偿权的行使要件,应从陆某某是否履行瑕疵股权资本填补连带义务导致共同免责,以及朱某某已履行部分是否超过其应承担部分两个方面加以判断。

1. 朱某某并未对瑕疵股权履行资本填补义务

根据双方签订的股权转让协议,约定陆某某与上海某能源公司全部核算结清,双方已无任何债权债务关系,结合陆某某与上海某能源公司之间互有汇款的事实,可以认定这些款项往来在股权转让时已经核算完毕,即陆某某投入上海某能源公司的款项不再收回,将该款项认定为陆某某的出资是合理的。陆某某持股期间共向公司汇入551万元,加上其向全某支付股权转让款后应视为其已享有对公司的100万元出资额,其投入公司共计651万元,而陆某某从上海某能源公司收到224万元,折抵后陆某某投入上海某能源公司的427万元不再收回,将该款项认定为陆某某的出资是合理的,因此,陆某某已经完成了40%股权对应的出资义务,其转让给朱某某的股权并无瑕疵。故本案中系被告陆某某履行了瑕疵股权资本填补义务导致其前手股东共同免责,而非原告朱某某。

2. 朱某某向上海某能源公司汇款的性质并非承担瑕疵股权的资本填补连带责任

股权转让协议约定陆某某持有上海某能源公司40%的股权,应出资424万元,实际出资424万元,朱某某自愿溢价455万元受让陆某某名下的40%股权,这说明朱某某及张某已确认了陆某某出资到位的事实。即使朱某某对上海某能源公司的情况不清楚,但其配偶张某作为公司创始股东及法定代表人,应当对公司出资情况是明知的,也对上述股权转让同意并认可,足见朱某某在发生股权转让时明知该股权并无瑕疵。其在受让股权后向上海某能源公司汇入的224万元,并非承担该股权存在瑕疵引致的资本填补连带责任,更何谈朱某某因承担了超出其应承担部分而享有对前手的追偿权。

【风险提示】

《最高人民法院关于适用〈中华人民共和国公司法〉若干问题的规定(三)》第18条的出台背景,旨在从出资责任的角度保护公司债权人的利益。对于有限责任公司"未履行或者未全面履行出资义务"的瑕疵股权转让后,转让股东仍须承担出资责任,而知道或应当知道股权存在瑕疵的继受股东则须承担连带责任。在追偿模式下,连带责任和追偿权同时产生,已经承担责任的继受股东有权向前手股东追偿。追偿权通常处于潜伏状态,只有在符合条件时才具备法律效力,因此,追偿权的行使要件实质上是追偿权的生效条件。继受股东的追偿权成立有两个要件:一是继受瑕疵股权的股东履行资本填补的连带义务,从而共同免责;二是继受股东履行的资本填补义务超过其应承担的责任份额。

1. 继受瑕疵股权的股东履行资本填补的连带义务

瑕疵股权可以分为出资不实股权、虚假出资股权和抽逃出资股权。对于认缴未到期即转让的股权是否属于瑕疵股权,在理论上仍有争议。我国公司法采用完全认缴制,允许股东约定出资期限,因此在认缴期未满时,股东并未履行实际出资义务。但如果在股权转让时公司已无法偿债,则这种股权与瑕疵股权相似。一种观点认为,认缴出资义务不等同于实际出资义务,股东未到期转让股权并不违背认缴承诺,因此不应认定为瑕疵股权。另一种观点认为,出资期限利益的存在并不能改变股东出资义务的存在,股东“认而不缴”亦须对公司债务负责。笔者更倾向于第一种观点,认为认缴出资期限的利益属于股东的自益权范畴,认缴义务与实际出资义务并不完全相同。只有在认缴义务的承诺期到期后,认缴义务才会转化为实际的出资义务。因此,在认缴期限未到前,出让股东将未到期的股权转让并不违反其认缴承诺,因此不应将该股权视为瑕疵股权。当然,如前文所述,如果股东在股权转让时发生了出资义务加速到期的法定情形,那么可以视情况判断该股权是否存在瑕疵。

2. 继受股东履行的资本填补义务超过其应负责任份额

连带责任追偿权来源于债务人代位履行的权利,继受股东如承担了超出自身份额的责任,可向其他连带责任人追偿。我国民法采用“当然追偿理论”,认为追偿权内在于连带责任,即使受让人明知股权存在瑕疵,仍然可行使追偿权,因为资本充实义务是股东的法定义务,且股东未履行或未完全履行出资义务的瑕疵股权转让会对公司和股东产生影响。

若“未履行或者未全面履行出资义务”的股权转让后继受股东追偿权的两个行使要件未满足,继受股东的追偿权将无法实现,可能承受大额损失。

【律师建议】

为避免无法满足继受股东追偿权的两个行使要件,笔者将从交易前尽职调查、协议条款设计以及诉讼维权策略提出相关建议。

1. 交易前尽职调查的合规要点

(1)出资义务穿透核查。要求出让方提供经审计的出资证明书、验资报告及银行流水凭证,重点核查:原始股东实缴出资时间与验资报告一致性、历次增资对应的验资凭证完整性、股东与公司间大额资金往来的商业合理性。针对认缴未实缴股权,需专项审查:公司章程载明的出资期限届满情况、公司资产负债表显示的偿债能力指标、是否存在《企业破产法》第35条规定的加速到期情形。

(2)权利负担专项审查。通过工商登记档案调取股权质押登记信息,同时要求转让方出具权利瑕疵承诺函,明确载明:股权不存在未披露的司法冻结、质押或代持情形,出资义务已全面履行且无抽逃出资行为,公司不存在针对股权的回购权或优先购买权。

2. 协议条款设计的风险控制

(1)设置分层责任条款。明确"出让方保证转让股权对应的出资义务已全面履行",约定"若出资瑕疵导致受让方承担补足责任,出让方应双倍赔偿实际损失",要求出让方提供经公证的履约保证金(建议不低于转让价款的30%)。

(2)设置知情权保障条款。要求转让方签署信息披露确认书,具体列明:历次股权转让的出资凭证交割情况,公司近3年关联交易明细及资金流向,公司重大诉讼、仲裁及行政调查事项。

(3)增设持续披露义务。约定交割后2年内发现隐蔽瑕疵的救济路径。

3. 诉讼维权的举证策略

(1)构建善意受让的证明体系。收集以下证据链以证明"非明知或应知瑕疵":出让方出具的《出资无瑕疵承诺书》原件、第三方会计师事务所出具的出资专项核查报告、公司登记机关出具的企业信用信息公示报告、银行出具的资金流水认证函。

(2)注意追偿权行使的时效。自履行补缴义务之日起15日内向出让方发送权利主张通知书,并同步向公司登记机关申请出资瑕疵备案登记,中断诉讼时效。若协商未果,应在6个月内启动诉讼程序,避免证据灭失风险。

【法条链接】

《最高人民法院关于适用〈中华人民共和国公司法〉若干问题的规定(三)》(2020年修正)

第十三条 股东未履行或者未全面履行出资义务,公司或者其他股东请求其向公司依法全面履行出资义务的,人民法院应予支持。

公司债权人请求未履行或者未全面履行出资义务的股东在未出资本息范围内对公司债务不能清偿的部分承担补充赔偿责任的,人民法院应予支持;未履行或者未全面履行出资义务的股东已经承担上述责任,其他债权人提出相同请求的,人民法院不予支持。

股东在公司设立时未履行或者未全面履行出资义务,依照本条第一款或者第二款提起诉讼的原告,请求公司的发起人与被告股东承担连带责任的,人民法院应予支持;公司的发起人承担责任后,可以向被告股东追偿。

股东在公司增资时未履行或者未全面履行出资义务,依照本条第一款或者第二款提起诉讼的原告,请求未尽公司法第一百四十七条第一款规定的义务而使出资未缴足的董事、高级管理人员承担相应责任的,人民法院应予支持;董事、高级管理人员承担责任后,可以向被告股东追偿。

(三)外国投资者隐名代持上市公司股份的股权转让效力认定

杉某与龚某股权转让纠纷案①

【关键词】

外国投资者　隐名代持　股权转让

【案情简介】

原告杉某系日本国公民,被告龚某系中国公民。双方于2005年签订《股份认购与托管协议》,约定杉某以4.36元/股的价格向龚某购买上海某软件股份有限公司(以下简称某软件公司)股份88万股,并委托龚某管理,龚某根据杉某的指示处分股份,对外则以自己名义行使股东权利,将收益及时全部交付给杉某。某软件公司于2017年在上海证券交易所首次公开发行股票并上市,在发行上市过程中,龚某作为股东曾多次出具系争股份清晰未有代持的承诺。2018年,某软件公司向全体股东按每10股派发现金红利4元,用资本公积按每10股转增4股的比例转增股本。之后,龚某名下的股份数量增加至123.2万股。之后,双方对《股份认购与托管协议》的效力和股份收益分配发生纠纷,杉某诉至法院请求判令:龚某交付某软件公司的股份收益,或者按照股份市值返还投资款并赔偿2018年红利损失。

上海金融法院于2019年4月30日作出(2018)沪74民初585号民事判决:(1)龚某于判决生效之日起10日内向杉某支付2017年的现金红利人民币352000元(扣除应缴纳税费)的70%。(2)杉某可在判决生效后10日内与龚某协商,对龚某名下123.2万股某软件公司股票进行出售。若协商不成,杉某可申请对上述股票进行拍卖、变卖,上述股票出售、拍卖、变卖所得款项中优先支付杉某投资款3836800元,若所得款项金额超过投资款金额,超过部分的70%归杉某所有,剩余部分归龚某所有。(3)龚某应于

① 参见上海金融法院民事判决书,(2018)沪74民初585号。

判决生效之日起 10 日内向杉某支付律师费 100000 元、保全担保服务费 30000 元。(4)驳回杉某的其余诉讼请求。宣判后，双方当事人均未上诉，判决已生效。

【案例分析】

法院生效判决认为，外国人委托中国人代持内资公司股份的行为，并不必然导致实际出资人与名义持有人两者之外的其他法律关系的变更，不属于需要经外商投资审批机关批准才能生效的合同。若标的公司所处行业不属于国家限制或者禁止外商投资的产业领域，则投资行为不违反我国关于外商投资准入的禁止性规定。故杉某作为外国投资者，投资某软件公司的行为，因不违反外商投资准入的禁止性规定，所以不应被认定无效。但杉某委托龚某代持上市公司股份的行为，仍要接受我国相关证券监管法律、法规的评价。

原《民法总则》第 153 条第 2 款规定："违背公序良俗的民事法律行为无效。"公序良俗的概念具有较大弹性，在具体案件中应审慎适用，避免过度克减民事主体的意思自治。公序良俗包括公共秩序和善良风俗。证券领域的公共秩序应先根据该领域的法律法规予以判断。在上位法律无明确规定的情况下，判断某一下位规则是否构成公共秩序时，应从实体正义和程序正当两个层面进行考察：该规则应当体现证券领域法律和行政法规所规定的国家和社会整体利益；该规则的制定主体应当具有法定权威，制定与发布符合法定程序，具有较高的公众知晓度和认同度。证券发行人应当如实披露股份权属情况，禁止发行人股份存在隐名代持情形，这是由《证券法》和《首次公开发行股票并上市管理办法》(已失效)明确规定的，关系到以信息披露为基础的证券市场的整体法治秩序和广大投资者的合法权益，在实体和程序两个层面均符合公共秩序的构成要件，因此属于证券市场中应当遵守、不得违反的公共秩序。隐名代持证券发行人股权的行为因违反公共秩序而无效。

但代持行为被认定无效后，投资收益不属于合同订立前的原有利益，不适用恢复原状的法律规定，应适用公平原则，根据对投资收益的贡献程度以及对投资风险的承受程度等情形，即"谁投资、谁收益"与"收益与风险相一致”进行合理分配。名义持有人与实际投资人一致表示以系争股票拍卖、变卖后所得向实际投资人返还投资款并支付股份增值收益，属于依法处分自身权利的行为，不违反法律法规的禁止性规定，可予支持。

【风险提示】

《证券法》和《首次公开发行股票注册管理办法》明确要求，证券发行人必须如实披露股份权属情况，并禁止存在隐名代持股份的情况。隐名代持股份涉及基于信息披露的证券市场的法治秩序以及投资者的合法权益，是证券市场必须遵守的公共秩序。《民法典》第 153 条第 2 款规定，“违背公序良俗的民事法律行为无效”。其中，公序良俗包括公共秩序和善良风俗，隐名代持股份的行为违反公共秩序，因此应当认定为无效。从本案出发，笔者总结出以下法律风险。

1. 隐名代持协议的法律效力风险

若外国投资者通过隐名代持方式投资内资公司，须确保标的公司所处行业不属于《外商投资准入特别管理措施（负面清单）（2024 年版）》中的限制或禁止领域。本案中，某软件公司行业未对外资设限，故代持协议不因违反外资准入规定而无效。但若涉及限制或禁止领域，代持协议可能因违反强制性规定被认定无效。上市公司股权隐名代持行为因违反《证券法》及《首次公开发行股票注册管理办法》中关于信息披露真实性、禁止股份代持的强制性规定，将被认定无效。本案中，法院明确认定代持行为违反证券领域的公序良俗，属于无效行为。

2. 代持无效后的权益分配风险

代持无效后，实际投资者无法直接恢复股权权属或主张股东身份，仅能依据公平原则主张投资款返还及部分收益分配。本案中，法院根据“谁投资、谁收益”与“收益与风险相一致”原则，酌定实际投资者杉某获得70%的收益。名义股东在首次公开发行股票并上市的过程中作出的“股份清晰无代持”承诺若被认定为虚假披露，可能引发证券监管处罚或投资者索赔风险。本案中，龚某多次出具无代持承诺，虽未直接导致处罚，但增加了诉讼中的责任风险。

3. 税收与费用承担风险

代持无效后，收益分配可能涉及个人所得税、资本利得税等税费，须明确约定承担主体。本案中，法院判决龚某向杉某支付现金红利时扣除应缴纳税费，但未明确增值收益部分的税费承担。诉讼中产生的律师费、保全担保服务费等可能由败诉方或双方按比例承担。本案中，法院判决龚某承担杉某的律师费 10 万元及保全担保服务费 3 万元。

【律师建议】

外国人代持境内公司股权，除非涉及法律法规明确禁止的情形，其外国人身份本身并不导致合同当然无效。上市公司在证券发行时必须真实披露股权归属，严禁存在隐名代持情形。因隐名代持发行人股权违反公共秩序，该类协议无效。当代持行为被认定无效后，投资收益不属于合同成立前的原有利益，因此不适用恢复原状的法律规定。投资收益应根据公平原则进行分配，考虑投资者对投资收益的贡献程度及其承担的投资风险等因素，遵循“谁投资、谁收益”和“收益与风险相一致”的原则。结合上述法律风险，笔者提出以下法律建议。

1. 对外国投资者的操作指引

(1) 投资模式选择。直接持股：若外资准入无限制，建议通过合法渠道（如外商直接投资）直接持股，避免隐名代持的法律风险。协议代持：若须代持，应确保标的公司行业不属于外资限制/禁止领域，并提前评估上市计划中的代持披露风险。

(2) 代持协议条款设计。协议中须明确约定代持无效后的投资款返还、增值收益分配比例，并留存出资凭证、收益分配指示等证据。约定名义股东违反代持承诺（如虚假披露）时的赔偿责任，包括监管处罚、投资者索赔等衍生损失。

(3) 诉讼策略优化。主张收益时，重点举证资金投入、投资决策主导性（如指示交易记录）及风险承担事实（如股价波动损失），以争取更高比例分配。在诉讼请求中明确收益分配的税费承担主体，避免后续争议。

2. 对拟上市公司的合规建议

(1) 股权结构核查。首次公开发行股票并上市的过程中须穿透核查股东身份，对存在外资背景或代持嫌疑的股权，要求股东出具合规承诺函，必要时终止代持关系并还原股权。若发现存在历史代持，应及时通过股权转让、外资审批补正等方式清理，避免上市后因代持无效引发股权纠纷及监管问责。

(2)股东协议约定。与名义股东签署协议时，可设置违约金条款，约束其违反代持承诺的行为。明确约定名义股东因虚假披露导致公司损失时的赔偿责任，包括监管处罚、投资者索赔等。

3. 对名义股东的风险防范

在签署代持协议前，充分了解实际投资者的背景及投资目的，确保标的公司行业不属于外资限制/禁止领域。保留与实际投资者的沟通记录、收益分配指示等证据，以备诉讼中证明自身无过错。在首次公开发行股票并上市的过程中如实披露股权权属，避免因虚假承诺引发监管处罚或投资者索赔。

【法条链接】

《中华人民共和国证券法》(2019 年修订)

第七十八条　发行人及法律、行政法规和国务院证券监督管理机构规定的其他信息披露义务人，应当及时依法履行信息披露义务。

信息披露义务人披露的信息，应当真实、准确、完整，简明清晰，通俗易懂，不得有虚假记载、误导性陈述或者重大遗漏。

证券同时在境内境外公开发行、交易的，其信息披露义务人在境外披露的信息，应当在境内同时披露。

《中华人民共和国涉外民事关系法律适用法》

第四条　中华人民共和国法律对涉外民事关系有强制性规定的，直接适用该强制性规定。

《中华人民共和国民法典》

第一百五十三条　违反法律、行政法规的强制性规定的民事法律行为无效。但是，该强制性规定不导致该民事法律行为无效的除外。

违背公序良俗的民事法律行为无效。

第一百五十七条　民事法律行为无效、被撤销或者确定不发生效力后,行为人因该行为取得的财产,应当予以返还;不能返还或者没有必要返还的,应当折价补偿。有过错的一方应当赔偿对方由此所受到的损失;各方都有过错的,应当各自承担相应的责任。法律另有规定的,依照其规定。

(四)股权转让前后标的公司债务处理

张某某与李某某等股权转让纠纷案①

【关键词】

股权转让纠纷 债务披露 债务处理

【案情简介】

2019年2月27日,李某某向张某某发送一份结算明细,就双方的投资、收入、应收等进行了结算,其中,在应收一项中,载明:昆山某纺织品有限公司:开票数-包括未开票835040.20元,收超市回款407736.25元,结余427303.95元。上海某纺织品有限公司:开票数-包括未开票1669801.42元,收超市回款1099628.62元,结余412917.35元。并依据现金、应收、存货减去投资额得出利润总额,张某某占利润总额的40%,李某某占利润总额的60%。(张某某的利润151226.69元+投资款544000元=昆山某纺织品有限公司现金余额126797.46元+昆山某纺织品有限公司超市应收427303.95元+存货分配141125.28元;李某某利润226840.03元+投资款327000元=上海某纺织品有限公司现金余额130339.96元+上海某纺织品有限公司超市应收412917.35元+存货分配10582.72元。)双方均确认该结算明细即双方签订协议书的前提。

2019年6月3日,张某某(乙方)与李某某(甲方)签订一份协议书,甲乙双方就有关公司股权、债权债务有关情况达成以下协议:(1)公司基本情况,①昆山某纺织品有限公司,注册资本50万元,其中:甲方持股60%,乙方持股40%;②上海某纺织品有限公司,乙方持有该公司某毛巾项目40%的权益份额。(2)甲方同意将持有的昆山某纺织品有限公司60%的股权转让给乙方,乙方同意将拥有的“上海某纺织品有限公司-某毛巾项目”40%的权益份额转让给甲方,该次股权(权益)转让后,甲方不再持有昆山

---

① 参见上海市第二中级人民法院民事判决书,(2020)沪02民终7420号。

某纺织品有限公司的股权，乙方不再享有“某毛巾项目”的权益份额。甲乙双方均无须再向对方支付转让款。甲乙双方约定于2019年6月3日至原工商局办理股权转让变更登记手续。(3)昆山某纺织品有限公司自成立至今，公司营业执照及公章均由甲方保管。甲方承诺：自设立之日至甲方将昆山某纺织品有限公司的公章交付给乙方之日，昆山某纺织品有限公司不存在对外借款或对外担保。若甲方隐瞒昆山某纺织品有限公司的债权债务情况，相关债务及法律责任均由甲方自行承担。甲乙双方确认，甲乙双方已于2019年3月1日分开经营。截至本协议签署之日，甲方、乙方及上海某纺织品有限公司、昆山某纺织品有限公司四方之间债权债务均已经结清。

协议书签订后，2019年6月19日，双方依约进行了股权变更登记手续。2019年8月、9月，张某某陆续收到江苏某超市开具的增值税专用发票，金额为145131.73元，开具时间为2018年8月至2019年8月27日，该部分发票金额在江苏某超市付款中作为扣款进行了扣除。双方确定共计金额为136648.46元的发票金额为2019年3月1日之前业务所产生的扣款，且李某某确认在结算时未将上述扣款计入超市扣款金额中。

审理中，证人龚某某提供证人证言：上述发票均在2019年8月左右收到，2018年8月的三份发票已在2018年9月抵扣，是经李某某要求进行抵扣的，但未收到过发票。其他发票均在2019年9月、10月抵扣。

张某某向一审法院起诉请求：判令李某某赔偿张某某145131.73元；李某某辩称，张某某诉请没有事实和法律依据，请求依法驳回。上海市嘉定区人民法院于2020年6月30日作出(2019)沪0114民初23343号民事判决：(1)被告李某某应于本判决生效之日起10日内支付原告张某某款项81989.07元；(2)驳回原告张某某的其余诉讼请求。一审宣判后，李某某提出上诉。上海市第二中级人民法院于2020年10月15日作出(2020)沪02民终7420号民事判决：驳回上诉，维持原判。

【案例分析】

法院认为，股权转让协议是商事合同，受《公司法》与原《合同法》约束，股权转让款金额应尊重双方意思表示，原则上不作司法干预，但在一方违约影响利益时，法院可介入。

1. 主体资格认定

李某某主张张某某不具备诉讼主体资格，认为应由昆山某纺织品有限公司作为主体提起诉讼。法院认定，股权转让纠纷中，适格原告是股权受让方，而非标的公司。依据 2018 年《公司法》第 151 条（新《公司法》第 189 条）、第 149 条（新《公司法》第 188 条、第 191 条），公司股东起诉须限于董事、高管侵害公司利益的情形，本案公司债务属正常业务范畴，不涉及董事、高管违法侵害公司利益的情形，因此不属公司提起诉讼的范围。此外，公司因承担转让前的债务导致净利润下降、可分配利润减少，直接损害的是受让方股东权益，故受让方有权依据股权转让协议起诉转让方，符合合同相对性原则。

2. 诉请的请求权基础

张某某的诉请基于股权转让协议中的违约责任条款。若协议未约定债务承担，一般情况下，受让方难以要求转让方担责，除非能证明存在欺诈或重大误解。但受让方有审查公司财务状况的义务，若未尽该义务，难以主张撤销协议。除非协议明确约定转让方须全面披露公司债务，隐瞒未披露的债务应由转让方承担责任。本案协议中，李某某承诺昆山某纺织品有限公司无外债，若隐瞒债务，相关责任由李某某承担。张某某因此主张违约赔偿，法院认可该诉请合法有据。

3. 违约赔偿金额的确定

张某某主张转让方承担公司实际承担的全部债务，法院认为，债务金额不等同于受让方实际损失。协议明确了双方利益的结算明细，张某某以上海某纺织品有限公司 40% 股权作为对价，受让李某某 60% 的昆山某纺织品有限公司股权。双方确认的结算明细达成了利益均衡，但因江苏某超市发票扣款，导致昆山某纺织品有限公司应收款减少，影响存货分配。法院认定，应依据双方确认的结算明细重新计算损失，发票扣款 136648.46 元计入公司应收款减少额，最终张某某实际应分配存货 223114.35 元，较结算明细减少 81989.07 元。该差额为实际损失，李某某应支付该款作为股权转让的补偿。若协议未约定具体计算方式，受让方须举证实际损失，公司承担债务仅减少公司财产，不等于股东实际损失。法院综合股权比例、转让金额等因素判定损失，若违约金过高，转让方可举证申请调整。

【风险提示】

股权转让协议明确约定双方对转让前后债务的责任承担后，若受让方在转让完成后发现公司须承担转让前未披露的债务，并据此主张转让方承担违约责任的，法院将予以支持。违约赔偿责任应以受让方的实际损失为限，可综合考虑持股比例、股权转让金额等因素确定。从本案出发，笔者总结出以下法律风险。

1. 债务披露不实的违约风险

转让方未如实披露标的公司债务，如本案中未计入结算的发票扣款136648.46元，即使债务金额较小，也可能被认定为违约。法院将结合协议条款（如“不存在对外借款或担保”的承诺）、结算明细的完整性（如是否遗漏扣款项）及实际损失（如存货分配减少）综合判断责任。此外，公司债务可能导致受让方间接损失，如本案中因应收款减少而影响存货分配（差额81989.07元）。若协议未明确约定损失计算方式，法院可能根据公平原则按股权比例（如张某某40%持股）或实际贡献裁量赔偿金额。

2. 协议条款模糊的执行风险

若协议未明确约定转让方对历史债务的承担范围（如是否包含隐性债务、潜在诉讼），可能导致争议。本案中，李某某仅承诺“无对外借款或担保”，但未涵盖业务扣款等经营性债务，最终仍须承担赔偿责任。此外，协议中若仅约定“隐瞒债务由转让方承担”但未列明赔偿标准（如全额赔偿、按股权比例分担），法院可能结合结算明细（如双方确认的利润分配比例）酌定赔偿金额，增加了结果的不确定性。

3. 受让方审查义务的边界风险

受让方未充分核查标的公司财务（如遗漏核查应收账款扣款凭证），可能被认定未尽合理审慎义务，影响全额赔偿主张。本案中，张某某因依赖转让方提供的结算明细，法院仍支持其诉请，但若审查明显失职，可能减轻转让方责任。此外，若双方约定“分开经营”时间节点（如2019年3月1日），须明确该节点前后债务的归属。本案中，双方约定2019年3月1日前业务产生的扣款被认定为转让方责任,但若未约定时间节点,可能引发争议。

【律师建议】

针对上述法律风险,笔者提出以下法律建议。

1. 对转让方的合规操作指引

(1)债务披露清单化。在协议附件中详细列明标的公司截至转让日的全部债务,包括:已确定债务(银行贷款、应付账款、税款欠缴等),或有债务(未决诉讼、担保责任、合同违约赔偿等),经营性扣款(如本案中超市回款扣减的发票金额)。此外,可以要求提供财务凭证佐证,如银行流水、合同、扣款通知,并由双方签字确认。

(2)设置"债务兜底条款"。约定转让方对协议未披露的债务承担无限责任,并明确赔偿计算方式,如"债务金额 × 受让方持股比例 + 合理利息";要求转让方提供保证金或第三方担保,保障债务兜底条款的可执行性。

2. 对受让方的风险防控策略

(1)深度尽职调查。委托审计机构核查标的公司近 3 年的财务报表,重点比对"应收账款"与实际回款记录(如本案中江苏某超市扣款凭证),发现差异需追溯原因;调取标的公司与主要客户/供应商的合同,排查扣款条款、违约金约定等潜在债务;对财务负责人、业务经办人进行访谈,确认债务披露完整性。

(2)协议条款精细化设计。要求转让方承诺"除披露债务外,公司无其他负债",并约定违约赔偿金为债务金额的 1.5 – 2 倍;约定交割后一定期限内(如 2 年),若发现未披露债务,转让方须按"债务金额 +20% 违约金"的标准赔偿;明确双方业务分割时间节点,约定节点前债务由转让方承担,节点后债务由受让方承担。

【法条链接】

《中华人民共和国公司法》(2023 年修订)

第八十四条　有限责任公司的股东之间可以相互转让其全部或者部分股权。

股东向股东以外的人转让股权的,应当将股权转让的数量、价格、支付方式和期限等事项书面通知其他股东,其他股东在同等条件下有优先购买权。股东自接到书面通知之日起三十日内未答复的,视为放弃优先购买权。两个以上股东行使优先购买权的,协商确定各自的购买比例;协商不成的,按照转让时各自的出资比例行使优先购买权。

公司章程对股权转让另有规定的,从其规定。

第一百八十八条 董事、监事、高级管理人员执行职务违反法律、行政法规或者公司章程的规定,给公司造成损失的,应当承担赔偿责任。

第一百八十九条 董事、高级管理人员有前条规定的情形的,有限责任公司的股东、股份有限公司连续一百八十日以上单独或者合计持有公司百分之一以上股份的股东,可以书面请求监事会向人民法院提起诉讼;监事有前条规定的情形的,前述股东可以书面请求董事会向人民法院提起诉讼。

监事会或者董事会收到前款规定的股东书面请求后拒绝提起诉讼,或者自收到请求之日起三十日内未提起诉讼,或者情况紧急、不立即提起诉讼将会使公司利益受到难以弥补的损害的,前款规定的股东有权为公司利益以自己的名义直接向人民法院提起诉讼。

他人侵犯公司合法权益,给公司造成损失的,本条第一款规定的股东可以依照前两款的规定向人民法院提起诉讼。

公司全资子公司的董事、监事、高级管理人员有前条规定情形,或者他人侵犯公司全资子公司合法权益造成损失的,有限责任公司的股东、股份有限公司连续一百八十日以上单独或者合计持有公司百分之一以上股份的股东,可以依照前三款规定书面请求全资子公司的监事会、董事会向人民法院提起诉讼或者以自己的名义直接向人民法院提起诉讼。

(五)情势变更解除股权转让合同后的法律后果

万某某、万某新、候某某与甘肃某商贸公司等股权转让纠纷案①

【关键词】

股权转让 投资权转让合同 情势变更 合同解除

【案情简介】

2013年4月1日,万某某、万某新、候某某(将万某某、万某新、候某某简称为万某某方)作为甲方,甘肃某商贸公司(以下简称某源公司)作为乙方,甘肃某工矿公司(以下简称某鼎公司)作为丙方,签订《投资权转让合同》,就某煤矿的投资权及完整权益的转让达成协议。案涉某煤矿登记成立于2001年8月,经济性质登记为集体,出资人为黑水村委会。2011年7月29日,该煤矿法定代表人变更为候某某。该企业取得了采矿许可证、煤炭生产许可证、安全生产许可证等,采矿许可证有效期限至2015年12月23日。

合同签订前,某源公司已支付500万元。合同签订当日,某源公司向合同指定的收款人转账5000万元。2013年4月3日至4月8日,万某某等向某源公司移交某煤矿相关设备、印章、文件、图纸等资料。截至2013年5月27日,某源公司按约向合同指定的收款人合计付款10720万元。

因甘肃省发生煤矿安全事故,2012年9月,甘肃省安全生产委员会下发《紧急通知》,要求对年生产能力30万吨及以下生产矿井实行全面停产整顿。2012年10月,甘肃省安全生产监督管理局、甘肃煤矿安全监察局分别对某煤矿通风系统改造设计作出了批复。2013年4月,某源公司即开始对案涉煤矿进行技术改造,2013年7月22日,安全生产监督管理局因某煤矿未按规定办理开工备案手续,作出强制措施决定,责令停止违规建设行

---

① 参见最高人民法院民事判决书,(2021)最高法民终1255号。

为;同年7月26日作出行政处罚决定,责令停止建设,封填井口。

2013年10月,国务院办公厅印发了《关于进一步加强煤矿安全生产工作的意见》,要求加快落后小煤矿的关闭退出。2013年12月17日,白银市人民政府办公室印发了《关于白银市煤矿企业兼并重组的实施意见》,对辖区煤矿企业实施兼并重组。2014年5月,国家安全监管总局等十二部门下发了《关于加快落后小煤矿关闭退出工作的通知》,明确对核定生产能力在3万吨/年及以下煤矿进行关闭。2014年6月,白银市人民政府《关于某鼎公司所属单井处置方案审查意见报告的批复》认为,某鼎公司所属某煤矿属淘汰关闭矿井,但鉴于一定情况,可申请配置,具备改造扩能条件,因此决定对该矿暂缓处置。2014年8月,某鼎公司向平川区人民政府申请保留白银市平川区某煤矿。2014年9月,白银市平川区人民政府发布关于关闭煤矿的公告,决定关闭某煤矿。2014年12月,甘肃省人民政府发布《关于全省76处3万吨/年及以下关闭退出煤矿名单的公告》,某煤矿关闭退出。

故,某源公司提起本案诉讼,请求:解除案涉《投资权转让合同》;判令万某某方、某鼎公司返还某源公司已支付的煤矿转让价款107384095元并承担利息损失;判令万某某方、某鼎公司赔偿某源公司投资损失1300万元。万某某方反诉请求:某源公司支付剩余转让款5280万元。甘肃省高级人民法院于2021年8月17日作出(2020)甘民初87号民事判决:(1)解除《投资权转让合同》;(2)万某某方、某鼎公司共同返还某源公司转让款10720万元,并支付利息;(3)驳回某源公司的其他诉请和万某某方的反诉请求。宣判后,万某某、万某新、候某某、某鼎公司提出上诉。最高人民法院于2022年6月30日作出(2021)最高法民终1255号民事判决:(1)解除《投资权转让合同》;(2)万某某方向某源公司支付65112415.02元(双方返还责任和赔偿责任冲抵后计算金额);(3)某鼎公司对上述给付承担补充责任,承担责任后有权向万某某方追偿;(4)驳回其他本诉及反诉请求。

【案例分析】

最高人民法院认为,若《投资权转让合同》解除后,某源公司应当同时向万某某方返还案涉煤矿,但煤矿已经关闭,无法返还,万某某方因而受有损失。对于该损失,根据原《合同法》的相关规定,应当根据当事人的过错进行分担。对此，某源公司应根据其在合同履行中的过错，承担部分赔偿责任。具体理由如下：各当事人虽对关闭小煤矿政策的出台无法预见，但在政策出台前，可通过技术改造提高产能的方式避免煤矿关闭。各方当事人在二审中亦认可如果案涉煤矿完成技术改造可以提高产能，将不在国家淘汰落后产能的范围内。但案涉煤矿未能完成技术改造，最终白银市平川区人民政府于 2014 年 9 月 4 日关闭案涉煤矿。《投资权转让合同》签订后，万某某方已经向某源公司交接了案涉煤矿及相关资料、印章等，包括煤矿改造项目的行政批复，某源公司应当在完成交接并取得煤矿印章后积极申请开工备案手续，以保证完成技术改造提高产能，从而避免煤矿被关停风险。但某源公司却未进行开工备案，并在受到行政处罚后未积极采取措施继续完成煤矿改造，某源公司对案涉煤矿的关闭存在过错。办理开工备案手续虽不是万某某方的义务，但在变更登记前，万某某方作为出让方应当积极配合某源公司办理开工备案手续，确保合同的正常履行，故万某某方对煤矿没有改造完成而被关闭亦存在过错。根据《投资权转让合同》的履行情况、各方的过错程度、案涉煤矿的补偿款 180 万元已由某鼎公司领取的事实，由某源公司承担 50% 的赔偿责任，参照《投资权转让合同》约定的价款 1.6 亿元，某源公司应当赔偿万某某方 8000 万元。综上所述，万某某方应向某源公司返还的股权转让款及资金占用费为 145112415.02 元，折抵后万某某方应向某源公司返还 65112415.02 元。

关于某鼎公司是否应承担合同解除的返还责任问题。某鼎公司作为案涉煤矿的管理单位，在《投资权转让合同》中作为丙方出现，该合同约定，“甲、丙双方承诺标的矿纳入丙方宏观管理以及乙方正常经营标的矿的手续畅通，否则乙方有权要求甲方、丙方承担根本违约责任（乙方有权选择是否继续履行合同，如乙方选择解除合同，甲方、丙方应当按照标的矿市值向乙方赔偿损失，赔付损失不得少于投资权及其完整权益转让的总价及相应贷款利息）”。此外，该合同还约定转让方与某鼎公司应无条件保证某源公司顺利入场、顺利经营标的矿；某鼎公司需确保转让登记不存在法律障碍。某鼎公司作为合同中的义务主体，其应当与转让方共同保证合同的正常履行。某鼎公司以其于 2014 年 8 月 18 日向白银市平川区人民政府申请保留某煤矿为由，主张其履行了管理责任并积极避免煤矿关闭，认为其不应当承担责任。对此，法院认为某鼎公司申请保留煤矿是其履行管理职责的一部分，其并未积极申请办理开工备案手续，某煤矿最终因无开工备案手续未能完成技术改造而被关停，某鼎公司作为管理方对于某煤矿关停存在过错。且根据二审查明的事实，某煤矿关闭后的补偿款亦由某鼎公司领取并进行分配。故某鼎公司基于其过错应对万某某方返还转让款承担补充责任，一审判决其承担共同返还责任适用法律错误，应予纠正。某鼎公司承担责任后有权向万某某方追偿。

【风险提示】

一方当事人请求解除合同，另一方反诉要求继续履行时，人民法院若依据情势变更判决解除合同，将会遵循公平原则，综合处理解除后的法律后果，既满足提出解除方的诉求，也兼顾主张履行方的权益。在股权转让合同因情势变更解除后，转让方返还已收取的转让款的，受让方也应返还标的物。若标的物价值明显减损，将按过错原则合理分担损失，以实现公平。笔者从本案出发，总结出以下法律风险。

1. 情势变更的认定与责任划分风险

股权转让合同履行期间，若因政府政策调整（如本案中煤矿关停政策）导致合同目的无法实现，可能触发情势变更解除。但法院将审查各方是否尽合理努力规避风险（如技术改造升级产能），未履行必要义务（如未办理开工备案手续）的一方可能被认定存在过错，须分担损失。本案中，某源公司未积极办理开工备案导致技术改造失败，万某某方未配合手续办理，双方均被认定存在过错，最终各按50%的比例分担损失。此外，合同解除后，若标的物因政策原因灭失无法返还，受让方须返还转让款，但转让方可主张损失赔偿。本案中，法院以合同约定价款1.6亿元为基准，结合过错比例判赔8000万元，但因煤矿补偿款由某鼎公司领取，最终通过折抵确定返还金额。

2. 管理方的连带责任风险

若合同中约定管理方需确保标的物经营手续畅通或承担管理职责，则其未积极履行义务（如未协助办理开工备案）可能被认定为过错方，应承担补充赔偿责任。本案中,某鼎公司虽申请保留煤矿但未推动技术改造,且领取补偿款,法院判令其承担补充责任,并赋予其向转让方追偿的权利。此外,标的物灭失后的补偿款归属须在合同中明确,否则可能引发分配纠纷。本案中某鼎公司直接领取补偿款,导致其在责任承担中被加重考量。

【律师建议】

针对上述法律风险,笔者提出以下法律建议。

1. 对转让方与受让方的风险防控

(1)合同条款设计。在股权转让合同中增设“政策风险条款”,明确约定政策变动时的合作义务(如共同申请手续、分担技术改造费用)及损失分担比例(如按过错程度或投资比例分担)。明确标的物灭失后政府补偿款的分配规则(如优先用于折抵转让款或按股权比例分配),避免单方领取引发争议。

(2)履约过程合规管理。转让方须在变更登记前配合受让方办理经营所需手续(如开工备案),留存书面交接记录(如文件签收单、沟通函件);受让方应及时履行报批义务,避免因程序瑕疵导致损失扩大。此外,建立政策监测机制,对可能影响合同履行的政策动向(如产能淘汰政策)提前预判,必要时通过法律途径申请暂缓执行或争取政策豁免。

2. 对管理方的义务规范

(1)明确管理职责边界。在合同中限定管理方的义务范围,如仅提供宏观管理支持,不介入具体经营,避免因概括性条款(如“确保手续畅通”)被扩大解释从而引发连带责任。

(2)风险隔离措施。若管理方代为接收标的物补偿款,应设立共管账户并按协议分配,避免单方处置引发责任风险。管理方履行义务(如申请保留某煤矿)时,应留存政府往来文件、会议纪要等证据,以便在追偿纠纷中证明已尽勤勉义务。

3. 诉讼策略优化

(1)损失计算依据。主张损失赔偿时,优先以合同约定的转让价款为基准,而非实际投入成本(如技术改造费用),后者可能因证据不足被驳回。

(2)过错举证重点。转让方:举证受让方未履行主要义务(如未及时办理备案)。受让方:举证转让方未配合手续交接或隐瞒政策风险。管理方:举证已按约履行宏观管理职责,且损失与自身行为无因果关系。

【法条链接】

《中华人民共和国民法典》

第五百三十三条 合同成立后,合同的基础条件发生了当事人在订立合同时无法预见的、不属于商业风险的重大变化,继续履行合同对于当事人一方明显不公平的,受不利影响的当事人可以与对方重新协商;在合理期限内协商不成的,当事人可以请求人民法院或者仲裁机构变更或者解除合同。

人民法院或者仲裁机构应当结合案件的实际情况,根据公平原则变更或者解除合同。

第五百六十六条 合同解除后,尚未履行的,终止履行;已经履行的,根据履行情况和合同性质,当事人可以请求恢复原状或者采取其他补救措施,并有权请求赔偿损失。

合同因违约解除的,解除权人可以请求违约方承担违约责任,但是当事人另有约定的除外。

主合同解除后,担保人对债务人应当承担的民事责任仍应当承担担保责任,但是担保合同另有约定的除外。

（六）“对赌协议”纠纷案件中股权回购约定中的股东优先购买权

上海宝聚昌公司与上海立溢股权投资中心等、第三人叶某某股权转让纠纷案[①]

【关键词】

对赌协议　股权回购　优先购买权

【案情简介】

2016年5月18日，上海宝聚昌公司（以下简称宝聚昌公司）与虎娱公司、上海立溢股权投资中心（以下简称立溢中心）、弘朗公司、曾某、李某、朱某共同签订《增资协议》，约定宝聚昌公司以增资扩股方式向虎娱公司投资1500万元，占增资完成后虎娱公司股权的7.5%。同日，宝聚昌公司与立溢中心、弘朗公司、曾某、李某、朱某再签订《补充协议》，其中“业绩承诺与补偿”及“股权回购”主要约定，若虎娱公司2016年注册用户数少于8000万人、2017年净利润未达到3000万元、未于2017年2月30日前申请新三板挂牌、公司或实际控制人从事违法犯罪活动等，宝聚昌公司有权要求立溢中心、弘朗公司、曾某、李某、朱某全部或部分回购原告持有的股权，回购金额为原告投资金额减去已补偿金额再考虑12%的资金成本；“担保条款”主要包括五被告愿意对承诺和相关责任承担不可撤销的连带责任担保。

落款日期为2016年5月23日的《股东会决议》约定，公司注册资本由1870万元增加至2021.622万元，原告投资1500万元，151.622万元计入注册资本，被告立溢中心、弘朗公司、曾某、李某、朱某及原告宝聚昌公司的持股比例分别为33.3737%、24.2721%、3.0342%、22.57%、9.25%、

① 参见上海市第二中级人民法院民事判决书，(2020)沪02民终2334号。

7.5%等。

2017年5月11日，原告宝聚昌公司分别向立溢中心、弘朗公司发送《关于要求回购股权的函》，以虎娱公司未完成对赌目标为由要求回购原告宝聚昌公司持有的虎娱公司全部股权。

江苏省苏州市中级人民法院（2018）苏05刑终766号刑事裁定于2019年1月15日维持江苏省张家港市人民法院的一审判决，因曾某、朱某等人利用互联网招徕赌博人员赌博，虎娱公司负责提供资金结算、技术维护、工资发放等，以开设赌场罪分别判处二人有期徒刑5年6个月和3年6个月。

曾某、某某中心副总经理方某、弘朗公司法定代表人庄某某及第三人所在的虎娱公司股东微信群于2016年5月12日、5月18日多次讨论涉案协议内容，其中第三人虽称“补充协议”的“选择性”在原股东，但因微信记录提交不全，“最终版本”及其他微信内容均不详。

审理中，弘朗公司及李某、第三人分别申请对《补充协议》中的骑缝印文及涉案协议中“李某”的签名进行鉴定，司法鉴定科学研究院分别出具司法鉴定意见书，确认《补充协议》中弘朗公司骑缝印文真实，确认“李某”签名非二人书写。

【案例分析】

法院生效裁判认为：本案的争议焦点有两个。一是《补充协议》的效力及被告李某、第三人叶某某是否受《增资协议》及《补充协议》的约束；二是股权回购是否涉及股东优先购买权及责任承担。

1.《补充协议》的效力及被告李某、第三人叶某某是否受《增资协议》及《补充协议》的约束

虎娱公司的犯罪行为虽然早于涉案协议签订的时间，但无证据证明原告知晓并参与该犯罪行为或投资款用于犯罪经营，故本案仍属民事法律调整范畴。《补充协议》中弘朗公司骑缝印章的真实性已由司法鉴定确认。李某及第三人虽主张虎娱公司相关文件中有其签名，但无法指出具体文件名，且从法院查明的情况来看，《增资协议》《股东会决议》及工商登记文件上的签字均非二人本人签字，但二人从未提出异议，可推定存在长期由他人代为签字的惯常做法；虎娱公司股东微信群内容表明第三人知晓并参与

讨论,且在涉案协议均非二人签名的情况下,第三人仅确认《增资协议》的效力而否认《补充协议》的效力有违常理,故法院推定涉案协议系第三人授权他人代为签订,二人受涉案协议的约束。由于二人的股权代持关系未向原告披露,故涉案协议的法律后果由显名股东即李某承担。

2. 股权回购是否涉及股东优先购买权及责任承担

现有证据证明,虎娱公司未完成《补充协议》约定的对赌目标,应当按约承担股权回购义务。对于股权回购责任的承担方式,因本案股权回购责任是在对赌失败情况下对赌方被动受让股权的行为,具有消极性,与一般股权转让的积极性不同。对赌失败后的回购责任系全体股东协商确定的结果,其特征为投资方成为股东后的再行转让行为,仅涉及股权在股东内部间的转让,与向股东之外的第三人转让股权不同,系约定权利;股东优先购买权行使的前提条件为股权向股东以外的第三人流转,现有股东在同等条件下可享有法律规定的优于他人的购买权,系法定权利。涉案股权回购与股东优先购买权在适用条件及法律特征上均存在较大差别,因此,本案股权回购争议不适用股东优先购买权。本案中,《补充协议》约定五被告对股权回购承担不可撤销的连带责任担保,其意思表示为五被告对回购原告股权负有同一债务,各债务人所负债务不分主次,彼此对所负债务承担连带责任,故五被告应连带支付原告股权回购款。此外,基于权利与义务相对等原则,在五被告支付全部股权回购款后,原告应配合将其持有的虎娱公司股权变更登记至五被告名下。

【风险提示】

“对赌协议”,又称估值调整协议,是投资方与融资方在股权融资中为应对目标公司未来发展的不确定性、信息不对称及投资风险而设计的特殊条款。协议通常包括股权回购、金钱补偿等,对目标公司未来估值进行调整,是私募股权投资中常见的投资工具。对赌条款旨在保障投资方资金安全与利益最大化,若目标公司未达成约定目标,投资方可要求对赌方以股权回购形式回收投资方持有的目标公司股权,实质上属于附条件的股权转让安排。从本案出发,笔者总结出以下法律风险。

1. 协议签署真实性风险

若协议存在代签或未经明确授权的情形，如本案中李某及第三人叶某某的签名非本人签署，可能导致协议效力争议。尽管法院可基于交易惯例（如长期由他人代签历史）或间接证据（如股东微信群讨论记录）推定授权成立，但若无法形成完整证据链（如聊天记录提交不全），可能影响法院对协议效力的认定。此外，若标的公司或实际控制人涉及刑事犯罪（如本案中虎娱公司因开设赌场罪被刑事处罚），须证明投资方对犯罪行为不知情且投资款未用于非法活动，否则可能被质疑协议目的违法，导致协议整体或部分无效。

2. 优先购买权排除争议风险

对赌协议中的股权回购条款可能被其他股东主张触发新《公司法》第48条的优先购买权。法院倾向于认为对赌回购系股东内部约定权利，不适用法定优先购买权，但若协议未明确约定排除优先购买权或回购触发条件表述模糊，仍可能引发诉讼争议。若协议约定全体股东对回购义务承担连带责任（如本案五被告连带担保），可能面临部分股东以“未参与磋商”“签名不真实”为由的抗辩，须通过骑缝章鉴定、交易沟通记录等夯实责任基础。

3. 对赌目标未达的举证风险

投资方须充分举证标的公司未完成对赌目标（如用户数、净利润、上市节点等），若目标设定存在歧义（如“2017年2月30日前申请新三板挂牌”中的日期错误），可能被认定条款无效或需重新解释。标的公司或原股东可能主张未达对赌目标系不可抗力或投资方干预经营所致，需投资方举证其无过错。

【律师建议】

针对上述法律风险，笔者提出以下法律建议。

1. 协议签署与效力的合规保障

（1）严格签署程序。要求股东本人签署协议，或出具经公证的授权书明确代签权限；若存在代签惯例，应在协议中书面确认“既往代签行为合法有效，对各方具有约束力”。对协议签署过程进行律师见证或公证，并全程录像；保留磋商阶段的邮件、微信记录（如本案中股东群讨论“补充协议选择性”的内容），确保发生争议时可完整提交。

（2）刑事风险隔离。投资前对标的公司及实控人开展刑事合规审查，如排查涉诉记录、业务合法性，并在协议中增设“合规承诺条款”，要求承诺不存在违法经营情形。约定投资款专项账户及使用范围（如技术研发、市场拓展），要求定期提供审计报告，避免资金流入非法用途。

2. 优先购买权的排除与回购条款设计

（1）明确排除优先购买权。在协议中增设条款，如“各方确认，本协议项下股权回购系股东内部约定权利，不视为对外转让，其他股东放弃优先购买权”。

（2）细化回购触发条件。避免使用模糊表述（如“业绩显著增长”），应明确具体数值（如“净利润不低于3000万元”）及第三方审计机构认定标准。若回购因优先购买权争议受阻，可约定“现金补偿＋股权质押”等替代方案。

3. 连带责任条款的优化与执行

（1）责任范围与顺位。明确实际控制人为第一顺位责任人，其他股东为补充责任人，避免笼统约定“连带责任”。约定连带责任方履行义务后，可向主债务人或其他义务方追偿，并明确追偿比例及程序。

（2）担保手续完备性。若涉及公司为股东提供担保，须提供股东会决议文件并留存签字原件，避免因程序瑕疵被认定无效。要求自然人股东单独签署担保函，载明担保范围、期限及不可撤销条款。

4. 诉讼策略与证据管理

（1）请求权基础选择。优先依据协议中的“连带责任担保条款”主张回购款，而非直接要求履行对赌条款，以规避优先购买权争议。

（2）举证重点。关于对赌目标未达：提交第三方审计报告、标的公司财务报表、上市申请驳回文件等。关于因果关系与过错：举证标的公司经营决策独立（如投资方未干预技术改造备案手续），且未达目标系原股东管理失职所致。笔迹鉴定的应对：若对方申请签名鉴定，可提交历史代签文件（如变更登记材料）证明代签惯例，或主张“禁止反言”原则（如对方此前未对代签提出异议）。

【法条链接】

《中华人民共和国公司法》(2023 年修订)

第八十四条 有限责任公司的股东之间可以相互转让其全部或者部分股权。

股东向股东以外的人转让股权的,应当将股权转让的数量、价格、支付方式和期限等事项书面通知其他股东,其他股东在同等条件下有优先购买权。股东自接到书面通知之日起三十日内未答复的,视为放弃优先购买权。两个以上股东行使优先购买权的,协商确定各自的购买比例;协商不成的,按照转让时各自的出资比例行使优先购买权。

公司章程对股权转让另有规定的,从其规定。

第八十五条 人民法院依照法律规定的强制执行程序转让股东的股权时,应当通知公司及全体股东,其他股东在同等条件下有优先购买权。其他股东自人民法院通知之日起满二十日不行使优先购买权的,视为放弃优先购买权。

(七)外商投资准入负面清单外的外商投资企业股权转让合同效力

吉某公司与河南某集团等外商投资公司股权转让纠纷案[①]

【关键词】

外商投资　负面清单　股权转让

【案情简介】

原告吉某公司诉称:2012 年 7 月,经河南省人民政府批准,吉某公司与河南某集团、某丰集团设立了中外合作经营企业平顶山某房地产公司。吉某公司共投入平顶山某房地产公司 1.5 亿元人民币(以下币种均为人民币),持股 40%。2016 年 3 月,吉某公司与河南某集团签署《股权转让合同》,约定吉某公司向河南某集团转让持有的平顶山某房地产公司 40% 的股权,河南某集团于 2016 年 3 月 31 日前支付吉某公司出资转让款 1 亿元,张某义、张某提供连带责任保证。但河南某集团未依约履行《股权转让合同》,张某义、张某亦未履行连带付款义务。故请求判令:河南某集团、张某义、张某连带支付吉某公司股权转让款 1 亿元和本案诉讼费。

河南某集团、张某义、张某辩称:《股权转让合同》第 7 条"合同生效"约定:"本合同自甲、乙、丙三方签字或盖章之日起成立,自审批机关批准之日生效。"至诉讼时,《股权转让合同》没有获得审批机关的批准,未取得批准证书。且平顶山某房地产公司目前明确表示不再报批。因此,根据法律规定和合同约定,该《股权转让合同》尚未生效。故请求:驳回吉某公司的诉讼请求。

法院经审理查明:2012 年 7 月,吉某公司与河南某集团及某丰集团,经批准设立了外商投资企业平顶山某房地产公司。2016 年 3 月,吉某公司与河南某集团签署《股权转让合同》,约定:吉某公司将其持有的平顶山某房

① 参见最高人民法院民事判决书,(2017)最高法民终 651 号。

地产公司40%的股权,以1亿元的价格转让给河南某集团,河南某集团于2016年3月31日前支付对价给吉某公司;合同自各方签字或盖章之日起成立,自审批机关批准之日生效。2016年4月11日,河南省平顶山市商务局(以下简称平顶山商务局)作出同意股权转让的批复,同日又发出通知书,根据平顶山某房地产公司的撤回申请,不再继续受理股权转让报批事项,故未作出批准证书。吉某公司据此提起诉讼,请求河南某集团支付1亿元股权转让款。

河南省高级人民法院于2016年10月28日作出(2016)豫民初19号民事判决:驳回吉某公司的诉讼请求。吉某公司,河南某集团、张某义、张某不服一审判决,提起上诉。最高人民法院于2017年12月28日作出(2017)最高法民终651号民事判决:(1)撤销河南省高级人民法院作出的(2016)豫民初19号民事判决;(2)河南某集团于判决生效之日起10日内向吉某公司支付股权转让款1亿元;(3)张某义、张某对河南某集团第2项债务承担连带清偿责任。

【案例分析】

法院生效裁判认为,本案系涉外股权转让合同纠纷,二审争议的主要问题有两点:一是《股权转让合同》的效力;二是河南某集团、张某义、张某是否应当连带支付1亿元股权转让款及利息。

1.关于本案法律适用问题

本案因系履行中外合作经营企业合同过程中产生的涉外股权转让合同纠纷,根据《涉外民事关系法律适用法》第2条第1款“涉外民事关系适用的法律,依照本法确定。其他法律对涉外民事关系法律适用另有特别规定的,依照其规定”以及当时有效的《合同法》第126条第2款“在中华人民共和国境内履行的中外合资经营企业合同、中外合作经营企业合同、中外合作勘探开发自然资源合同,适用中华人民共和国法律”的规定,案涉《股权转让合同》应当适用中华人民共和国法律。一审判决认定应适用我国法律解决本案纠纷的结果是正确的,但其援引《涉外民事关系法律适用法》第41条关于当事人可以协议选择合同适用的法律的规定欠妥,最高人民法院予以指出。

2. 关于《股权转让合同》的效力问题

案涉《股权转让合同》履行期间跨越了外资审批制度改革，须分阶段认定合同效力。2016 年 9 月 30 日之前，依据当时有效的《中外合资经营企业法》(2016 年修正，已失效)和《中外合资经营企业法实施条例》(2014 年修订，已失效)，股权转让须审批机关批准并取得批准证书方能生效。本案虽有平顶山商务局批复，但未获外资企业批准证书，合同处于成立但未生效状态。一审认定正确。关于未生效合同的约束力，原《合同法》第 8 条规定依法成立的合同对当事人有约束力，河南某集团负有促成合同生效的义务。其控制的平顶山某房地产公司单方撤回报批申请，违反合同约定及诚信原则，不影响合同效力。一审中河南省高级人民法院曾指令吉某公司办理报批，但因河南某集团不配合，导致报批失败，合同仍未生效。

2016 年 10 月 1 日之后，《中外合资经营企业法》(2016 年修正，已失效)实施，外商投资不涉及特别管理措施的企业改为备案制，备案不再是合同生效要件。商务部《外商投资企业设立及变更备案管理暂行办法》进一步确认原审批程序终止，改按备案程序办理。本案标的公司不在负面清单内，股权转让不再须经行政审批，按"从旧兼有利"原则应适用新法认定合同有效。一审认定自 2016 年 10 月 1 日起合同生效正确。河南某集团、张某义、张某主张合同第 7 条约定"自审批机关批准之日起生效"，因此合同未生效或已被股东会解除。但该条款是基于旧法背景而作出的，2016 年 10 月 1 日之后审批已不再适用，且股东会决议未经吉某公司同意，不符合法定或约定解除条件，无法解除合同。最高人民法院认定合同合法有效，驳回河南某集团、张某义、张某的上诉请求。

综上所述，《股权转让合同》是各方当事人真实意思表示，不违反我国法律、行政法规的强制性规定，合法有效。吉某公司关于案涉合同有效的上诉理由成立，最高人民法院予以支持。河南某集团、张某义、张某请求确认案涉合同未生效、应予撤销、已被平顶山某房地产公司确认无效并解除的上诉理由不能成立，最高人民法院予以驳回。

【风险提示】

根据原《中外合资经营企业法》的全面审批制规定，外商投资企业股权转让合同须经审批机关批准后方能生效，未经批准的，法院将会认定该合同未生效。在合同尚未生效阶段，若一方当事人怠于履行报批义务，属于违反民法诚实信用原则的行为，将承担法律不利后果。自2016年10月1日起，外商投资管理体制由全面审批制调整为普遍备案制与负面清单下的审批制。其中，不在外商投资准入负面清单范围内的股权转让合同适用告知性备案，不再作为合同生效要件。未办理备案的此类合同亦属生效合同。同时，当事人约定“自审批机关批准之日起生效”的条款，不再具有限定合同生效的法律意义。从本案出发，笔者总结出以下法律风险。

1. 审批制改备案制的法律适用风险

外商投资企业股权转让合同的效力认定须结合合同签订时间与外资审批制度改革的时间节点。若合同签订于审批制时期（如本案2016年3月），但履行跨越至备案制时期（2016年10月1日后），须分阶段认定合同效力。审批制下，合同自审批机关批准之日起生效；备案制下，若标的公司不属于外商投资准入负面清单范围，合同自成立时生效。本案中，法院依据“从旧兼有利”原则，认定合同自备案制实施之日起生效，但若合同签订时未明确约定审批义务，可能因报批失败导致合同长期处于未生效状态。此外，需确认标的公司所属行业是否属于外商投资准入负面清单范围。若公司属于限制或禁止类，股权转让仍须审批，否则可能导致合同无效或无法履行。

2. 报批义务的履行风险

审批制下，合同虽未生效，但报批义务具有法律约束力。若一方（如本案河南某集团）控制标的公司单方撤回报批申请，可能被认定违反诚信原则，须承担违约责任。此外，若报批义务未明确约定履行主体（如由转让方或受让方办理），可能引发争议。若因一方不配合（如未提供必要材料）或标的公司单方撤回报批申请（如本案中平顶山某房地产公司撤回申请），可能导致报批失败。此时，未履行报批义务的一方须承担违约责任，包括赔偿损失或支付违约金。

3. 合同解除与股东会决议的效力风险

若合同约定“自审批机关批准之日起生效”，但审批制取消后，该条款可能被视为失效。此时,一方以股东会决议解除合同的,须证明决议符合法定或约定解除条件(如经全体股东一致同意),否则可能被认定无效。本案中,河南某集团主张合同已被股东会解除,但因未经吉某公司同意,法院未予支持。股东会决议须符合公司章程规定的程序(如通知期限、表决比例),否则可能被认定无效。若决议涉及解除合同,须确保决议内容不违反合同约定或法律规定。

【律师建议】

1. 合同条款设计的合规性保障

(1)明确报批义务与责任。在审批制下,合同中应明确约定报批义务的履行主体(如受让方负责办理)、时间节点(如签约后30日内)及违约责任(如未按时报批须支付违约金)。

(2)增设备案制适用条款。若合同可能跨越审批制与备案制时期,应增设条款明确"若审批制取消,合同自备案完成或备案制实施之日起生效",避免效力认定争议。

2. 报批义务履行的风险防控

(1)报批材料的准备与交接。转让方应在签约后及时向受让方提供报批所需材料(如公司章程、股东名册),并留存交接记录(如签收单、邮件往来)。

(2)报批进程的跟踪与督促。受让方应定期跟踪报批进展(如向审批机关查询),若发现报批受阻(如本案中撤回报批申请),应及时发函要求履行义务,并保留沟通证据。

(3)替代性救济路径。若报批失败,可协商变更合同条款(如将股权转让改为资产转让),或通过诉讼要求对方履行报批义务并赔偿损失。

3. 诉讼策略与证据管理

(1)请求权基础选择。若合同未生效,可依据《民法典》第500条主张缔约过失责任(如赔偿信赖利益损失);若合同生效,可依据合同约定主张违约责任(如支付股权转让款及利息)。

(2)举证重点。提交合同文本、审批/备案文件(如平顶山商务局批复)、外资准入负面清单等,证明合同合法有效;提供报批材料交接记录、沟通函件等,证明对方未履行报批义务或单方阻碍报批;提交股权估值报告、资金占用利息计算表等，明确损失金额。

4. 对标的公司的管理建议

(1)合规审查前置。在股权转让前，对标的公司进行全面的法律、财务尽职调查，排查是否存在未披露债务、诉讼或行政处罚，确保交易安全。

(2)股东会决议的程序合规。若涉及股东会决议(如同意股权转让)，应确保决议程序符合公司章程及法律规定，避免因程序瑕疵被认定无效。

(3)信息披露的透明。及时向投资方披露标的公司的经营状况、财务状况及重大事项(如涉诉、行政处罚)，避免因信息不对称引发纠纷。

【法条链接】

《中华人民共和国外商投资法》

第二十八条 外商投资准入负面清单规定禁止投资的领域，外国投资者不得投资。

外商投资准入负面清单规定限制投资的领域，外国投资者进行投资应当符合负面清单规定的条件。

外商投资准入负面清单以外的领域，按照内外资一致的原则实施管理。

(八)员工股权对外转让的效力认定

宋某某与西安市某某餐饮公司股东资格确认纠纷案①

【关键词】

公司章程　股权转让限制　意定回购

【案情简介】

西安市某某餐饮公司成立于1990年4月5日。2004年5月,西安市某某餐饮公司由国有企业改制为有限责任公司,宋某某系西安市某某餐饮公司员工,出资2万元成为西安市某某餐饮公司的自然人股东。西安市某某餐饮公司章程第三章"注册资本和股份"第14条规定"公司股权不向公司以外的任何团体和个人出售、转让。公司改制一年后,经董事会批准后可在公司内部赠与、转让和继承。持股人死亡或退休经董事会批准后方可继承、转让或由企业收购,持股人若辞职、调离或被辞退、解除劳动合同,则人走股留,所持股份由企业收购……"第十三章"股东认为需要规定的其他事项"第66条规定"本章程由全体股东共同认可,自公司设立之日起生效"。该公司章程经西安市某某餐饮公司全体股东签名通过。

2006年6月3日,宋某某向公司提出解除劳动合同,并申请退出其所持有的公司的2万元股份。2006年8月28日,经西安市某某餐饮公司法定代表人赵某某同意,宋某某领到退出股金款2万元整。2007年1月8日,西安市某某餐饮公司召开2006年度股东大会,大会应到股东107人,实到股东104人,代表股权占公司股份总数的93%,会议审议通过了宋某某、王某青、杭某国3位股东退股的申请并决议"其股金暂由公司收购保管,不得参与红利分配"。后宋某某以西安市某某餐饮公司的回购行为违反法律规定,未履行法定程序且《公司法》规定股东不得抽逃出资等为由,请求依法确认其具有西安市某某餐饮公司的股东资格。

---

① 参见陕西省高级人民法院民事判决书,(2014)陕民二申字第00215号。

西安市碑林区人民法院于 2014 年 6 月 10 日作出(2014)碑民初字第 01339 号民事判决,判令:驳回原告宋某某要求确认其具有被告西安市某某餐饮公司股东资格之诉讼请求。一审宣判后,宋某某提出上诉。西安市中级人民法院于 2014 年 10 月 10 日作出(2014)西中民四终字第 00277 号民事判决,驳回上诉,维持原判。

终审宣判后,宋某某仍不服,向陕西省高级人民法院申请再审。陕西省高级人民法院于 2015 年 3 月 25 日作出(2014)陕民二申字第 00215 号民事裁定,驳回宋某某的再审申请。

【案例分析】

法院生效裁判认为:通过听取再审申请人宋某某的再审申请理由及被申请人西安市某某餐饮公司的答辩意见,本案的焦点问题是西安市某某餐饮公司的公司章程中关于"人走股留"的规定,是否违反了《公司法》的禁止性规定,该章程是否有效。

首先,西安市某某餐饮公司章程第 14 条规定,"公司股权不向公司以外的任何团体和个人出售、转让。公司改制一年后,经董事会批准后可以公司内部赠与、转让和继承。持股人死亡或退休经董事会批准后方可继承、转让或由企业收购,持股人若辞职、调离或被辞退、解除劳动合同,则人走股留,所持股份由企业收购"。依照新《公司法》第 46 条的规定,有限公司章程系公司设立时全体股东一致同意并对公司及全体股东产生约束力的规则性文件,宋某某在公司章程上签名的行为,应视为其对前述规定的认可和同意,该章程对西安市某某餐饮公司及宋某某均产生约束力。

其次,基于有限责任公司封闭性和人合性的特点,由公司章程对公司股东转让股权作出某些限制性规定,系公司自治的体现。在本案中,西安市某某餐饮公司进行企业改制时,宋某某之所以成为西安市某某餐饮公司的股东,其原因在于宋某某与西安市某某餐饮公司具有劳动合同关系。如果宋某某与西安市某某餐饮公司没有建立劳动关系,宋某某则没有成为西安市某某餐饮公司股东的可能性。同理,西安市某某餐饮公司章程将是否与公司具有劳动合同关系作为取得股东身份的依据继而作出"人走股留"的规定,符合有限责任公司封闭性和人合性的特点,亦系公司自治原则的体现，不违反《公司法》的禁止性规定。

最后，西安市某某餐饮公司章程第 14 条关于股权转让的规定，属于对股东转让股权的限制性规定而非禁止性规定，宋某某依法转让股权的权利没有被公司章程所禁止，西安市某某餐饮公司章程不存在侵害宋某某股权转让权利的情形。

综上，本案一、二审法院均认定西安市某某餐饮公司章程不违反《公司法》的禁止性规定，应为有效的结论正确，宋某某的这一再审申请理由不能成立。

【风险提示】

新《公司法》并未明确规定章程对股权转让的限制条款的效力。实践中，章程可通过禁止转让、设定特定转让程序等方式对股权转让进行限制，但对该类限制条款的效力存在争议。从本案出发，笔者总结出以下法律风险。

1. 公司章程限制股权转让的条款的合法性风险

第一，根据新《公司法》第 84 条，公司章程可对股权转让作出合理限制，但不得完全禁止转让或剥夺股东股权转让的基本权利。本案中，西安市某某餐饮公司章程规定“人走股留”，仅限制离职员工对外转让股权，允许公司内部回购，法院认定该规定未违反《公司法》的禁止性规定。但若章程条款超出合理范围（如禁止任何转让或强制低价回购），则可能被认定为无效。第二，员工入股时若未充分理解章程中的股权限制条款（如离职后强制回购），可能引发后续纠纷。本案中宋某某虽签署章程，但离职后又反悔，要求确认其股东资格，凸显条款告知员工知情的重要性。

2. 股权回购的程序与依据风险

第一，公司回购股权须区分新《公司法》第 89 条法定回购（如连续 5 年盈利不分配）与章程规定的意定回购（如本案“人走股留”）。若混淆适用，可能被法院驳回。第二，回购须严格履行章程规定程序（如股东会决议）。本案中公司通过股东大会决议回购宋某某股权，程序合法；若未履行内部程序，则回购行为可能无效。

3. 股东资格确认的举证责任风险

第一,若员工主张股东资格,须提供出资证明、股东名册、分红记录等证据。本案中宋某某虽出资2万元,但因章程规定"人走股留"且公司已回购其股权,其股东资格被法院否定。第二,若公司主张已回购股权,须提供回购协议、付款凭证及股东会决议等证据。本案中公司提供了宋某某的《退股申请》、股东会决议及付款凭证,法院认定回购行为合法有效。

【律师建议】

针对上述法律风险,笔者提出以下法律建议。

1. 公司章程的合规设计与告知义务

(1)条款设计。在章程中明确股权转让的限制范围(如仅限内部转让、离职回购),避免绝对禁止股权转让或剥夺股东股权转让的基本权利。例如,可规定"离职员工股权仅可转让给其他在职员工或由公司回购"。明确回购价格的计算方式(如净资产评估、固定溢价),避免因价格争议引发纠纷。

(2)员工知情保障。员工入股前须签署《章程知情确认书》,确认其知悉并同意章程条款。通过培训或说明会向员工解释章程条款的法律后果,确保其充分理解。

2. 规范股权回购程序

(1)明确回购触发条件。在章程中明确回购触发条件(如离职、死亡、退休),避免模糊表述引发争议。规定回购须经股东会/董事会表决通过,并留存会议记录、决议文件及回购协议。

(2)严格履行内部程序。回购时召开股东会,确保参会股东人数及表决权符合章程要求。回购后及时支付款项并办理减资或股权转让登记,避免被认定为抽逃出资。

3. 回购依据选择及风险隔离措施

(1)回购依据不同。若章程规定回购,需直接援引章程条款,避免引用《公司法》第89条(法定回购)导致法律适用错误。若符合新《公司法》第89条的条件(如连续5年盈利不分配),可主张法定回购,但须提供充分证据(如财务报表、股东会决议)。

(2)风险隔离措施。若回购导致注册资本减少,须履行减资程序(如编制资产负债表、通知债权人、公告)。回购后及时办理股权转让登记,确保公司股权结构清晰。

4. 诉讼策略与证据准备

(1)股东资格确认诉讼。主张股东资格的一方须提供出资证明、股东名册、分红记录等证据,证明其股东身份,如本案中宋某某提供其出资2万元的证据。若公司主张已回购股权,须提供回购协议、付款凭证及股东会决议等证据,如本案中公司提供《退股申请》、股东会决议。

(2)回购行为合法性抗辩。证明回购行为符合章程规定及内部程序,如股东会决议通过。提供回购价格的计算依据,如净资产评估报告,避免被认定为低价回购损害股东利益。

【法条链接】

《中华人民共和国公司法》(2023年修订)

第八十四条　有限责任公司的股东之间可以相互转让其全部或者部分股权。

股东向股东以外的人转让股权的,应当将股权转让的数量、价格、支付方式和期限等事项书面通知其他股东,其他股东在同等条件下有优先购买权。股东自接到书面通知之日起三十日内未答复的,视为放弃优先购买权。两个以上股东行使优先购买权的,协商确定各自的购买比例;协商不成的,按照转让时各自的出资比例行使优先购买权。

公司章程对股权转让另有规定的,从其规定。

第八十九条　有下列情形之一的,对股东会该项决议投反对票的股东可以请求公司按照合理的价格收购其股权:

(一)公司连续五年不向股东分配利润,而公司该五年连续盈利,并且符合本法规定的分配利润条件;

(二)公司合并、分立、转让主要财产;

(三)公司章程规定的营业期限届满或者章程规定的其他解散事由出现,股东会通过决议修改章程使公司存续。

自股东会决议作出之日起六十日内,股东与公司不能达成股权收购协议的,股东可以自股东会决议作出之日起九十日内向人民法院提起诉讼。

公司的控股股东滥用股东权利,严重损害公司或者其他股东利益的,其他股东有权请求公司按照合理的价格收购其股权。

公司因本条第一款、第三款规定的情形收购的本公司股权,应当在六个月内依法转让或者注销。

五、公司治理问题

在公司运营过程中,治理结构的合理性与执行力对企业的长期发展具有决定性影响。公司治理纠纷通常围绕股东、董事、监事及高级管理人员之间的权利分配、责任承担以及利益冲突等问题展开。本部分将系统探讨公司治理过程中常见的纠纷类型,并深入分析与股东出资义务、董事及高管的忠实义务、公司决议效力等相关的法律问题。

首先,股东未履行出资义务时的除名决议及其效力问题,涉及股东与公司之间的法律关系以及股东权利与公司利益的平衡。其次,董事、监事及高级管理人员在公司中的忠实义务及其对公司和第三方所承担的责任,直接影响公司及其股东的经济利益。再次,股东会决议的效力认定以及公司决策的合法性与有效性,决定了公司的运营方向与管理层的权利行使边界。最后,关联公司间的法人独立性问题,以及公司在转让主要财产时股东在特定情形下的回购请求权等,也是公司治理结构中不可忽视的重要内容。

本部分将结合相关法律规范与司法实践,深入分析上述公司治理纠纷的适用法律与司法认定标准,旨在为企业管理者、投资者及法律从业者提供具有可操作性的风险防范建议与实务指导。

(一)对未履行出资义务的股东作出的除名决议的效力认定

刘某某与常州某某化学科技有限公司等公司决议效力确认纠纷案①

【关键词】

公司决议效力确认　股东资格解除　未履行出资义务

【案情简介】

常州某某化学科技有限公司(以下简称某某化学公司)成立于2009年7月10日,于2015年2月修正的公司章程载明:某某化学公司的注册资本为300万元,股东包括刘某某、洪某乙及洪某甲;刘某某及洪某甲各出资135万元,洪某乙出资30万元;刘某某出资的22.95万元已于2009年7月7日到位,剩余112.05万元应于2018年12月30日之前(增资)到位。刘某某与洪某甲原系夫妻关系。2016年3月,刘某某与洪某甲的离婚纠纷案经一审法院受理。刘某某在起诉状中称"2016年2月双方矛盾进一步激化,洪某甲突然将某某化学公司经营所需公章、财务章等全部拿走,为了防止某某化学公司账户资金被洪某甲转走,刘某某将某某化学公司的大部分账户资金转存在自己的账户中以保障资金安全"。

2017年9月21日,法院立案受理了某某化学公司诉刘某某、常州甲化学科技有限公司(以下简称甲公司)损害公司利益责任纠纷案,该案中,某某化学公司要求刘某某返还2951420.9元,并支付利息,甲公司对其中1095000元承担连带责任。在该案审理中,某某化学公司明确其主张返还的2951420.9元包括两部分,即刘某某抽逃的全部出资135万元及侵占的公司款项1601420.9元。在某某化学公司起诉后,刘某某未向某某化学公司返还款项。同年10月31日,某某化学公司书面通知刘某某召开2017年度临时股东会,会议时间定于2017年11月20日下午3点,会议内容为审

① 参见江苏省常州市中级人民法院民事判决书,(2018)苏04民终1874号。

议关于股东刘某某抽逃全部出资并在公司通知后的合理期限内仍未归还，对其进行股东除名表决的事项。同年 11 月 7 日，刘某某回函称此次临时股东会所需审议的会议内容违反法律规定，缺乏依据。同年 11 月 20 日，某某化学公司召开股东会并作出股东会决议，参会股东有洪某甲、洪某乙。该股东会决议载明，鉴于股东刘某某在公司经营过程中存在利用职务之便抽逃全部出资及侵占公司财产的行为，并经公司催告在合理期限内仍然未偿还，参与股东会的成员一致表决同意解除刘某某股东资格，公司后期协助相关变更登记手续。

同年 11 月 6 日，刘某某向某某化学公司发出查阅函一份，要求查阅某某化学公司自 2009 年至 2017 年前 3 个季度的会计财务报告及会计账簿、原始会计凭证。2017 年 12 月 5 日，刘某某诉至一审法院，要求行使股东知情权，查阅常州某某公司相关财务凭证等资料，法院于 2017 年 12 月 22 日作出(2017)苏 0404 民初 6534 号民事裁定，驳回刘某某起诉。在该案审理中，某某化学公司明确表示刘某某股东资格已被解除，故某某化学公司在(2017)苏 0404 民初 5248 号案件中变更诉讼请求，不再主张刘某某返还出资 135 万元。

江苏省常州市钟楼区人民法院于 2018 年 3 月 7 日作出(2018)苏 0404 民初 515 号民事判决：驳回原告刘某某的诉讼请求。判决后，刘某某不服，向江苏省常州市中级人民法院提起上诉。江苏省常州市中级人民法院于 2018 年 8 月 2 日作出(2018)苏 04 民终 1874 号民事判决：(1)撤销江苏省常州市钟楼区人民法院(2018)苏 0404 民初 515 号民事判决；(2)某某化学公司于 2017 年 11 月 20 日作出的解除刘某某股东资格的股东会决议无效。

【案例分析】

法院认为，本案争议焦点为，案涉股东除名决议的效力应如何认定。本案中，案涉股东除名决议的内容及其作出于法无据，于实不符，应属无效。

一方面，结合除名权的法理基础和功能分析，公司是股东之间、股东与公司以及公司与政府之间达成的契约结合体，因此股东之间的关系自当受该契约的约束。在公司的存续过程中，股东始终应恪守出资义务的全面实际履行，否则构成对其他守约股东合理期待的破坏，进而构成对公司契约的违反。一旦股东未履行出资义务或抽逃全部出资，该违约行为就已严重危害公司的经营和其他股东的共同利益，背离了契约订立的目的和初衷，故《公司法》赋予守约股东解除彼此间的合同，让违约股东退出公司的权利。这既体现了法律对违约方的惩罚和制裁，又彰显了对守约方的救济和保护。

由此可见，合同“解除权”仅在守约方手中，违约方并不享有解除（合同或股东资格）的权利。本案中，某某化学公司的所有股东在公司成立时存在通谋的故意，全部虚假出资，恶意侵害公司与债权人之权益。但就股东内部而言，没有所谓的合法权益与利益受损之说，也就谈不上权利救济，否则有悖权利与义务相一致、公平诚信等法律原则。也就是说，洪某甲、洪某乙无权通过召开股东会决议解除刘某某的股东资格，因为除名决议的启动主体明显不合法。

另一方面，从虚假出资和抽逃出资的区别来看，前者是指股东未履行或者未全部履行出资义务，后者则是股东在履行出资义务之后，又将其出资取回。案涉股东除名决议认定刘某某抽逃全部出资，事实上某某化学公司包括刘某某在内的所有股东在公司设立时均未履行出资义务，属于虚假出资，故该决议认定的内容亦有违客观事实。

【风险提示】

在有限责任公司的治理框架下，股东资格的除名机制是对契约义务违约行为的必要回应。有限责任公司股东未履行出资义务或抽逃全部出资，经催告仍未改正的，公司可决议解除其股东资格以惩罚其不诚信行为，维护公司和其他诚信股东的权利。若公司股东均为虚假出资或抽逃全部出资，部分股东通过决议解除特定股东的股东资格，因其自身也不诚信，除名表决权则丧失了其合法性，背离了股东除名制度的立法目的，所以该除名决议应认定为无效。

股东除名决议的效力认定涉及多重法律风险，须从主体适格、事实认定、程序合规及诚信原则等方面全面评估。首先，根据《最高人民法院关于适用〈中华人民共和国公司法〉若干问题的规定（三）》第 17 条的规定，若全体股东均存在出资瑕疵,如虚假出资或抽逃出资,将因缺乏合法主体而使决议无效。例如,本案中全体股东在公司设立时通谋虚假出资,法院认定无"守约股东"可启动除名程序,相关决议因此无效。其次,虚假出资与抽逃出资性质不同,若认定错误,如本案中将虚假出资误判为抽逃出资,则决议可能因事实依据错误而被推翻。此外,程序瑕疵风险突出,包括未履行前置催告义务、未有效通知被除名股东参会或未排除瑕疵股东表决权等,均可能因违反法定程序而使决议无效。最后,若股东利用除名程序恶意排除异己,如离婚纠纷中突击除名,可能被认定为权利滥用,违反《民法典》第 7 条(诚信原则)及新《公司法》第 21 条(禁止权利滥用)的规定,进而否定决议效力。因此,企业在启动除名程序时,须严格核查出资瑕疵性质、确保主体适格并遵循法定程序,避免因事实不清、程序违法或权利滥用而使决议无效。

【律师建议】

为规避除名决议的法律风险,笔者建议企业及股东采取以下措施。

1. 严格核查出资瑕疵性质

通过调取验资报告、银行流水及委托第三方审计,明确股东出资瑕疵是属于虚假出资还是抽逃出资,避免事实认定错误。若全体股东存在虚假出资,建议优先通过补足出资或减资程序解决,而非直接启动除名程序。

2. 确保除名主体适格与程序合规

仅由"守约股东"启动除名程序,并向瑕疵股东书面催告于一定期限内补足出资(建议不少于 30 日),并通过公证送达或签收回执留存证据;召开股东会时,应提前 15 日书面通知被除名股东参会(列明除名事由及依据),并排除其表决权,确保决议经代表 1/2 以上表决权的守约股东通过。此外,完善公司章程与证据管理制度,在章程中明确除名事由、程序及表决规则(如排除瑕疵股东表决权),减少程序争议;同时固化全套证据链,包括催告通知、股东会签到表、表决票、会议记录等,必要时对关键程序(如股东会召开)进行全程录像或请律师见证。对于存在股东矛盾的情形(如离婚纠纷、控制权争夺),应优先以协商或股权转让等柔性方式解决,避免滥用除名权引发诉讼。

3. 在章程中增设“冲突解决条款”

如股东矛盾时应优先协商或强制股权回购，减少突击除名风险。若已进入司法程序，被除名股东可依据新《公司法》第 25 条、第 26 条、第 28 条提起“公司决议无效之诉”，并主张赔偿股权价值损失(须提供资产评估报告)；公司则需重点举证程序的合法性与出资瑕疵的实质性损害(如导致偿债能力不足)，以抗辩被除名股东的诉求。

通过上述措施，企业及股东可在合规框架内审慎处理除名事宜，降低法律风险，维护公司治理的合法性与稳定性。

【法条链接】

《中华人民共和国公司法》(2023 年修订)

第二十五条　公司股东会、董事会的决议内容违反法律、行政法规的无效。

第二十六条　公司股东会、董事会的会议召集程序、表决方式违反法律、行政法规或者公司章程，或者决议内容违反公司章程的，股东自决议作出之日起六十日内，可以请求人民法院撤销。但是，股东会、董事会的会议召集程序或者表决方式仅有轻微瑕疵，对决议未产生实质影响的除外。

未被通知参加股东会会议的股东自知道或者应当知道股东会决议作出之日起六十日内，可以请求人民法院撤销；自决议作出之日起一年内没有行使撤销权的，撤销权消灭。

第二十八条　公司股东会、董事会决议被人民法院宣告无效、撤销或者确认不成立的，公司应当向公司登记机关申请撤销根据该决议已办理的登记。

股东会、董事会决议被人民法院宣告无效、撤销或者确认不成立的，公司根据该决议与善意相对人形成的民事法律关系不受影响。

《最高人民法院关于适用〈中华人民共和国公司法〉若干问题的规定(三)》(2020 年修正)

第十七条　有限责任公司的股东未履行出资义务或者抽逃全部出资，经公司催告缴纳或者返还，其在合理期间内仍未缴纳或者返还出资，公司以股东会决议解除该股东的股东资格，该股东请求确认该解除行为无效的，人民法院不予支持。

在前款规定的情形下，人民法院在判决时应当释明，公司应当及时办理法定减资程序或者由其他股东或者第三人缴纳相应的出资。在办理法定减资程序或者其他股东或者第三人缴纳相应的出资之前，公司债权人依照本规定第十三条或者第十四条请求相关当事人承担相应责任的，人民法院应予支持。

（二）董监高违反忠实、勤勉义务的认定

瓦纳特媒体网络有限公司与吴某等损害公司利益责任纠纷案①

【关键词】

董监高　忠实义务　勤勉义务

【案情简介】

瓦纳特媒体网络有限公司（以下简称瓦纳特公司）注册于美国加利福尼亚州。2010 年 8 月 30 日前，被告吴某（美籍华人）担任瓦纳特公司的首席执行官、首席财务官及董事，其受瓦纳特公司委派利用公司经费研发 WMN 项目。

2008 年 4 月 22 日，吴某向瓦纳特公司董事长刘某发送邮件，讨论股权结构、薪资调整及公司战略，提及成立旧金山和上海办事处，并计划将所有硬件销售和收益投入使用到这家新公司。5 月 20 日，吴某又向董事会成员发送邮件提议在中国组建团队，并列出工资、招聘、办公和设备等主要成本，提出使用 Apex Digital 中国公司或其个人公司进行雇佣和支付。8 月 8 日，他向董事会提供卓致公司的账户信息。9 月 24 日，他再次发送邮件要求将款项汇至该公司账户。

2010 年 8 月 8 日，刘某告知吴某决定关闭上海营运部以保留资金。吴某回复其将于 8 月 15 日提供停工成本评估，并询问其自身职务安排。8 月 11 日，吴某发送遣散费详情邮件，建议 WMN 项目仅承担截至 8 月 15 日的停工成本，其后续费用由她个人承担，并称自 8 月 15 日起不领取工资。8 月 18 日，吴某向董事会成员通报中国团队已解散，但是由于无法通过邮件或电话远程终止合同，因此依然向员工自费支付薪资。同日，她还发送了《Walnut Media Network 上海营运费用表》。8 月 30 日，吴某邮件辞去 CEO

---

① 参见上海市第二中级人民法院民事判决书，(2016) 沪 02 民终 1156 号。

及董事职务，并表示将处理上海营运部关闭事宜。10 月 17 日，吴某再次向刘某发送题为“上海关闭过程”的邮件并抄送瓦纳特公司的其他董事。次日，刘某回复称吴某曾同意提供账簿审计，但现在未让投资人审计账簿，损害了投资人的权益。其后，双方当事人就 WMN 项目的资金结算问题发生争议，协商未果，致涉讼。

另查明，卓致公司股东为吴某伟、吴某英，持股比例分别为 80%、20%。吴某在 2008 年至 2011 年担任卓致公司的首席执行官。2008 年 7 月 21 日，瓦纳特公司与卓致公司签订了一份《技术服务合作协议》以便瓦纳特公司向 WMN 项目在上海的运营注资。2008 年 8 月 13 日，瓦纳特公司向卓致公司账户汇入 70000 美元。此外，瓦纳特公司还与乐萌公司签订了 5 份《技术开发合同》，总标的为 930000 美元，均记载“签订地点上海市静安区，签订日期 2009 年 1 月 1 日，争议解决方式为起诉、由合同签订地人民法院管辖”，合同落款加盖瓦纳特公司与乐萌公司公章，并分别签名“吴某”“吴某伟”，均加盖“上海市技术市场管理办公室技术开发合同认定专用章”。前述合同均未实际履行。乐萌公司成立于 2008 年 7 月 21 日，原法定代表人吴某伟系吴某胞姐，现法定代表人黄某成系吴某母亲。企业的“创新型便携式互动网络音视机”软件开发项目获得了 2009 年度国家科技部中小企业技术创新基金 60 万元人民币的专项资助。

瓦纳特公司向一审法院起诉请求：(1)判令吴某向瓦纳特公司返还侵占资金暂计 2836099 元(实际视司法审计金额调整)；(2)判令吴某向瓦纳特公司偿付逾期还款利息损失(暂以 2836099 元为基数，按中国人民银行公布的同期同档企业贷款基准利率上浮 50% 的标准，自 2010 年 9 月 1 日项目结束起计至实际返还之日止)；(3)判令乐萌公司对吴某应承担的上述第 1 项、第 2 项债务承担连带清偿责任；(4)判令卓致公司对吴某应承担的上述第 1 项债务中的 479745 元(70000 美元汇入当时的汇率折算价)及按第 2 项债务计算标准计付的相应利息承担连带清偿责任。

一审法院判决：(1)吴某于判决生效之日起 10 日内向瓦纳特公司赔偿 3451158.64 元并偿付逾期还款利息损失(以 3451158.64 元为基数，按中国人民银行公布的同期同档贷款基准利率上浮 50% 的标准，自 2010 年 9 月 1

日项目结束起计至实际支付之日止);(2)乐萌公司在2971413.64元及相应逾期还款利息损失(以2971413.64元为基数,按中国人民银行公布的同期同档贷款基准利率上浮50%的标准,自2010年9月1日项目结束起计至实际支付之日止)范围内对吴某应承担的上述第一项付款义务承担连带清偿责任;(3)卓致公司在479745元及相应逾期还款利息损失(以479745元为基数,按中国人民银行公布的同期同档贷款基准利率上浮50%的标准,自2010年9月1日项目结束起计至实际支付之日止)范围内对吴某应承担的上述第1项付款义务承担连带清偿责任;(4)驳回瓦纳特公司的其他诉讼请求。二审法院驳回上诉,维持原判。

【案例分析】

法院认为,根据查明事实可知,被告吴某确系被告卓致公司及乐萌公司的实际控制人,但其在WMN项目运作过程中却是以原告董事、高管之身份参与,故其虚报账目及借由项目成果申请国家扶持基金供被告乐萌公司使用的不当行为,显然违反了法律为公司董事、高管等人员规定的忠实勤勉义务,理应依法承担相应的赔偿责任,向原告返还WMN项目结余资金并偿付相应逾期还款利息损失。

此外,被告卓致公司、被告乐萌公司虽然辩称两者自原告处所得资金系《技术开发合同》或《技术服务合作协议》中的款项、并未损害原告公司利益,却无充分证据佐证前述合同切实成立并履行,对照被告吴某与原告间的往来电邮内容,足可印证前述合同实为便于原告自美国向上海WMN项目注资而签订,加之,被告吴某在否认WMN项目借卓致公司与乐萌公司平台运行的同时又主张在WMN项目资金中领取原告承诺支付的工资,显然自相矛盾,因此被告卓致公司与被告乐萌公司作为代收WMN项目运营资金的操作平台,并无占有原告汇入资金的法律依据及事实根据,理应承担返还责任。

【风险提示】

2023年《公司法》修订的重点之一是强化董事、监事、高管(以下简称董监高)等经营管理人员的责任。新《公司法》采取"一般+具体"的立法模式,第181条至第184条列举了董监高忠实义务的具体类型。其中,第

181 条明确董监高的绝对禁止行为,该类行为一旦实施即与公司利益冲突,必然损害公司合法权益,因此被严格禁止。第 182 条至第 184 条涉及自我交易、篡夺公司商业机会和竞业限制等,仅属于相对禁止行为,即董监高的该类行为与公司利益间仅存在潜在利益冲突,可能损害公司权益,但可通过信息披露、回避表决、董事会或股东会批准等程序获得豁免。在司法实践中,相对禁止行为的适用争议较大,主要涉及关联交易的抗辩机制、公司商业机会的认定要素以及同业竞争的标准等问题。

立法者在确立忠实勤勉义务时,始终强调"公司利益"这一核心概念。忠实义务要求董监高不得将个人利益置于公司利益之上,勤勉义务则要求其为实现公司最大利益尽职尽责。此外,为确保权责统一,第 180 条扩大了规制范围,不仅适用于名义上的董监高,还涵盖实际控制公司事务的控股股东和事实董事、影子董事,这些人同样需遵守忠实勤勉义务。

董监高违反忠实义务的行为可能会给公司带来多重法律风险:首先,若董监高利用职务之便为关联公司谋取利益,如本案中吴某通过其实际控制的卓致公司及乐萌公司虚报账目、挪用 WMN 项目资金,则构成对忠实义务的严重违反,可能被认定为损害公司利益,需承担返还资金及赔偿损失的责任,如本案中吴某须返还 345 万余元人民币,关联公司须承担连带责任。其次,若董监高未如实披露利益冲突,例如未告知其与关联公司的关系,或通过虚假合同转移公司资金,如本案中未实际履行的技术开发合同,则可能被认定为欺诈或恶意串通,进一步加重法律责任。此外,公司若未建立完善的内部控制机制,如财务审计、合同审查、项目资金使用监督,可能难以发现董监高的不当行为,导致损失扩大。例如,本案中 WMN 项目的资金流向缺乏有效监督,导致吴某通过关联公司虚报账目、挪用资金的行为长期未被发现。因此,公司须加强对董监高的监督,确保其履职行为符合忠实义务要求,避免因董监高违规行为引发诉讼及赔偿责任。

【律师建议】

为防范董监高违反忠实义务的风险,笔者建议公司采取以下措施。

1. 完善公司治理结构

(1)明确忠实义务与禁止性条款:在公司章程及董监高聘任协议中明确规定忠实义务的具体内容,如禁止利用职务之便为关联公司谋利、禁止未经披露的关联交易,并设置严格的违约责任条款;要求董监高定期签署忠实义务承诺书,确保其知悉并遵守相关义务。(2)建立利益冲突披露机制:要求董监高在任职期间及离任后一定期限内披露其与公司可能存在利益冲突的情形,如持有关联公司股权、担任关联公司职务;对董监高披露的利益冲突进行审查,必要时要求董监高回避相关决策。

2. 建立有效的内部控制机制

(1)财务审计与资金监管:定期对公司财务状况进行内部审计,重点关注大额资金流向及异常交易,如本案中 WMN 项目资金的虚报账目问题;对项目资金使用情况进行专项审查,确保资金用途与合同约定一致。(2)合同审查与履约监督。对重大合同(如技术开发合同、技术服务协议)进行严格审查,确保合同条款合法合规,并留存履约证据;对未实际履行的合同(如本案中未履行的 5 份技术开发合同)及时采取法律行动,并追究违约责任。

3. 加强对董监高的履职监督

要求董监高定期报告关联交易及利益冲突情况,并对违规行为及时采取法律行动,如提起诉讼要求赔偿损失。对于已发生的纠纷,公司可通过司法鉴定(如本案中的《司法鉴定意见书》)明确损失范围,并通过诉讼要求董监高及关联公司返还资金、支付利息及赔偿损失。通过上述措施,公司可有效降低董监高违反忠实义务的法律风险,维护公司及股东的合法权益。

【法条链接】

《中华人民共和国公司法》(2023 年修订)

第二十一条 公司股东应当遵守法律、行政法规和公司章程,依法行使股东权利,不得滥用股东权利损害公司或者其他股东的利益。

公司股东滥用股东权利给公司或者其他股东造成损失的,应当承担赔偿责任。

第二十二条 公司的控股股东、实际控制人、董事、监事、高级管理人员不得利用关联关系损害公司利益。

违反前款规定,给公司造成损失的,应当承担赔偿责任。

第一百七十九条 董事、监事、高级管理人员应当遵守法律、行政法规和公司章程。

第一百八十条 董事、监事、高级管理人员对公司负有忠实义务,应当采取措施避免自身利益与公司利益冲突,不得利用职权牟取不正当利益。

董事、监事、高级管理人员对公司负有勤勉义务,执行职务应当为公司的最大利益尽到管理者通常应有的合理注意。

公司的控股股东、实际控制人不担任公司董事但实际执行公司事务的,适用前两款规定。

(三)董监高对第三人责任的认定

甲公司与乙公司等债务责任纠纷案[①]

【关键词】

董监高　连带责任　赔偿责任

【案情简介】

甲公司以丙公司的名义承揽了燕山大学发包的案涉工程,并以丙公司名义与燕山大学签订总承包合同,承包工程前的磋商、投标、总承包合同订立,施工过程中与发包方的对接、沟通等事宜,均由甲公司参与进行,丙公司并未参与,也未实际进场施工,其仅提供了资质证书和人员证书。另查明,丙公司已收到发包人支付的工程款70万元,该款项系甲公司施工所取得的对价。案外人燕山大学支付到丙公司银行账户,按照甲公司与丙公司的约定,该工程款应当再转账给甲公司,但丙公司在收到工程款后,其实际控制人赵某立即操作将该笔工程款转移,且拒不支付给甲公司,于是甲公司就此向法院起诉丙公司。关于甲公司与丙公司挂靠经营合同纠纷案,北京市大兴区人民法院于2023年7月28日作出(2023)京0115民初4903号民事判决,判决丙公司应当向甲公司支付工程款70万元,该判决已生效,但丙公司至今分文未付,甲公司向法院申请强制执行,相关(2023)京0115执11256号执行案件因未查询到可供执行财产,已于2023年12月28日“终本”。

另查明,赵某实际控制丙公司,通过太平财富公司和乙公司间接持有丙公司全部股份。在甲公司诉丙公司工程款纠纷案中,法院判决丙公司支付70万元,但该款项进入丙公司账户后,27.8万元被法院划扣,剩余款项被赵某迅速转移,导致甲公司债权无法实现。赵某在微信中明确表达不满丙公司在另一案件中被强制执行,并因此拒绝支付甲公司70万元,同时指

---

① 参见北京市大兴区人民法院民事判决书,(2024)京0115民初24093号。

示丙公司人员先申请解除账户冻结后再支付工程款。

综上，甲公司请求赵某与乙公司对丙公司70万元债务承担连带责任，法院予以支持。就甲公司主张的利息损失，法院对（2023）京0115民初4903号民事判决涉及部分予以支持。据此，法院依照《公司法》（2018年修正）第63条，《中华人民共和国公司法》（2023年修订）第191条、第192条，《最高人民法院关于适用〈中华人民共和国公司法〉时间效力的若干规定》第1条、第4条，《最高人民法院关于适用〈中华人民共和国民事诉讼法〉的解释》第90条之规定，判决如下：（1）乙公司与赵某于判决生效后10日内对（2023）京0115民初4903号确认的丙公司的债务承担连带责任。（2）驳回甲公司的其他诉讼请求。

【案例分析】

法院认为，关于赵某的责任，赵某执行职务的行为持续发生，依照《最高人民法院关于适用〈中华人民共和国公司法〉时间效力的若干规定》第4条“公司法施行前的法律事实引起的民事纠纷案件，当时的法律、司法解释没有规定而公司法作出规定的下列情形，适用公司法的规定：……（五）公司的控股股东、实际控制人指示董事、高级管理人员从事活动损害公司或者股东利益的民事责任认定，适用公司法第一百九十二条的规定……”可依照新《公司法》对赵某应承担的责任进行认定。依照《公司法》第265条第3项的规定，“实际控制人，是指通过投资关系、协议或者其他安排，能够实际支配公司行为的人”。赵某间接持有丙公司99%的股权，且任丙公司法定代表人、执行董事、经理和财务负责人，是丙公司的实际控制人。《公司法》第191条规定：“董事、高级管理人员执行职务，给他人造成损害的，公司应当承担赔偿责任；董事、高级管理人员存在故意或者重大过失的，也应当承担赔偿责任。”第192条规定：“公司的控股股东、实际控制人指示董事、高级管理人员从事损害公司或者股东利益的行为的，与该董事、高级管理人员承担连带责任。”赵某虽在庭审中主张70万元工程款被法院划拨用于偿付其他案件中的房租款，剩余款项用于发工资等，但未能举证证明。根据赵某与王某玉的聊天记录，“让房东（指甲公司前任法定代表人洪某强）跟法院申请解除账户冻结……要先拿房租，就让法院把那个钱先划到法院账户给咱们解冻结了,剩下的钱咱们给他支付工程款”,赵某控制丙公司财产使甲公司得不到清偿。在赵某对丙公司财产的支配、控制与管理下,丙公司对债权人甲公司无力清偿,给债权人甲公司造成损害,赵某应与乙公司承担连带赔偿责任。

【风险提示】

根据《公司法》(2018 年修正),董事和高管在履行职务时对第三人造成损害的,由公司承担法律责任,这体现了完全替代责任理论。然而,最高人民法院民事审判第二庭在《中华人民共和国公司法理解与适用》中对这一理论提出了批评。在司法实践中,完全替代责任模式存在诸多弊端。例如,在公司被工具化用于侵权的情况下,公司成立或存在的目的就是通过损害第三人合法权益来获利,在股东、董事和高管个人获取巨额财富的同时,公司账户却空无一文。此时,如果仅追究公司的责任,受害第三方的合法权益将无法得到有效保护。此外,在董事或高管因故意或重大过失侵害他人权益,且其并非股东的情况下,要求其承担赔偿责任实际上是对公司股东的一种保护。如果董事或高管为个人利益侵害第三人权益,而最终由公司股东承担责任,则对股东而言是不公平的。同时,仅由公司承担责任,还可能损害其他员工及债权人的合法权益。

新《公司法》第 191 条明确规定:“董事、高级管理人员执行职务,给他人造成损害的,公司应当承担赔偿责任;董事、高级管理人员存在故意或者重大过失的,也应当承担赔偿责任。”这一规定首次以独立法条的形式确立了董事对第三人损害赔偿责任的原则,作为一般性条款,为受害第三方寻求司法救济提供了明确的法律依据,成为新《公司法》的一大亮点。

本案中,赵某作为丙公司的实际控制人,利用其控制地位指使公司人员转移工程款,直接导致甲公司债权无法实现,严重损害了甲公司的合法权益。其行为不仅违反了《公司法》关于忠实义务和勤勉义务的规定,还构成对第三方(甲公司)的侵害。依据《公司法》第 191 条和第 192 条的规定,董监高及实际控制人在履职过程中若存在故意或重大过失,不仅公司需承担赔偿责任,相关责任人也应当承担连带责任。此外,实际控制人通过间接持股、协议控制或其他方式操控公司经营决策的,若滥用控制权,损害公司或第三方的合法权益,亦可能被认定为责任主体,需承担相应法律责任。

因此,董监高及实际控制人在经营管理过程中,应严格遵守法律规定,恪守忠实义务和勤勉义务,确保公司经营行为合法合规,避免因滥用权力或不当决策导致公司或第三方遭受损失,从而引发法律风险及产生连带赔偿责任。

【律师建议】

新《公司法》第191条明确规定,董事在履职时负有不侵害第三人利益的义务,但其核心功能在于完善公司内部追偿机制,使董事在特定情形下直接对第三人承担责任。这一责任属于公司组织法领域,并非董事对所有第三人损害的普遍赔偿义务,因此适用范围应严格限定。

首先,董事的责任主要限于职务行为,即以公司名义履职的行为。在一般情况下,公司对外承担责任后可向董事追偿,而本条规定董事直接对第三人负责,是一种特殊法定责任,适用于董事利用职权侵害第三人权益的情形,如果董事教唆或操控公司实施侵害行为,此时应按共同侵权处理。其次,董事对第三人造成损害的行为不仅限于侵权行为,还包括合同等可归责的民事行为,如协助抽逃出资、侵害知识产权、伪造公司决议导致担保合同无效,或因故意或重大过失致使公司违约等行为。此外,法定不作为责任,如未履行股东出资催缴义务,也可能导致董事对第三人承担责任。此外,董事的职务行为并不要求直接与第三人发生联系,其通过董事会决议履职亦可能影响第三人权益。因此,即便仅参与公司内部决策,董事仍可能因履职行为对第三人承担责任。最后,除非法律明确规定董事负有积极作为义务,如《公司法》第51条关于股东出资催缴的要求,否则董事仅因知情但未参与决策,不应承担对第三人的责任。单纯的不作为难以认定构成“故意或重大过失”。

结合以上所述,为防范董监高及实际控制人因履职不当引发的法律责任,笔者建议采取以下措施,以确保公司治理规范、经营合法合规,并有效规避法律风险。

(1)董监高应当遵守忠实、勤勉义务。董监高及实际控制人应严格遵守《公司法》关于忠实义务和勤勉义务的规定,避免利用职务便利损害公司及第三人利益。例如,不得通过转移公司资产、虚构交易、隐瞒财务状况等方式侵害债权人权益,亦不得逃避公司债务,恶意规避法律责任。

(2)公司应建立健全内部控制机制,并明确财务管理制度,确保资金流向透明、合规,防止实际控制人滥用控制权。应设立严格的审批流程,对大额交易、资金调拨等关键环节进行合规审查,以杜绝挪用公司资金、私自对外担保等违法行为。例如,在本案中,若丙公司事先设立完善的财务监管体系,赵某就难以随意转移工程款,从而避免侵害甲公司的债权。

(3)董监高及实际控制人在履行职务过程中,应注意留存相关证据。以证明其决策和行为符合公司利益且无故意或重大过失。例如,应妥善保管会议记录、财务报表、合同文件等关键资料,以便在纠纷发生时提供有力证据,避免因举证不能而承担法律责任。对于已经发生的纠纷,公司及第三人可通过法律途径维护自身权益。可以依据《公司法》第191条、第192条的规定,追究董监高及实际控制人的连带责任,并向法院申请财产保全措施,如查封、扣押、冻结相关资产,确保债权得以实现。

【法条链接】

《中华人民共和国公司法》(2023年修订)

第一百九十一条 董事、高级管理人员执行职务,给他人造成损害的,公司应当承担赔偿责任;董事、高级管理人员存在故意或者重大过失的,也应当承担赔偿责任。

第一百九十二条 公司的控股股东、实际控制人指示董事、高级管理人员从事损害公司或者股东利益的行为的,与该董事、高级管理人员承担连带责任。

(四)谋取公司商业机会的认定

上海某流体设备技术有限公司诉施某某损害公司利益责任纠纷案[①]

【关键词】

董监高　谋取　商业机会

【案情简介】

上海某流体设备技术有限公司系由上海某投资有限公司与西班牙某公司合资的外商投资企业,系西班牙某公司阀门在中国的独家代理商。在涉案业务期间,施某某系上海某流体设备技术有限公司的总经理、董事。

2017年9月6日,长沙市某科技股份有限公司向施某某在上海某流体设备技术有限公司的工作邮箱发送询价邮件,邀请其对伊拉克格拉芙项目所涉的阀门进行报价。9月26日,长沙市某科技股份有限公司再次向施某某的工作邮箱发邮件邀请报价,施某某安排上海某流体设备技术有限公司销售部工作人员刘某某予以跟进。后续,刘某某就西班牙某公司阀门样本简介、资质文件以及价格等与长沙市某科技股份有限公司进一步磋商。

2017年年底,施某某安排刘某某以其实际控制的香港某商贸有限公司参与涉案项目的投标工作,并以提高效率为由向长沙市某科技股份有限公司解释更换投标主体。2018年1月,香港某商贸有限公司与长沙市某科技股份有限公司进行签约,长沙市某科技股份有限公司向香港某商贸有限公司采购西班牙某公司阀门2853台,总价款3133439美元。

2018年2月至3月,施某某通过上海某流体设备技术有限公司相关人员促成西班牙某公司与香港某商贸有限公司签约,涉及西班牙某公司阀门2853台,总价款1910675美元。后续,西班牙某公司安排上海某流体设备技术有限公司共同参与上述合同项下阀门的生产、运输等,并直接向长沙

① 参见上海市青浦区人民法院民事判决书,(2019)沪0118民初17485号。

市某科技股份有限公司指定地点交货。

上海某流体设备技术有限公司认为，施某某利用职务便利，非法谋取原本属于上海某流体设备技术有限公司的商业机会，获得合同差价 122.2764 万美元，故应将该 122.2764 万美元赔偿给原告。被告施某某则认为，系争商业机会系其个人的商业机会，并向上海某流体设备技术有限公司披露，双方共同参与，共同获益，没有损害上海某流体设备技术有限公司利益。

上海市青浦区人民法院于 2021 年 1 月 28 日作出(2019)沪 0118 民初 17485 号民事判决书，判决：被告施某某应于判决生效之日起 10 日内赔偿原告上海某流体设备技术有限公司经济损失 122.2764 万美元。一审判决后生效。

【案例分析】

法院生效裁判认为，本案的争议焦点为：一是长沙市某科技股份有限公司提供的商业机会归属于施某某个人还是上海某流体设备技术有限公司；二是上海某流体设备技术有限公司参与交易是否已构成事实上同意施某某个人利用商业机会。

来自长沙市某科技股份有限公司的业务机会是上海某流体设备技术有限公司的商业机会。上海某流体设备技术有限公司系西班牙某公司在华代理商，案涉商业机会属于其经营范围。涉案业务发生期间，施某某作为上海某流体设备技术有限公司的总经理，对上海某流体设备技术有限公司负有忠实义务，在其履行职务行为过程中营造的商业机会均应属于上海某流体设备技术有限公司所有，且刘某某系上海某流体设备技术有限公司员工，为获取该商业机会上海某流体设备技术有限公司付出了人力及财力成本。长沙市某科技股份有限公司的意向，是与西班牙某公司的中国代理商上海某流体设备技术有限公司合作，并认为香港某商贸有限公司系上海某流体设备技术有限公司的关联公司。

施某某未将商业机会向上海某流体设备技术有限公司如实披露，私自将涉案商业机会安排给香港某商贸有限公司。施某某虽向上海某流体设备技术有限公司披露长沙市某科技股份有限公司需采购西班牙某公司的阀门，但其披露的目的并非履行其总经理职务，使上海某流体设备技术有限公司获得长沙市某科技股份有限公司的商业机会,而是通过上海某流体设备技术有限公司促成西班牙某公司与香港某商贸有限公司签约,以实现其攫取公司商业机会的目的。因此,施某某利用其作为上海某流体设备技术有限公司总经理的职务便利,私自将属于上海某流体设备技术有限公司的商业机会安排给香港某商贸有限公司,损害了上海某流体设备技术有限公司的利益,构成侵权。

综上,董事、高级管理人员未经股东会同意,不得利用职务便利为自己或者他人谋取属于公司的商业机会,自营或者为他人经营与所任职公司同类的业务。在本案中,施某某作为上海某流体设备技术有限公司的总经理、董事,对上海某流体设备技术有限公司负有忠实义务,不得谋取属于上海某流体设备技术有限公司的商业机会是其履行该义务的具体体现。施某某明知涉案业务是上海某流体设备技术有限公司的商业机会,未经股东会同意,私自将该商业机会安排给香港某商贸有限公司,造成上海某流体设备技术有限公司利益损失,其行为构成侵权,应当承担赔偿责任。查明事实反映,涉案业务带来的收益为香港某商贸有限公司 2 份合同差价 122.2764 万美元,故上海市青浦区人民法院依法作出如上裁判。

【风险提示】

在商业机会归属的认定上,应坚持公平原则,综合考虑公司的经营活动范围及其为获取商业机会付出的实质性努力。法院在认定时,首先应明确当事人的职务身份,并采用客观要素分析进行判断。第一,确定公司商业机会的边界。司法审查应从形式和实质两个层面展开:形式上,审查公司登记的经营范围,若商业机会超出登记范围,则需进一步审查公司的实际经营活动;实质上,考察公司在该领域的业务布局及实际运营情况,以确定其是否应享有对该商业机会的保护。第二,考察公司对商业机会的实质性努力。商业机会的归属取决于公司是否为获取该机会投入了人力、财力等资源,或是否通过长期经营积累形成。在审理过程中,需重点明确商业机会的核心资源来源,并判断诸如人力资本、财力、信息渠道等因素对机会的形成是否起到关键作用。第三,考虑机会提供者的交易预期。若机会提供者有明确意向将机会给予特定主体,并有相应证据支持,则该因素可作为判断商业机会归属的依据。实务中,多数机会提供者未明确表态,但若在案证据显示其倾向于特定交易方,则可据此作出认定。

在高管行为是否构成“谋取”的问题上,法院以善意为标准,重点审查其披露的及时性、完全性和有效性,结合有限责任公司高度合意性的特点,重点判断公司是否事实上同意该行为。公司同意的前提是高管履行了如实披露义务,因此需审查其披露动机是否出于善意,以判断其是否遵守忠实义务。第一,披露的及时性。应从理性管理人的角度考察,高管是否在利用商业机会之前就向公司披露,若其在利用商业机会后才向公司披露,除非其能在诉讼中举证其行为未损害公司利益,否则应承担不利后果。第二,披露内容的完全性。高管应真实、准确、完整地向公司披露涉及交易相对方、交易性质及标的等关键信息,不得故意虚构或隐瞒事实。具体认定时,应以普通谨慎人标准衡量其是否尽到勤勉和公正义务。第三,披露的有效性。公司作出的决定必须建立在充分、准确的信息基础上,确保其不是因高管的瑕疵披露或误导性信息而作出错误判断。

董监高利用职务便利谋取公司商业机会存在以下法律风险。董事、高管对公司负有忠实义务,不得未经股东会同意将公司商业机会据为己有或转移至关联方。本案中,施某某作为公司总经理,利用公司资源(如员工、邮箱、客户关系)获取的伊拉克格拉芙项目阀门采购机会,因属于公司经营范围且公司已投入人力、财力,被法院认定为公司商业机会。施某某私自将该机会转移至其控制的香港公司,并隐瞒真实交易差价(122.2764 万美元),构成侵权。即使高管主张“已向公司披露”或“共同参与”,若披露目的非为公司利益(如本案中仅为促成关联方交易),仍可能被认定为违反忠实义务。此外,若第三方误认为关联方为公司代表(如本案中客户误认香港某商贸有限公司为关联企业),将强化法院对“机会归属公司”的认定,进一步加重高管责任。

【律师建议】

为防范法律风险,笔者建议公司采取以下措施。

1. 完善公司治理与合规制度

(1)章程与协议约束。在章程及高管聘任协议中明确禁止利用职务谋取商业机会的行为,并设置高额违约金条款(如获利的三倍)。

(2)商业机会披露机制。要求高管以书面形式及时披露潜在商业机会,并通过股东会/董事会决议明确开发主体(公司或关联方),留存会议记录及表决文件。

2. 规范关联交易程序

(1)股东会表决前置。若需将商业机会转移至关联方,必须经股东会表决(关联股东回避),并披露交易细节(如价格、关联关系)。

(2)价格公允证明。引入第三方评估机构对交易定价出具报告,确保符合市场标准,避免交易被认定为利益输送。

3. 强化业务管控与证据留存

(1)客户沟通渠道管控。禁用个人邮箱、微信处理公务,统一使用公司邮箱及管理系统,定期备份通信记录,如本案中长沙市某科技股份有限公司询价邮件。

(2)合同签署权限限制。规定高管未经董事会批准不得以个人或关联方名义签署与公司业务相关的合同,违者视为无效。

(3)定期审计与法律培训。每季度对高管经手项目进行财务审计,核查是否存在异常资金流向(如差价、关联方付款);每年开展《公司法》忠实义务培训,重点解析商业机会、关联交易等高风险场景,警示法律后果(如赔偿、刑事责任)。

4. 侵权应对策略

(1)证据收集。保存邮件、合同、财务流水等证据链,证明商业机会归属及侵权方获利,如本案中香港某商贸有限公司的合同可证明交易差价。

(2)诉讼主张。依据新《公司法》第188条提起诉讼,主张返还获利或赔偿损失,并申请财产保全,如查封关联方账户、股权。

【法条链接】

《中华人民共和国公司法》(2023年修订)

第一百八十三条　董事、监事、高级管理人员,不得利用职务便利为自己或者他人谋取属于公司的商业机会。但是,有下列情形之一的除外:

(一)向董事会或者股东会报告,并按照公司章程的规定经董事会或者股东会决议通过；

（二）根据法律、行政法规或者公司章程的规定，公司不能利用该商业机会。

第一百八十五条 董事会对本法第一百八十二条至第一百八十四条规定的事项决议时，关联董事不得参与表决，其表决权不计入表决权总数。出席董事会会议的无关联关系董事人数不足三人的，应当将该事项提交股东会审议。

第一百八十六条 董事、监事、高级管理人员违反本法第一百八十一条至第一百八十四条规定所得的收入应当归公司所有。

(五)股东会决议“对投资款支付利息”性质的认定

仪陇县某商贸有限公司诉刘某某、仪陇县供销合作社联合社等损害公司利益责任纠纷案①

【关键词】

公司决议　“对投资款支付利息”　保息分红

【案情简介】

仪陇县某商贸有限公司(以下简称某商贸公司)诉称:因不能清偿到期债务,仪陇县供销合作社联合社(以下简称供销社)于2020年2月向仪陇县人民法院提出破产申请。2020年4月该院裁定受理破产清算,同时指定北京盈科(成都)律师事务所担任管理人。

管理人依法接管某商贸公司印章、证照及财物等资料后,经审计发现刘某某、杜某某、田某某、张某1、张某2、供销社六位股东,存在利用股东身份损害公司利益之行为,在公司亏损的状态下,以“投资款保本付息”的名义取得款项,损害公司利益359685元,违反法律规定。根据《公司法》《企业破产法》等,依法提起诉讼,请求判令六被告共同退还商贸公司财产359685元。

2011年10月10日,某商贸公司经被告供销社发起并依法登记成立,注册资金300万元,公司类型为其他有限责任公司。2013年7月2日,供销社派人参加某商贸公司股东会议,此次股东会议讨论决定将注册资本由300万增加到440万元,增资后的某商贸公司由供销社(出资270万元,占股61.36%)、张某1(出资50万元,占股11.36%)、杜某某(出资50万元,占股11.36%)、张某2(出资30万元,占股6.81%)、田某某(出资20万元,占股4.54%)、刘某某(出资20万元,占股4.54%)共同出资后按比例占有股份。次日在仪陇县工商管理机构办理了变更登记。2013年3月18日,

① 参见四川省仪陇县人民法院民事判决书,(2021)川1324民初1272号。

经某商贸公司股东会议决议,形成了在公司运作经营后股东出资保息的意见,并从2013年4月1日起按月息1.5%计算利息,半年兑现一次。2013年10月30日,股东会议决议支付股东2013年4月1日至2013年9月30日止的股本金利息共计359685元。因此,某商贸公司按照股东出资比例向刘某某支付股金利息14120元、向田某某支付股金利息18000元、向杜某某支付股金利息42600元、向张某1支付股金利息45550元、向张某2支付股金利息27000元、向供销社支付股金利息212415元。

四川省仪陇县人民法院于2021年4月20日作出(2021)川1324民初1272号民事判决:(1)被告杜某某返还原告某商贸公司42600元;(2)被告张某1返还原告某商贸公司45550元;(3)被告张某2返还原告某商贸公司27000元;(4)被告田某某返还原告某商贸公司18000元;(5)被告刘某某返还原告某商贸公司14120元;(6)被告供销社返还原告某商贸有限公司212415元。

【案例分析】

法院认为,各被告作为公司股东,按照公司章程投资入股系其法定义务,其缴纳的股本金到达公司账户后其所有权归公司所有,股东仅可以据此享受法律规定的股东权益。本案各被告利用股东身份擅自决定按照出资比例支付股本利息的行为违反了2018年《公司法》第20条的规定。对于供销社就本案诉讼时效的主张,因各被告的侵权行为系在某商贸公司破产管理人清产核资时才发现,故本案的诉讼时效应从破产管理人发现各被告侵权的实际时间即2020年审计结果的时间开始计算,因而本案的诉讼请求没有超过法律规定的诉讼时效期间。就供销社主张债权债务抵销的问题,因其在本案中系侵害某商贸公司利益而产生的债务,根据《最高人民法院关于适用〈中华人民共和国企业破产法〉若干问题的规定(二)》第46条之规定依法不予支持。杜某某、张某1、田某某、张某2等共同辩称其因供销社承诺保息分红才入股,并提交了《中华全国供销合作总社关于印发〈供销合作社股金管理办法〉的通知》(供销合字〔1996〕第21号)拟证明保息分红的合法性,因该规范文件针对的对象系全国供销社系统,而非供销社依法设立的其他组织,而本案某商贸公司系供销社与其余被告共同出资设立的有限责任公司，故对被告就本案保息分红具有合法性的主张不予支持。

综上，各被告在某商贸公司没有盈利的情况下以保息分红的方式分配利益违反了2018年《公司法》第20条的规定，原告要求六被告共同退还原告现金359685元的诉讼请求于法有据，依法予以支持。

【风险提示】

公司成立后，股东会作出的“对投资款按月支付利息”决议，表面上属于公司自治范畴，体现了股东对公司财务事项的自主决定权，但其实质却涉及《最高人民法院关于适用〈中华人民共和国公司法〉若干问题的规定（三）》第12条第4项所界定的“其他未经法定程序将出资抽回的行为”，属于变相“抽逃出资”。这一行为不仅直接减少了公司的资产总额，损害了公司财产的完整性，还可能削弱公司的偿债能力，影响债权人的利益，使公司承担不必要的财务负担。因此，该股东会决议虽形式上合法，但实质上违反了资本维持原则，损害了公司和债权人的合法权益，依据法律规定，公司已支付的利息应当依法予以返还，以防止出资人滥用公司治理权利规避法律责任。从本案出发，笔者总结出以下法律风险。

1. 保息分红违反资本维持原则的法律风险

公司分配利润必须遵循“弥补亏损→提取法定公积金→分配税后利润”的法定程序。本案中，某商贸公司在亏损状态下通过股东会决议对股东投资款按月息1.5%支付利息（保息分红），实质是变相抽逃出资或违法分配公司资产，违反资本维持原则，被法院认定为损害公司利益的行为，股东需全额返还资金，故判决六股东合计返还359685元。即使股东会决议经全体股东一致通过，若内容违反法律强制性规定（如强制资本维持原则），其仍无效。

2. 控股股东滥用控制权的连带责任风险

控股股东（如本案中的供销社）若主导通过违法分红决议，可能被认定为滥用股东权利，需与其他股东承担连带返还责任。即使控股股东辩称“保息分红”系行业惯例（如援引供销社系统文件），但因公司性质为独立法人，行业规范不具直接适用性，法院仍可能认定其行为违法。

3. 破产程序中违法分配的追索风险

公司进入破产程序后，管理人有权依据《企业破产法》第 32 条、第 34 条追索破产受理前 6 个月内或更早的违法分配款项。本案中，管理人通过审计发现保息分红行为后提起诉讼，法院明确诉讼时效自管理人发现侵权行为时（2020 年审计结果出具时）起算，股东无法主张诉讼时效抗辩。此外，根据《最高人民法院关于适用〈中华人民共和国企业破产法〉若干问题的规定（二）》第 46 条的规定，股东因损害公司利益形成的债务不得与对公司享有的债权抵销，进一步限制股东的抗辩空间。

4. 股东权益与债权性质的混淆风险

股东投资款的本质为股权出资，股东仅能通过利润分配、剩余财产分配等法定方式获取收益。若股东会决议将投资款约定为“保本付息”，该股权可能被认定为名为股权、实为债权，导致股东丧失有限责任保护，如被要求以个人财产补足出资，甚至触发抽逃出资责任。

【律师建议】

保息分红需严格区分股权与债权性质，股东会决议不得突破资本维持原则；破产程序中管理人追索违法分配款项具有绝对优先性，股东应通过合规借款、完善章程等方式提前防范风险。结合“风险提示”中所涉及的法律风险，笔者将提出以下具体法律建议。

1. 合规利润分配机制

（1）严格遵循法定程序。仅在弥补亏损、提取法定公积金后分配税后利润，避免在公司亏损或未提取公积金时以“利息”“保本”等名义分配资金。

（2）明确资金性质。若需向股东支付资金，应区分股权与债权性质。例如，股东可另行与公司签订书面借款协议，约定利息及还款期限，并确保公司具备偿债能力，避免被认定为变相分红（需保存借款合同、资金用途证明、利息支付凭证等证据）。

2. 审慎制定股东会决议

（1）内容合法性审查。决议内容不得违反资本维持原则及禁止抽逃出资规定。涉及“保息”条款时，应聘请律师对条款性质（股权收益或债权利息）进行专项审查，避免混淆。

（2）程序合规性。确保决议召集程序、表决方式符合章程及《公司法》规定，避免决议因程序瑕疵被撤销。

3. 破产风险防范与应对

（1）提前自查整改。公司经营困难时，应主动核查历史分配行为，对可能被认定为违法的保息分红款项及时协商返还，避免破产后被追索。

（2）配合管理人审计。进入破产程序后，股东需配合管理人提供财务资料，对争议款项主动说明性质（如借款利息），并留存合同等证据抗辩。

4. 诉讼策略与抗辩要点

（1）主张借款关系。若款项确为借款，股东需提交书面合同、资金流向证据（如银行流水标注“借款”）、利息支付合规性（如未超过贷款市场报价利率的四倍）等，避免被认定为违法分红。

（2）援引行业惯例的例外。若行业存在特殊分红规则（如供销社系统），应提前在章程中明确约定并办理工商备案，确保其合法性。

【法条链接】

《中华人民共和国公司法》（2023 年修订）

第二十一条　公司股东应当遵守法律、行政法规和公司章程，依法行使股东权利，不得滥用股东权利损害公司或者其他股东的利益。

公司股东滥用股东权利给公司或者其他股东造成损失的，应当承担赔偿责任。

第一百七十九条　董事、监事、高级管理人员应当遵守法律、行政法规和公司章程。

第一百八十条　董事、监事、高级管理人员对公司负有忠实义务，应当采取措施避免自身利益与公司利益冲突，不得利用职权牟取不正当利益。

董事、监事、高级管理人员对公司负有勤勉义务，执行职务应当为公司的最大利益尽到管理者通常应有的合理注意。

公司的控股股东、实际控制人不担任公司董事但实际执行公司事务的，适用前两款规定。

第一百八十一条　董事、监事、高级管理人员不得有下列行为：

（一）侵占公司财产、挪用公司资金；

（二）将公司资金以其个人名义或者以其他个人名义开立账户存储；

（三）利用职权贿赂或者收受其他非法收入；

（四）接受他人与公司交易的佣金归为己有；

（五）擅自披露公司秘密；

（六）违反对公司忠实义务的其他行为。

第一百八十八条 董事、监事、高级管理人员执行职务违反法律、行政法规或者公司章程的规定，给公司造成损失的，应当承担赔偿责任。

（六）公司决议效力的审查标准

李某某诉上海某某公司公司决议撤销纠纷案[①]

【关键词】

公司决议　决议撤销　司法审查范围

【案情简介】

原告李某某诉称：被告上海某某公司免除其总经理职务的决议所依据的事实和理由不成立，且董事会的召集程序、表决方式及决议内容均违反了公司法的规定，请求法院依法撤销该董事会决议。被告上海某某公司辩称：董事会的召集程序、表决方式及决议内容均符合法律和章程的规定，故董事会决议有效。

法院经审理查明：原告李某某系被告上海某某公司的股东，并担任总经理。上海某某公司股权结构为：葛某某持股40%，李某某持股46%，王某某持股14%。三位股东共同组成董事会，由葛某某担任董事长，另两人为董事。公司章程规定：董事会行使包括聘任或者解聘公司经理等职权；董事会须由2/3以上的董事出席方才有效；董事会对所议事项作出的决定应由占全体股东2/3以上的董事表决通过方才有效。2009年7月18日，上海某某公司董事长葛某某召集并主持董事会，三位董事均出席，会议形成了“鉴于总经理李某某不经董事会同意私自动用公司资金在二级市场炒股，造成巨大损失，现免去其总经理职务，即日生效”等内容的决议。该决议由葛某某、王某某及监事签名，李某某未在该决议上签名。

上海市黄浦区人民法院于2010年2月5日作出（2009）黄民二（商）初字第4569号民事判决：撤销被告上海某某公司于2009年7月18日形成的董事会决议。宣判后，上海某某公司提出上诉。上海市第二中级人民法院于2010年6月4日作出（2010）沪二中民四（商）终字第436号民事判决：

① 参见上海市第二中级人民法院民事判决书，（2010）沪二中民四（商）终字第436号。

(1)撤销上海市黄浦区人民法院(2009)黄民二(商)初字第4569号民事判决;(2)驳回李某某的诉讼请求。

【案例分析】

二审法院认为,“总经理李某某不经董事会同意私自动用公司资金在二级市场炒股,造成巨大损失,现免去其总经理职务”这一董事会决议是否撤销,须依据《公司法》第22条第2款的相关规定进行审查。该条款规定了判断董事会决议是否可撤销的事由包括:(1)召集程序是否违反法律、行政法规或公司章程;(2)表决方式是否违反法律、行政法规或公司章程;(3)决议内容是否违反公司章程。上海某某公司公司章程规定,股东会会议由董事长召集和主持。2009年7月18日董事会由董事长葛某某召集,李某某参加了该次董事会,故该次董事会的召集程序并未违反法定程序;上海某某公司章程规定,对所议事项作出的决定应由占全体股东2/3以上的董事表决通过方为有效。因上海某某公司的股东、董事均为三名且人员相同,2009年7月18日决议由三名董事中的两名董事表决通过,在表决方式上未违反公司章程的规定。因此,二审法院认定2009年7月18日董事会决议在召集程序、表决方式上不符合应予撤销的要件,应认定为合法有效。

上海某某公司和李某某二审中对本案的争议焦点在于董事会决议免去李某某总经理职务的理由即“总经理李某某不经董事会同意私自动用公司资金在二级市场炒股,造成巨大损失”是否属实,如果该事实不成立,是否足以导致董事会决议被撤销?即原审判决是否应当对导致李某某被免职理由所依据的事实进行实体审查,该事实的成立与否是否足以影响董事会决议的效力。对此,二审法院认为:首先,从公司法的立法本意来看,对公司行为的规制着重体现在程序上,原则上不介入公司内部事务,最大限度赋予公司内部自治的权利,只要公司董事会决议在召集程序、表决方式、决议内容上不违反法律、行政法规或公司章程,即可认定为有效。从上海某某公司的公司章程来看,其规定了董事会有权解聘公司经理,对董事会行使这一权利未作任何限制性规定,即未规定必须“有因”解聘经理。因此,上海某某公司董事会行使公司章程赋予其的权利,在召集程序、表决方式符合公司法和决议内容不违反公司章程的前提下"无因"作出的聘任或解聘总经理的决议,均应认定为有效。其次,从董事会决议内容分析,"总经理李某某不经董事会同意私自动用公司资金在二级市场炒股,造成巨大损失"是上海某某公司董事会对解聘总经理职务行为列出的理由,这一理由仅是对董事会为何解聘李某某总经理职务作出的"有因"陈述,该陈述内容本身不违反公司章程,也不具有执行力。李某某是否存在不经董事会同意私自动用公司资金在二级市场炒股,造成巨大损失这一事实,不应影响董事会决议的有效性。因此,原审法院对"李某某不经董事会同意私自动用公司资金在二级市场炒股,造成巨大损失"这一事实是否存在进行了事实审查,并以该事实存在重大偏差,在该事实基础上形成的董事会决议缺乏事实及法律依据为由撤销董事会决议不符合《公司法》第 22 条第 2 款之规定,二审法院对该节事实是否存在不予审查与认定。但如果李某某认为董事会免去其总经理职务的理由侵害其民事权益,可另行通过其他途径主张自己的权益。

综上所述,上海某某公司的上诉请求二审法予以支持。原审法院判决适用法律错误,应予改判。

【风险提示】

1. 程序合法性为决议效力的核心审查标准

公司决议,包括股东(大)会决议和董事会决议,体现公司意思自治,原则上不受司法干预。当决议存在瑕疵时,《公司法》第 26 条允许股东提起决议无效或撤销之诉。决议可撤销的情形包括:(1)召集程序违法,如召集人不适格、通知方式或期限不符规定;(2)表决方式违法,如未达法定表决比例、投票主体不具资格或表决受不当干扰;(3)决议内容违反章程。由此可知,法院对公司决议的审查范围仅限于召集程序、表决方式及决议内容是否违反法律、行政法规或公司章程,不审查决议所依据的事实真实性。本案中,董事会以"李某某私自动用资金炒股造成损失"为由解聘其总经理职务,但法院明确表示该理由仅为陈述性内容,不具执行力,其真实性不影响决议效力。因此,公司决议的效力高度依赖于程序合规性,而非事实依据的准确性。

2."无因解聘"的合法性风险

若公司章程未明确限制董事会解聘高管需"有因",如本案中章程未规定解聘经理需具体理由,董事会可依据"无因解聘"原则解除高管职务。但若高管认为解聘理由侵害其名誉权或构成违约(如劳动合同约定解聘需特定事由),可能引发其他法律纠纷(如名誉权纠纷、劳动争议)。

3.章程规定模糊导致的争议风险

若公司章程对董事会职权、表决规则等规定不明确(如未明确解聘高管是否需要"有因"、表决比例是否含全体股东或出席会议股东等),可能因解释分歧导致决议效力争议。例如,本案中章程规定"全体股东 2/3 以上董事表决通过",但未明确是否需全体董事的 2/3 或出席会议董事的 2/3 以上表决通过,易引发程序瑕疵争议。

4.高管权益救济途径受限

高管若仅以决议事实依据不实为由主张撤销决议,可能因超出司法审查范围而败诉。此时需另行通过劳动仲裁、侵权诉讼等途径主张权利,增加维权成本。

【律师建议】

针对上述风险,笔者提出以下法律建议。

1.确保决议程序合法合规

(1)严格遵循章程规定。董事会召集程序(如提前通知期限、召集人资格)、决议表决方式(如表决权比例计算)必须与章程一致。例如,本案中董事会由董事长召集、决议表决比例符合章程要求,程序合法。

(2)规范会议记录与文件留存。留存会议通知、签到表、表决票、决议文本等全套文件,必要时进行公证或律师见证,以应对未来诉讼中的程序性质证。

2.优化公司章程条款

(1)明确解聘高管的规则。若允许"无因解聘",应在章程中明确董事会可"无理由"解聘高管,如规定"董事会可随时解聘总经理,无须说明理由";若要求"有因解聘",需列明具体事由,如"重大过失、违反忠实义务",并配套规定举证责任条款。

(2)细化表决规则。如明确“全体股东2/3以上董事”是否指全体董事的2/3(如3名董事中需2人同意)或出席会议董事的2/3,避免解释分歧。

3.避免决议内容引发额外争议

(1)减少事实性陈述。决议中尽量不列明解聘理由,如“因个人原因不再适合担任职务”,或仅作概括性表述,避免因事实争议引发诉讼。

(2)区分“解聘决议”与“责任追究”。若需追究高管责任(如赔偿损失),应另行通过股东代表诉讼或协商解决,而非在解聘决议中直接载明责任认定。

4.高管权益保护策略

(1)劳动合同与章程衔接。高管可在劳动合同中约定“解聘需特定事由”(如“严重失职”),并设置违约金条款。若公司无因解聘,可依据劳动合同主张违约赔偿。

(2)及时固定证据。高管若认为解聘决议理由不实且构成诽谤,应保存微信记录、邮件等证据,通过名誉权诉讼维权。

5.争议解决路径选择

(1)程序瑕疵诉讼。若决议存在召集或表决程序问题(如未提前通知、表决比例不足),可依据《公司法》第26条提起撤销之诉。

(2)另行主张民事赔偿。若决议理由不实且造成损害(如名誉损失、就业障碍),可单独提起侵权之诉,要求公司及责任人赔偿。

【法条链接】

《中华人民共和国公司法》(2023年修订)

第二十六条　公司股东会、董事会的会议召集程序、表决方式违反法律、行政法规或者公司章程,或者决议内容违反公司章程的,股东自决议作出之日起六十日内,可以请求人民法院撤销。但是,股东会、董事会的会议召集程序或者表决方式仅有轻微瑕疵,对决议未产生实质影响的除外。

未被通知参加股东会会议的股东自知道或者应当知道股东会决议作出之日起六十日内,可以请求人民法院撤销;自决议作出之日起一年内没有行使撤销权的,撤销权消灭。

（七）关联公司间人格混同的认定

江西安发达酒业有限公司、中国农业银行股份有限公司福州鼓楼支行股东损害公司债权人利益责任纠纷案[①]

【关键词】

关联公司　人格混同　债务逃避　连带清偿责任

【案情简介】

2005年10月17日，福建省高级人民法院（2005）闽民初字第14号民事判决书裁定，绿得公司需偿还农行鼓楼支行借款本金3000万元及利息，且该判决书已生效。随后，2005年11月4日，福建省高级人民法院（2005）闽民初字第15号民事判决书再度裁定绿得公司偿还农行鼓楼支行借款本金10740万元及利息，该判决也已生效。2019年内，关于闽越花雕公司的股份转让情况，申银万国证券股份有限公司发布公告，因其第一大股东北京鑫轮明月贸易有限公司进行清算，其持有的闽越花雕公司全部股份（21492042股）被安发达公司承接，二者之间系关联企业。胜龙公司的企业信用信息显示，其股东为陈某根和陈某恩，执行董事为陈某根，监事为陈某。胜龙公司原名为上海福建神龙企业集团有限公司。根据闽越花雕公司2004年的年度报告，董事长纪某华同时担任胜龙公司董事局执行副主席，董事长叶某湘和董事陈某分别担任胜龙公司董事局成员及财务总监。这一系列情况表明，闽越花雕公司与胜龙公司之间存在董事、监事和高管交叉任职的现象。

进一步的公告显示，陈某恩和陈某根为胜龙公司和闽越花雕公司的实际控制人，并确认这两家公司之间存在关联关系。闽越花雕公司持有绿得公司37.59%的股权，也构成了关联企业。在绿得公司企业信用信息中，纪

---

① 参见最高人民法院民事判决书，（2019）最高法民终20号。

某华为其监事，吴某康和陈某根亦为董事，反映出二者之间高度交叉的管理结构。经查，绿得公司与闽越花雕公司之间存在显著的董事及监事交叉任职和人员混同的情况。

在后续的法律程序中，抚州市中级人民法院(2016)赣10民再3号和(2016)赣10民再4号民事判决书认定：第一，绿得公司、胜龙公司和安发达公司之间存在共同利益关系和人员混同；第二，三家公司之间恶意串通，虚构投资合作法律关系，通过实际控制人运作，达到资产混同目的；第三，三家公司通过两个虚假诉讼案件，以虚构债务为目的提起诉讼，借此骗取法院出具生效的法律文书，再进入强制执行程序，以逃避债务并转移资产；第四，在执行阶段，绿得公司和胜龙公司主动提供财产线索，并以极低于资产实际价值的价格抵偿给安发达公司；第五，安发达公司在取得绿得公司和胜龙公司的抵债不动产后，三个月内部分不动产的征收补偿金额高达23399万元，其却放弃了征收补偿的所有权利，行为与其诉讼目的相悖。在执行过程中，安发达公司与绿得公司经由虚假诉讼恶意串通，绿得公司于2014年10月14日将位于福建省福州市工业路418号的房产过户至安发达公司名下，安发达公司在此后不久即于10月30日将该房产转移至福州滨海公司名下。

法院判决，安发达公司与绿得公司、胜龙公司之间存在法人人格混同，安发达公司应对绿得公司债务承担连带清偿责任。

【案例分析】

法院认为，安发达公司与绿得公司、胜龙公司之间存在关联关系。根据抚州市中级人民法院(2016)赣10民再3号判决书的结果，该判决通过对安发达公司设立过程、高管交叉任职和持股情况的综合认定，确认神龙国际公司、安发达公司和胜龙公司均由陈某根实际控制，属于关联公司。安发达公司未能提供证据推翻该生效判决，因此应予以确认，认定这三家公司是同一实际控制人陈某根控制的关联公司。进一步根据抚州市中级人民法院(2016)赣10民再4号判决书的结果，胜龙公司收购了福州幸运股份有限公司的全部国有股并更名为绿得公司。目前，绿得公司的主要股东包括神龙国际公司、闽越花雕公司和胜龙公司。此外，闽越花雕公司公告显示陈某根和陈某恩也是该公司的实际控制人,这表明绿得公司的主要股东均为陈某根实际控制的公司。因此,安发达公司、绿得公司和胜龙公司均属于陈某根控制的关联公司。

此外,这三家公司通过不当方式将巨额资产转移至安发达公司。根据上述两份判决书查明的事实,这三家公司以虚假的投资合作法律关系向法院提起诉讼,并达成和解协议,获取民事调解书。通过强制执行和以物抵债的协议,它们将胜龙公司的工业划拨用地及绿得公司在福州市的8254.93平方米房产等资产转移至安发达公司名下。这些虚假诉讼行为导致绿得公司和胜龙公司的巨额资产被转移至安发达公司,构成关联公司之间的财产混同。2008年2月15日,神龙国际公司发布的通知载明"鉴于福州绿得饮料厂的设备长期闲置,江西南丰项目饮料生产线需尽快投产,决定将福州绿得饮料厂的设备迁至江西南丰项目使用"。在安发达公司二审庭审中,该公司确认绿得公司曾无偿将生产设备提供给安发达公司。因此,陈某根实际控制的神龙国际公司仅凭内部文件即可无偿使用绿得公司的生产线,且未作财务账册记录,这也构成两公司之间的财产混同。

依据以上查明的事实,法院认定,安发达公司、胜龙公司和绿得公司均由陈某根等实际控制,形成同一利益主体。在陈某根的控制下,面对胜龙公司和绿得公司的巨额负债,这三家公司通过虚假诉讼的方式将胜龙公司和绿得公司的巨额资产转移至安发达公司。安发达公司、胜龙公司和绿得公司缺乏独立的意志,无法形成独立的人格,其法人身份成为实际控制人恶意转移资产以逃避胜龙公司和绿得公司的巨额债务的工具,严重损害了债权人的利益。这一行为违反了法人制度设立的宗旨和诚实信用原则,行为性质和危害后果与《公司法》第20条第3款规定的情形相当,因此,依据《公司法》第20条第3款的规定,安发达公司应对胜龙公司和绿得公司的债务承担连带清偿责任。

【风险提示】

新《公司法》第23条第2款是《公司法》新增加的条款,从法律层面确立了"横向人格否认"制度,将债权人主张法人人格否认的对象扩展至关联公司。法人人格否认所带来的法律后果,体现为否认法人人格、股东不以出资额为限对公司债务承担有限责任。具体到横向法人人格否认制度，依据《公司法》第 23 条第 2 款规定构成公司法人人格横向否认的，各公司应当对任一公司的债务承担连带责任。从本案出发，笔者总结出以下法律风险。

1. 关联公司人格混同的法律风险

若关联公司之间存在高管交叉任职（如董事、监事、财务负责人等交叉任职），可能被认定为人格混同。本案中，闽越花雕公司、胜龙公司与绿得公司的高管高度交叉，法院据此认定其人格混同。若关联公司之间资产无偿转移、资金混同使用或财务账册不清，可能被认定为财产混同。本案中，绿得公司将生产线无偿提供给安发达公司使用，且未作财务记录，构成财产混同。若关联公司之间业务高度重叠（如共用生产线、客户资源），可能被认定为业务混同。本案中，绿得公司与安发达公司共用生产线，存在业务混同，进一步佐证了人格混同的认定。

2. 虚假诉讼与资产转移的风险

通过虚假诉讼转移资产以逃避债务的行为，不仅可能导致法人人格混同的认定，还可能面临刑事追责（如虚假诉讼罪）。本案中，三家公司通过虚假诉讼将绿得公司和胜龙公司的资产转移至安发达公司，严重损害债权人利益，最终被法院认定为恶意串通。若关联公司通过复杂交易（如低价转让、以物抵债）转移资产，债权人可能难以发现。本案中，安发达公司以极低价格取得绿得公司和胜龙公司的不动产，并在短期内放弃征收补偿权利，行为异常，最终其行为被法院认定为恶意转移资产。

3. 债权人利益受损的追偿风险

若关联公司被认定为人格混同，债权人可要求关联公司承担连带清偿责任。本案中，农行鼓楼支行通过诉讼成功追偿，但若债权人未能及时发现资产转移行为，可能面临追偿困难。债权人需提供充分证据证明关联公司之间存在人格混同情形及恶意转移资产行为，若证据不足，可能无法主张连带责任。

【律师建议】

法人人格混同的本质即公司、企业等法律意义上的独立主体成为部分股东、实际控制人谋取私利的一种工具,使公司丧失独立意思表示,处于支配地位。公司对外无法区分公司与股东的独立资产,公司与股东关系无法厘清,影响公司的日常对外经营。在公司内部,存在公司与股东之间的财产混同,财产权属不明、资金往来用途不清、资产随意占用挪用等严重的管理问题,严重侵害其他中小股东的权益,阻碍公司的长期健康发展。人员、资产、财务、机构、业务五方面的独立性是影响企业持续盈利能力的核心因素,也是监管部门对于企业首次发行并上市、上市公司再融资及上市公司日常治理的主要审核或监管要点之一。结合上述法律风险,笔者在此给出以下建议。

1. 对关联公司的合规建议

(1)保持独立性。避免高管交叉任职,确保各公司管理层独立运作;建立独立的财务账册,确保资金往来清晰可查,避免资产无偿转移;明确各公司业务范围,避免共用生产线、客户资源等。

(2)规范资产转移程序。若需在关联公司间转移资产,应签订书面协议并支付合理对价,确保交易真实合法,避免被认定为财产混同。

(3)避免虚假诉讼。不得通过虚假诉讼转移资产或逃避债务,否则可能面临民事连带责任及刑事追责。

2. 对债权人的风险防范建议

(1)尽职调查。在交易前对债务人的关联公司进行尽职调查,排查是否存在人格混同风险(如高管交叉、资产转移)。

(2)资产保全。若发现债务人存在资产转移行为,应及时申请财产保全,并通过诉讼主张关联公司承担连带责任。

(3)证据收集。保留债务人及其关联公司的财务记录、交易合同、诉讼文件等,以便在诉讼中证明人格混同及恶意转移资产行为。

3. 诉讼策略与证据管理

(1)请求权基础选择。债权人可依据《公司法》第23条第3款主张关联公司人格混同,要求其承担连带清偿责任。

(2)举证重点。提交高管任职记录、股东名册等,证明关联公司高管交叉任职;提供资产转移协议、财务账册等,证明资产无偿转移或低价交易;

提交诉讼文件、和解协议等，证明高管通过虚假诉讼转移资产。

(3)诉讼请求的精细化。若无法证明全部人格混同，可主张部分连带责任，避免因举证不足被全部驳回。

【法条链接】

《中华人民共和国公司法》(2023 年修订)

第二十三条　公司股东滥用公司法人独立地位和股东有限责任，逃避债务，严重损害公司债权人利益的，应当对公司债务承担连带责任。

股东利用其控制的两个以上公司实施前款规定行为的，各公司应当对任一公司的债务承担连带责任。

只有一个股东的公司，股东不能证明公司财产独立于股东自己的财产的，应当对公司债务承担连带责任。

(八)异议股东回购请求权中“公司转让主要财产”的认定标准

上海某实业公司诉上海某房地产公司等请求公司收购股份纠纷案[①]

【关键词】

公司决议　转让主要财产　股份收购

【案情简介】

上海某房地产公司原股东情况为上海某实业公司持股10%,第三人上海某置业公司持股90%。上海某实业公司于2016年10月前为第三人上海某置业公司的控股股东,之后转让了其持有的全部股份。2018年8月,第三人上海某置业公司将其持有的上海某房地产公司90%的股权转让给了其新设的全资子公司即第三人上海某发展公司,上海某实业公司持股10%不变。上海某房地产公司章程明确股东会行使下列职权:决定公司的经营方针和投资计划等。

2018年9月21日,第三人上海某置业公司召开股东大会,审议通过决议并发布公告:出售上海某房地产公司所有的上海市某大厦101、102、201、301、401、1301、1901、2001室房产,建筑面积为7118.15平方米。上海某房地产公司于2018年9月在资产负债表中将上述房产由投资性房产调整记载为存货,在未召开公司股东会的情况下,于2018年9月28日转让了上述房产,转让价共计132397589.63元(含税)。第三人上海某置业公司于2018年11月14日公告,出售房产的款项已于2018年11月12日履行完毕。

上海某房地产公司经营范围包括房地产开发经营、建筑装潢材料。

① 参见上海市第二中级人民法院民事判决书,(2020)沪02民终2746号。

2016 年 9 月，在上海某实业公司作为第三人上海某置业公司、上海某房地产公司实际控制人期间，上海某房地产公司未经股东会决议，出售了某大厦 9384.32 平方米房产，案涉房产为该次出售后剩余的房产。2017 年上海某房地产公司营业收入 8592943.23 元，其中租金收入 6820000 元，当时上海某房地产公司在某大厦的房产的出租率约 90%。2018 年上海某房地产公司营业收入 132131906.67 元。2018 年 9 月 30 日，上海某房地产公司委托某资产评估有限公司对其资产作评估，评估报告确认上海某房地产公司总资产 296064800 元，总负债 30510700 元，所有者权益 265554000 元，转让房产可变现价值 78610000 元（不含税费 53790600 元）。2019 年上半年上海某房地产公司的营业收入为 198521.14 元。2019 年 9 月 19 日，上海某房地产公司账上有资金 98805479.44 元。上海某房地产公司出售案涉房产后继续经营房屋租赁业务。

2019 年 3 月 6 日，上海某实业公司向上海某房地产公司经营地寄送要求上海某房地产公司收购股权的函，由其前台签收。

上海市静安区人民法院于 2020 年 2 月 26 日作出（2019）沪 0106 民初 15563 号民事判决，判决：驳回原告上海某实业公司的诉讼请求。宣判后，上海某实业公司提起上诉，上海市第二中级人民法院于 2020 年 5 月 29 日作出（2020）沪 02 民终 2746 号民事判决，判决：驳回上诉，维持原判。

【案例分析】

法院认为，本案涉及以下争议焦点。

1. 上海某房地产公司出售案涉房产是否应当经过股东会表决

上海某房地产公司章程规定股东会的职权包括决定公司的经营方针和投资计划等。因此案涉房产转让应由上海某房地产公司股东会进行讨论，理由如下：第一，上海某房地产公司原来的经营方式以自有房产出租为主，其出售房产后，转为以转租方式经营，相较于原有的经营方式发生了重大的变化。上海某房地产公司出售房产的行为符合经营方针转变的评价标准。第二，上海某房地产公司原将案涉房产记载为投资性房产，从持有变为出售就是对投资计划的变更。第三，从小股东权利保护角度来看，作为房产实际所有人的上海某房地产公司的小股东上海某实业公司应有权参与讨论表决。因此,上海某房地产公司转让公司案涉房产的事项符合上海某房地产公司关于股东会职权的相关规定,应当提交股东会讨论表决。

2. 上海某房地产公司出售房产是否属于转让2018年《公司法》第161条所规定的主要财产

判断是否属于公司法意义上的公司主要财产,应当以转让财产是否导致公司发生根本性变化,即对公司的设立目的、存续等产生实质性影响,作为判断的主要标准,以转让财产价值占公司资产的比重、转让的财产对公司正常经营和盈利的影响作为辅助性判断依据。从本案来看,上海某房地产公司转让房产的行为尚未达到造成公司产生根本性变化的程度:首先,从转让房产价值占比角度来看,上海某房地产公司转让的房产价值占其实有资产价值的比重尚未达到50%,故认定其为公司法意义上的公司主要财产,依据尚不够充分。其次,从公司是否正常经营角度来看,上海某房地产公司转让房产的行为实际上是一次性兑现收益还是分期实现收益的商业判断问题,上海某房地产公司仍可以将转让房产所得收益用于投资经营。上海某实业公司对房产转让价格也未提出异议,因此不能就此认为公司利益受损、经营不可持续。最后,从上海某房地产公司设立目的来看,上海某房地产公司章程从未将公司经营业务范围限定为从事自有房产的出租业务这一项,且上海某实业公司在作为上海某房地产公司实际控制人期间也曾出售房产获取大量资金,因此上海某房地产公司此次转让房产的行为不能被认定为违背公司设立的目的。上海某房地产公司因此次房产出售发生的变化尚未达到根本性的变化。综上,法院认为,上海某房地产公司转让房产的行为并不足以被认定为公司法意义上的转让公司主要财产,上海某实业公司不能据此产生要求公司收购股权的权利。

综上所述,本案中上海某实业公司主张异议股东收购请求权,法律依据并不充分,法院难以支持。

【风险提示】

判断某一财产是否构成公司法意义上的公司主要财产,法院将综合以下几个方面进行考量:一是转让财产的价值占公司总资产的比重,二是该财产对公司正常运营和盈利能力的影响,三是转让是否引发公司根本性变化。其中,是否导致公司发生根本性变化,如对公司设立目的、存续状态等产生实质性影响,应作为核心判断标准,其他因素则作为辅助参考。从本案出发,笔者总结出以下法律风险。

1."转让主要财产"的认定标准应综合多重因素

法院判断转让财产行为是否构成《公司法》第161条规定的"转让主要财产",以转让行为是否导致公司设立目的、存续或正常经营发生根本性变化为核心标准。本案中,上海某房地产公司虽转让价值约7800万元的房产(占公司总资产的26.5%),但公司仍可继续经营房屋租赁业务(从自有房产出租转为转租模式),且章程未限定该公司的经营范围为自有房产出租,故法院认定不构成"主要财产"转让。法院还将参考转让资产价值占公司总资产的比例(如是否超过50%)、对盈利能力的影响,如是否导致收入断崖式下降等辅助标准。本案中,转让房产价值占比未达50%,且公司2018年通过转让获得大额资金(1.32亿元),后续账上仍留存近亿元资金,法院认为转让行为的结果未产生根本性经营影响。

2.股东会表决程序风险

若公司章程明确股东会职权包含决定经营方针、投资计划等事项,即使转让资产不构成"主要财产",但若行为实质改变经营模式,如本案中从自有房产出租转为转租,仍需提交股东会表决,否则可能因程序瑕疵而被小股东起诉。本案公司实际控制人曾主导同类交易(如2016年出售房产)但未履行表决程序,可能被认定为损害小股东知情权和表决权,引发后续纠纷。

3.举证责任

若股东主张转让损害公司利益,公司需提供资产评估报告(如本案中房产变现价值与税费计算)、资金用途说明(如转让所得用于后续经营)等证据,证明转让行为符合商业判断原则。异议股东若主张构成"主要财产"转让,需举证证明转让导致公司经营不可持续或严重偏离设立目的,否则可能因证据不足而败诉(如本案原告未能证明公司经营能力受损)。

【律师建议】

针对上述法律风险,笔者提出以下法律建议。

1. 对公司管理层的操作指引

(1)审慎评估转让行为的双重标准。量化分析:在资产转让前,委托第三方机构评估资产的价值占比(如占净资产、总资产比例)、对收入贡献度(如租金收入占比变化),避免价值接近50%的"高危线"。质性分析:分析转让是否改变公司主营业务(如从持有资产转为轻资产运营)、是否影响公司持续盈利能力(如转让后是否缺乏替代性收入来源)。

(2)严格遵守章程与股东会程序。若章程规定经营方针变更需股东会表决,即使转让资产未达"主要财产"标准,也应召开股东会讨论并留存会议记录,防范程序瑕疵风险。对历史同类交易进行程序合规性自查,避免被股东质疑选择性执行表决规则。

(3)完善交易文件与资金管理。保留资产评估报告、交易合同、资金到账凭证等文件,明确转让收益用途,以佐证交易正当性。避免短期内大额资金闲置,可通过股东会决议明确资金使用计划,降低"损害公司利益"风险。

2. 对股东的争议解决策略

(1)异议股东权利行使条件。异议股东若认为转让行为构成"转让主要财产",需在股东会决议通过后60日内书面请求公司收购股份,并证明以下任一情形:①资产价值占比超过50%且公司未提供合理补偿方案;②转让导致公司经营模式发生根本性变化。本案中原告2019年3月发函主张权利,但法院认为其未满足法定条件,故及时行动与证据充分性缺一不可。

(2)诉讼攻防要点。异议股东需提交对比数据,如转让前后收入、资产结构变化、行业分析报告,并质疑公司资金闲置的合理性。公司可援引"商业判断规则",强调转让符合公司长期利益,并提供同类历史交易佐证。

(3)替代性争议解决。异议股东在诉讼前可尝试与公司协商折中方案,如要求分红补偿、调整后续投资计划等,避免诉求因"不构成主要财产"直接败诉。

【法条链接】

《中华人民共和国公司法》(2023年修订)

第八十九条 有下列情形之一的,对股东会该项决议投反对票的股东可以请求公司按照合理的价格收购其股权：

（一）公司连续五年不向股东分配利润，而公司该五年连续盈利，并且符合本法规定的分配利润条件；

（二）公司合并、分立、转让主要财产；

（三）公司章程规定的营业期限届满或者章程规定的其他解散事由出现，股东会通过决议修改章程使公司存续。

自股东会决议作出之日起六十日内，股东与公司不能达成股权收购协议的，股东可以自股东会决议作出之日起九十日内向人民法院提起诉讼。

公司的控股股东滥用股东权利，严重损害公司或者其他股东利益的，其他股东有权请求公司按照合理的价格收购其股权。

公司因本条第一款、第三款规定的情形收购的本公司股权，应当在六个月内依法转让或者注销。

第一百六十一条　有下列情形之一的，对股东会该项决议投反对票的股东可以请求公司按照合理的价格收购其股份，公开发行股份的公司除外：

（一）公司连续五年不向股东分配利润，而公司该五年连续盈利，并且符合本法规定的分配利润条件；

（二）公司转让主要财产；

（三）公司章程规定的营业期限届满或者章程规定的其他解散事由出现，股东会通过决议修改章程使公司存续。

自股东会决议作出之日起六十日内，股东与公司不能达成股份收购协议的，股东可以自股东会决议作出之日起九十日内向人民法院提起诉讼。

公司因本条第一款规定的情形收购的本公司股份，应当在六个月内依法转让或者注销。

第三章
公司终止阶段企业常见法律纠纷

本章围绕公司终止阶段的各类法律纠纷与风险进行分析，主要涉及公司的解散及清算阶段中的各方主体责任问题。公司终止阶段是企业从解散到最终注销的过渡时期，涉及清算程序、债务清偿、股东权益保护等方面问题，这一时期法律纠纷极为常见。在清算过程中，可能出现清算组组建不顺利、清算方案不合理或清算程序不合法等问题，导致清算进程受阻；在债务清偿时，债权人可能因债务确认、清偿顺序或股东责任等问题与公司或股东产生纠纷；股东权益纠纷则集中在剩余财产分配、清算义务人责任以及股东知情权等方面；公司注销阶段也可能因注销程序不合规或遗留问题未妥善解决而引发纠纷。这些纠纷不仅涉及股东、债权人、员工等多方主体的利益博弈，还可能因违反法律规定导致法律责任加重。因此，企业在终止阶段需严格遵循法定程序，妥善处理各方关系，以降低法律风险，保障各方平稳退出。

本章将依托最新的公司法实践，对这些纠纷的发生原因、常见案例以及预防和解决办法进行详细探讨，为企业及相关法律从业人员提供法律风险提示和解决方案。

一、公司解散问题

公司解散是指公司因法律或公司章程规定的解散事由出现,停止生产经营活动,并会引起公司进入清算的法律行为。司法强制解散指的是公司被法院判决解散。新《公司法》第231条规定,公司经营管理发生严重困难,继续存续会使股东利益受到重大损失,通过其他途径不能解决的,持有公司10%以上表决权的股东,可以请求人民法院解散公司。司法强制解散是在公司陷入经营僵局,如果继续经营公司将使股东利益受到更为严重的损失,且无法通过其他途径解决的情况下,由股东提起解散公司诉讼的一种法律程序。人民法院在受理强制解散申请后,如果认定解散公司理由成立,则会直接判决解散公司。上海市第二中级人民法院商事审判庭审判团队将公司解散纠纷案件的审理要件主要集中在各诉讼主体是否适格、公司经营管理是否发生严重困难、公司继续存续是否会使股东利益受到重大损失、能否通过其他途径解决四个方面。

(一)司法强制解散的适用条件

昆明某某工贸有限公司与李某公司解散纠纷案①

【关键词】

公司解散　司法强制解散　经营管理困难

【案情简介】

昆明某某工贸有限公司(以下简称昆明某某公司)于2005年10月25日注册登记成立,公司注册资本为300万元。工商登记信息显示李某实缴出资90万元,出资比例为30%,田某实缴出资210万元,出资比例为70%。田某为法定代表人,并担任执行董事兼总经理,李某担任监事。自2015年起,李某不再参与公司经营,昆明某某公司未再召开过股东会。国家企业信用信息公示系统显示的昆明某某公司2022年年报中企业经营状态为停业。

另查明,2023年8月22日,李某向田某发函提议召开股东会,会议议题为:(1)对公司设立至会议召开时的财务经营情况进行通报,讨论委托专业审计机构对此前公司的财务经营状况进行审计;(2)对公司今后的财务管理和经营方向、方式进行讨论;(3)讨论公司的利润分配方案。该提议未得到昆明某某公司及作为法定代表人的田某的回应。故,李某向一审法院起诉请求:(1)解散昆明某某公司;(2)本案诉讼费由昆明某某公司承担。一审法院判决解散昆明某某公司。昆明某某公司不服一审判决,提起上诉,请求:(1)撤销一审判决,改判驳回李某一审诉讼请求。(2)一、二审诉讼费由李某承担。二审法院判决撤销一审法院的民事判决,驳回被上诉人李某的诉讼请求。

【案例分析】

一审法院认为,根据2018年《公司法》第182条的规定,李某作为出资

① 参见云南省昆明市中级人民法院民事判决书,(2025)云01民终100号。

比例30%的股东，有权提起本案诉讼。关于双方争议的昆明某某公司是否达到解散条件的问题，依据《最高人民法院关于适用〈中华人民共和国公司法〉若干问题的规定（二）》第1条第2款的规定，本案中，自2015年起至诉讼时昆明某某公司未召开股东会，且李某未再参与经营，公司现况为停业状态，即公司持续两年以上无法召开股东会就公司重大事项进行表决，且李某无法与另一股东田某通过其他方式就公司的经营进行协商，无法形成有效的股东会决议，亦均无意参与公司经营，且在该状况下很难回归正常的经营状态，应当确认昆明某某公司已经陷入经营僵局，继续存续会使李某的股东利益受到重大损失，通过其他途径也无法解决现有问题。另外，根据各方当事人的陈述，昆明某某公司的各股东之间的矛盾已经无法调和，各方已无继续合作的信任，从而导致公司的运行机制完全失灵，可以认定公司的事务处于瘫痪状态，无法继续经营。因此，李某作为持有昆明某某公司30%表决权的股东，请求解散昆明某某公司，具有事实及法律依据。

二审法院认为，依据2018年《公司法》第182条以及《最高人民法院关于适用〈中华人民共和国公司法〉若干问题的规定（二）》第1条第1款的规定，司法解散公司除需有诉权的股东申请外，还应满足公司经营管理发生严重困难，继续存续会使股东利益受到重大损失等条件。公司经营管理是否出现严重困难，应当从公司组织机构的运行状态进行综合分析，其侧重点在于判断公司经营管理方面是否存在股东会机制失灵、无法就公司的经营管理进行有效决策等严重内部障碍。本案中，李某持有昆明某某公司30%的股权，符合提起公司解散纠纷之诉的股东条件。李某主张其从未从昆明某某公司领取过分红款，且自2015年起就未再参与昆明某某公司的经营，不清楚昆明某某公司的经营状况，以及昆明某某公司的2021年公司章程中李某的签字并非其本人所签。法院认为，李某如认为其股东权利受到侵害，可通过合法途径维护其股东权利，但前述情形不必然导致股东会机制失灵、无法就公司的经营管理进行有效决策等严重内部障碍。同时，昆明某某公司另一持股70%的股东田某明确表示昆明某某公司尚有对外债务未清偿完毕，不同意解散昆明某某公司，其愿意与李某就昆明某某公司的经营问题进行协商。本案中，李某提交的证据不足以证明其通过积极的治理行为穷尽内部层面的救济手段后昆明某某公司的治理僵局仍然不能改变，不足以证明昆明某某公司符合司法解散公司的法定条件，一审法院判决解散昆明某某公司缺乏事实和法律依据。

【风险提示】

司法解散公司主要是在股东无法达成解散合意时，通过司法权介入，强制解散公司的情形。公司解散纠纷大多根源在于部分股东与公司董事、实际管理人、控制者之间的斗争。从司法审判实践来看，法院以公司经营管理严重困难为由判决支持公司解散的比例较小。因解散公司涉及公司股东、债权人等相关方利益及市场经济的健康稳定运行，且这对公司而言是最为严厉和最具破坏性的措施，故在公司经营管理未发生严重困难、继续存续不会使股东利益受到重大损失，通过其他途径可以解决等的情况下，一般不宜采取解散公司这一激烈方式来解决股东之间的纠纷。因此，法院一般采取保守态度，不轻易判决公司解散，而是以维持公司现状为主。

司法实践中，即使公司停止营业并被列入经营异常名录，亦难以证明公司已经陷入资金严重缺乏、严重亏损等经营性困难。作为非直接管理公司的小股东，能够掌握的证据非常有限，往往是一些外部的、可以公开查询的资料。对其而言，提供能够证明公司经营管理发生严重困难，符合法定解除条件的证据具有较大难度，因此由小股东提起的司法解散之诉往往以失败告终。

判断公司经营管理出现严重困难的关键是公司存在严重的内部管理障碍，如股东会机制失灵、无法就公司经营管理达成有效决策、公司经营管理者矛盾无法调和等，单一方面往往难以有效证明公司处于僵局状态，法院需要进行综合性、实质性考量。此外，股东若未能提供证据证实其为了维护自己的股东权益已经穷尽了诸如请求收购、股权转让等除公司解散外的其他救济手段仍不能化解公司僵局时，通过司法程序要求强制解散公司也难以成功。

【律师建议】

针对上述案例情况和裁判宗旨，笔者给出如下建议。

1. 公司应及时提起股东资格的确认之诉

一般情况下，股东存在瑕疵出资问题并不影响其提起公司解散之诉的行权资格，除非公司已就该股东履行法定除名或限制表决程序。在判断是否有资格提起公司解散诉讼时，法院在本案由案件中作形式审查，审查的依据是工商登记和公司章程对于股东的记载信息。如果公司对股东的资格有异议，建议及时通过提起股东资格确认纠纷之诉解决。公司如果认为股东出资瑕疵或抽逃出资，亦应提起相关诉讼通过法律途径及时解决。如果仅在公司解散纠纷中对股东资格提出异议，难以得到法院支持。

2. 起诉股东应提供管理性困难的相关证明

"公司经营管理发生严重困难"是司法强制解散公司的关键要件。根据最高人民法院第8号指导性案例，这里的经营管理发生严重困难，倾向的是管理性的困难，而非经营性的困难。提起诉讼的股东的证明要点在于公司经营管理存在严重的内部障碍、因股东会或董事会矛盾激化无法调和而处于僵持状态等公司僵局的情形。为此，建议作为原告的股东提前有意识地固定相应证据以证明上述情形的事实发生。

3. 起诉股东可行使申请保全的程序性权利

在一定条件下，起诉股东享有在公司解散之诉中申请保全公司资产的程序性权利。《最高人民法院关于适用〈中华人民共和国公司法〉若干问题的规定（二）》第3条规定："股东提起解散公司诉讼时，向人民法院申请财产保全或者证据保全的，在股东提供担保且不影响公司正常经营的情形下，人民法院可予以保全。"

4. 公司解散后，股东应及时履行清算义务

公司解散后，应当及时进入清算程序。股东作为清算主体，有义务指派清算组成员并对公司进行清算，若股东怠于履行义务导致公司财产损失并损害债权人的利益，则股东很有可能对公司债务承担连带的民事赔偿责任。因此，对于股东而言，若企业经营不下去，不能仅"关门"，公司解散并不等同于公司法人资格的消灭，而须进一步依照法律规定的程序对公司进行清算。

【法条链接】

《中华人民共和国公司法》(2023 年修订)

第二百三十一条　公司经营管理发生严重困难，继续存续会使股东利益受到重大损失，通过其他途径不能解决的，持有公司百分之十以上表决权的股东，可以请求人民法院解散公司。

《中华人民共和国公司法》(2018 年修正，已失效)

第一百八十二条　公司经营管理发生严重困难，继续存续会使股东利益受到重大损失，通过其他途径不能解决的，持有公司全部股东表决权百分之十以上的股东，可以请求人民法院解散公司。

《最高人民法院关于适用〈中华人民共和国公司法〉若干问题的规定(二)》(2020 年修正)

第一条　单独或者合计持有公司全部股东表决权百分之十以上的股东，以下列事由之一提起解散公司诉讼，并符合公司法第一百八十二条规定的，人民法院应予受理：

(一)公司持续两年以上无法召开股东会或者股东大会，公司经营管理发生严重困难的；

(二)股东表决时无法达到法定或者公司章程规定的比例，持续两年以上不能做出有效的股东会或者股东大会决议，公司经营管理发生严重困难的；

(三)公司董事长期冲突，且无法通过股东会或者股东大会解决，公司经营管理发生严重困难的；

(四)经营管理发生其他严重困难，公司继续存续会使股东利益受到重大损失的情形。

股东以知情权、利润分配请求权等权益受到损害，或者公司亏损、财产不足以偿还全部债务，以及公司被吊销企业法人营业执照未进行清算等为由，提起解散公司诉讼的，人民法院不予受理。

(二)大股东侵害小股东利益的法定解散事由认定

邢某等与白天鹅公司解散纠纷案①

【关键词】

公司僵局　大股东侵害小股东利益　法定持股比例

【案情简介】

威海市白天鹅宾馆成立于1986年12月3日,2002年威海市白天鹅宾馆改制为有限责任公司,改制后更名为威海市白天鹅宾馆有限公司(以下简称白天鹅公司),注册资本为1056万元。2017年2月4日该公司工商登记的股东为邢某等。

白天鹅公司的公司章程第8条规定,公司依法设立后,由公司向股东出具加盖公司公章和法人代表签章的出资证明书,作为资产证明和分红依据。第12条规定,股东按其出资比例享有权利,承担义务。第13条规定,股东享有以下权利:(1)出席或委托代理人出席股东大会,按出资比例行使表决权……第18条规定,股东会会议分为定期会议和临时会议。股东会定期会议每半年召开一次;代表1/10以上表决权的股东、1/3以上的董事或者监事会提议以及公司累计亏损达出资总额1/3时,可提议召开股东会临时会议。第19条规定,召开股东会会议时,应当于会议召开15日以前通知全体股东,并告知召开会议的原因及所议事项。股东会应当对所议事项的决定作出会议记录,出席会议的股东要在会议记录上签名,会议记录要归档保存。

2017年,邢某等人作为小股东向一审法院起诉请求依法解散白天鹅公司。理由为大股东侵害小股东知情权,在小股东不知情的情况下,擅自对公司所有的酒店大楼进行拆除改造,并加盟亚朵酒店。

---

① 参见最高人民法院民事裁定书,(2021)最高法民申304号。

【案例分析】

一审法院认为，本案中，首先，公司股东会、董事会能够召开并形成决议，符合《公司法》和公司章程的相关规定。白天鹅公司先后于 2014 年 9 月 20 日、2015 年 7 月 15 日分别召开股东会，至邢某等人 2017 年 5 月 17 日起诉时不足两年；公司停业、出售房产是经公司股东会决议决定的，邢某等人主张的经营管理发生严重困难的情况不存在；邢某等人起诉后，公司召开股东会、董事会，对公司运营作出决策；白天鹅公司的经营困难是在 2014 年之前，其后股东会作出出售公司股权、引入投资者等决定目的在于挽救公司，并非导致公司困难的原因。其次，邢某等人主张的事实并非公司经营管理发生困难的情形。白天鹅公司是否采取加盟的方式经营是公司的经营安排，且已经董事会和股东会决议，不属于公司经营管理发生困难，公司经营方式等情况属于股东知情权的范畴；诉讼阶段的管辖权异议、调解，不属于“通过其他途径不能解决”。而且，2018 年《公司法》第 182 条关于“继续存续会使股东利益受到重大损失”的规定，应当指所有股东的利益，而不是部分股东的利益。最后，审查公司是否符合解散的条件，主要审查法院受理案件以前是否存在“公司僵局”的情形，即公司决策机制是否失灵，本案中，股东会、董事会能够召开并形成有效决议，未达到“公司僵局”之情形，股东之间的其他矛盾对抗很大，但未导致公司决策机制失灵的情形，亦达不到公司解散之诉的条件。

二审法院同样认为，白天鹅公司不符合法律规定的公司解散情形。驳回上诉，维持原判。

【风险提示】

大股东滥用股东权利侵害小股东利益虽然会导致股东之间的矛盾冲突，但这种情形本身并非我国法律规定的公司强制解散事由。判断公司是否应当解散，必须严格依据《最高人民法院关于适用〈中华人民共和国公司法〉若干问题的规定（二）》第 1 条的规定进行判断。

根据《公司法》的规定，公司股东应当依法行使股东权利，不得滥用股东权利损害公司或者其他股东的利益。大股东滥用权利侵害小股东利益的行为，虽然会导致股东之间的矛盾和冲突，但这种行为本身并不直接构成公司解散的法定事由。公司解散需要满足以下条件:公司经营管理发生严重困难,继续存续会使股东利益受到重大损失,且通过其他途径不能解决。此时,持有公司全部股东表决权 10% 以上的股东可以请求人民法院解散公司。

《最高人民法院关于适用〈中华人民共和国公司法〉若干问题的规定(二)》第 1 条明确了公司解散的具体情形,包括:公司持续两年以上无法召开股东会或者股东大会,公司经营管理发生严重困难;股东表决时无法达到法定或者公司章程规定的比例,持续两年以上不能作出有效的股东会或者股东大会决议,公司经营管理发生严重困难;公司董事长期冲突,且无法通过股东会或者股东大会解决,公司经营管理发生严重困难;经营管理发生其他严重困难,公司继续存续会使股东利益受到重大损失。

在司法实践中,法院在判定公司是否应当解散时通常会综合考虑公司经营管理是否发生严重困难、股东利益是否受到重大损失以及是否穷尽其他救济途径等因素。例如,只有公司股东会机制长期失灵、内部管理存在严重障碍,导致公司无法正常运营时,公司才可能被认定为符合解散条件。

【律师建议】

针对公司小股东面临的法律风险及实际问题,笔者从事前的风险防范和实际问题产生后的应对两个角度提供建议。

1. 关于事前的风险防范

(1)完善公司章程和股东协议

在公司章程或股东协议中明确规定小股东的权利,如在重大事项决策中赋予小股东一票否决权。规定控股股东在特定情况下(如关联交易)须向小股东披露相关信息,并接受小股东监督。设计合理的股权退出机制,明确规定小股东在公司经营不善或自身权益受损时的退出方式。

(2)限制控股股东权利

在小股东担任公司内部职务时,约定只有在小股东出现严重过错时才能将小股东解职。通过累积投票制等方式,确保小股东能够将其代言人选入董事会或监事会,从而使小股东在公司决策中拥有一定话语权。

(3)建立有效的沟通机制

在公司协议或章程中明确建立定期沟通机制,如定期召开股东会议、管理层与小股东的交流会等,以避免信息不对称。

(4)增强自身法律意识和商业能力

小股东应主动学习《公司法》等相关法律法规,了解自身权利和义务。关注公司财务状况,定期要求查阅公司账簿和财务报告等,必要时聘请专业会计师进行审计。

2. 关于实际问题产生后的应对

(1)行使知情权

小股东有权查阅公司账簿、财务报告等文件,以了解公司的真实经营状况。如遇阻碍,可依法向法院提起知情权诉讼。

(2)追究侵权责任

若控股股东滥用权利损害小股东利益,小股东可要求其承担赔偿责任。例如,通过股东代表诉讼追究董事或控股股东的侵权责任。

(3)利用异议股东回购请求权

当公司决议对小股东利益构成重大侵害时,小股东可要求公司或控股股东以合理价格回购其股份。

(4)申请公司解散

虽然大股东压迫小股东并非公司解散的法定情形,但如果公司经营管理陷入僵局,且穷尽其他救济途径仍无法解决问题,单独或者合计持有公司全部股东表决权10%以上的小股东可依据《最高人民法院关于适用〈中华人民共和国公司法〉若干问题的规定(二)》第1条的规定,申请公司解散。

总而言之,笔者建议,小股东应尽量参与公司决策,通过合法途径表达自身诉求,避免因信息不对称而处于被动地位。在遇到复杂问题时,及时咨询专业律师,通过法律途径维护自身合法权益。

【法条链接】

《中华人民共和国公司法》(2023年修订)

第二百三十一条 公司经营管理发生严重困难,继续存续会使股东利益受到重大损失，通过其他途径不能解决的，持有公司百分之十以上表决权的股东，可以请求人民法院解散公司。

《最高人民法院关于适用〈中华人民共和国公司法〉若干问题的规定（二）》（2020 年修正）

第一条　单独或者合计持有公司全部股东表决权百分之十以上的股东，以下列事由之一提起解散公司诉讼，并符合公司法第一百八十二条规定的，人民法院应予受理：

（一）公司持续两年以上无法召开股东会或者股东大会，公司经营管理发生严重困难的；

（二）股东表决时无法达到法定或者公司章程规定的比例，持续两年以上不能做出有效的股东会或者股东大会决议，公司经营管理发生严重困难的；

（三）公司董事长期冲突，且无法通过股东会或者股东大会解决，公司经营管理发生严重困难的；

（四）经营管理发生其他严重困难，公司继续存续会使股东利益受到重大损失的情形。

股东以知情权、利润分配请求权等权益受到损害，或者公司亏损、财产不足以偿还全部债务，以及公司被吊销企业法人营业执照未进行清算等为由，提起解散公司诉讼的，人民法院不予受理。

二、清算责任问题

清算责任纠纷,即在公司清算过程中,清算组成员或清算义务人因故意或重大过失给公司或债权人造成损失时所应承担的法律责任纠纷。根据相关法律规定,清算责任纠纷主要涉及以下方面:首先,清算组成员在清算期间若违反法律、行政法规或公司章程,导致公司或债权人利益受损,需承担民事赔偿责任。其次,清算义务人若未在法定期限内成立清算组或怠于履行清算义务,导致公司财产贬值、流失或无法清算,债权人可要求其在造成损失范围内对公司债务承担连带清偿责任。最后,清算组成员若利用职权谋取非法收入、侵占公司财产或在清算报告中隐瞒重要事实,将面临行政责任甚至刑事责任。这些责任的设定旨在保障清算程序的公正性和合法性,保护债权人和公司的合法权益。

(一)企业清算中董事的清算责任

湾里区某某空调安装中心与蔡某春、肖某平清算责任纠纷案①

【关键词】

清算义务人 忠实勤勉义务 连带清偿责任

【案情简介】

2016 年 7 月 25 日,被告蔡某春申请登记成立江西某某科技有限公司,向登记机关提交了公司登记(备案)申请书、蔡某春和肖某平身份证复印件,以及蔡某春为法定代表人兼执行董事、肖某平为监事的信息表。该公司注册资本为 200 万元(认缴),蔡某春认缴 102 万元,肖某平认缴 90 万元。

2020 年 4 月 26 日,江西某某科技有限公司(甲方)与湾里区某某空调安装中心(乙方)签订《某某集团新车间空调机房系统安装工程发包协议》,协议中约定:"甲方以 18 万元的总价将空调机房系统安装工程发包给乙方,首期 9 万元于施工人员进场后支付,剩余款项在工程调试验收合格并投入使用满一个月无质量问题后结清,工期为 1 个月。"次日(2020 年 4 月 27 日),甲方依约支付首期款项 9 万元。工程竣工后,甲方未按合同约定支付剩余的 9 万元。原告湾里区某某空调安装中心多次联系甲方代理人肖某鸿催讨尾款,但是对方均以资金紧张为由拖延支付剩余款项。2022 年 9 月 7 日,原告经营者周某堂通过微信向肖某鸿询问尾款问题,双方随后进行了 2 分多钟的电话沟通,但仍未解决尾款的支付问题。

2020 年 5 月 24 日,江西某某科技有限公司出具了《清算报告》及《公司股东会决议》两份文件,由肖某鸿委托他人代办公司注销手续。在向登记机关提交的《企业注销登记申请书》中记载着公司"无债权债务"。2020

① 参见江西省南昌市西湖区人民法院民事判决书,(2024)赣 0103 民初 3806 号。

年6月14日,南昌市西湖区市场和质量监督管理局核准注销该公司。原告湾里区某某空调安装中心认为,两被告(公司股东蔡某春、肖某平)在注销过程中,既未依法组织清算,亦未通知原告申报债权,导致原告9万元工程款债权因公司注销而无法实现,侵害了原告的合法权益,遂提起诉讼,要求两被告承担赔偿责任。

法院判决,被告蔡某春、肖某平向原告湾里区某某空调安装中心支付工程款人民币9万元并支付资金占用费。

【案例分析】

法院认为依据新《公司法》第232条的规定,公司因章程规定的营业期限届满或者公司章程规定的其他解散事由出现,股东会决议解散,依法被吊销营业执照、责令关闭或者被撤销,人民法院依照新《公司法》第231条的规定予以解散的,应当清算;董事作为公司清算义务人,应当在解散事由出现之日起15日内组成清算组进行清算。法院认为,在本案中蔡某春为法定代表人兼执行董事,蔡某春在抗辩时虽声称自己仅为挂名股东,但其董事身份已在2016年进行登记时就具有了对世效力,应当对公司解散负有清算义务。

同时,依据新《公司法》的规定,清算组在清算期间行使通知、公告债权人未清理债权、债务的职权。清算组成员怠于履行清算职责造成损失的,应当承担赔偿责任。经审理查明,被告在办理公司注销登记过程中,并未对公司的债权债务进行清算,也未通知债权人申报债权,致使原告的9万元工程款未能得到清偿。被告怠于履职且对债权人利益造成了损失,应当承担赔偿责任。

【风险提示】

进入清算阶段意味着公司即将终止,债权人对于公司的偿债预期也会因此而灭失,因此,即使债权尚未到期,债权人亦会将尽快实现自己的债权置于第一要务。依据2018年《公司法》第183条的规定,有限公司的清算组由股东组成,股份公司的清算组由董事、股东大会确定的人员组成。在实践中,因该规定的责任主体模糊,股东履行清算义务存在现实的困难,加之股东不从事公司日常经营,缺乏启动清算的条件,可能会出现股东互相推诿或怠于履行清算义务的情形,造成清算义务人缺位。清算组成员多数以股东为主体,缺乏专业的清算知识,也缺少对公司的日常运营管理情况的全面了解,在进行清算工作时会出现清算程序效率低与损害债权人利益的情形。此外,2018 年《公司法》第 189 条、第 206 条对清算组的责任规定较为笼统,也未规定清算义务人未及时履行义务而造成损失的赔偿责任,在实践中,因违法成本低,出现了清算组成员通过转移资产、虚假清算等方式逃避债务的情形。

新《公司法》第 232 条关于公司清算规定的实质性修改之一,即明确了董事应当然地作为清算义务人,明确了清算组由董事组成。诚然,为了保障公司自治权,也允许通过章程规定和股东会决议另选他人作为清算义务人。新法对董事清算义务和责任的强化,使之匹配了其所享有的经营管理权。相较于股东,董事全程参与了公司的日常经营管理,更加了解公司的基本情况,同时董事的责任更重,需要对公司的财产、账册、文件进行保管,若董事保管不当或怠于履职导致财产毁损灭失或阻碍清算程序进行,则须对公司与债权人承担赔偿责任。董事不得将"清算时财产已不存在"作为免责理由,而必须通过证据链证明财产流失发生于清算程序启动前,且与其履职行为无因果关系,如提供清算前的公司资产审计报告、交接记录或第三方责任证明等,方能排除自身责任。此种制度设计实质是将董事的清算责任与其经营管理责任相衔接,避免清算程序沦为掩盖经营阶段过错的工具。新《公司法》第 238 条规定了清算组成员须履行忠实义务与勤勉义务。新《公司法》第 180 条及相关规定对董监高的勤勉、忠实义务的规定,为清算组的清算义务提供了参考与评价标准。

【律师建议】

新《公司法》第 232 条的规定,明确了清算义务主体,解决了 2018 年《公司法》中清算主体模糊、股东责任过重的问题,更好地实现了董事在公司治理中的权责一致。但是新法的施行在实践中同样带来了新的挑战。公司的董事应当强化事前的风险防控意识,关注会对公司产生重大影响的内部事务,同时在需要进行清算时积极开展相关程序,防止纠纷与赔偿责任的产生。笔者给出以下具体的建议。

1."特殊"的董事需要注意履行清算义务

此处的"特殊"的董事,指挂名董事、离职董事、独立董事与职工董事等与日常行使公司经营管理权的董事具有一定区别的董事。

挂名董事就如本案中的蔡某春,在公司登记时提交了作为执行董事的材料但并未实际履行董事职权,因董事身份一经登记便具有了对世的效力,所以挂名董事依然需要履行清算义务。对于离职董事,在董事任期届满且没有连任、未及时改选或董事在任期内辞职导致董事会人数低于法定人数的,在新的董事当选就任以前,原董事应当继续履行董事职务,该职务当然地包含清算义务。因为新《公司法》在规定董事的清算义务时,运用的是笼统的"董事"的概念,没有区分董事的具体类别,意即独立董事、职工董事同样作为公司的董事,理应是清算义务人,应当组成清算组,履行清算义务。

2. 公司董事应及时成立清算组、积极开展清算工作,恪尽职守,对公司承担忠实、勤勉义务

在公司出现需要清算的事由时,董事应及时成立清算组以组织清算,梳理公司的经营状况、财产状况、债权债务状况,并通知债权人申报债权,避免出现未及时履行清算义务,给公司、债权人利益造成损失,须承担赔偿责任的情况。同时,董事应依据新《公司法》关于忠实、勤勉义务的规定,保守秘密、廉洁履职,维护公司的合法权益。

3. 规范公司的财务管理制度,关注公司的财务状况

在新《公司法》下,董事的清算义务得到了强化,敦促未出资、瑕疵出资的股东履行出资义务等成为董事的法定义务。为此董事需切实履职,按时催缴,避免出现因股东未按期足额缴纳出资、抽逃出资而造成公司损失的情形。此外,董事需要关注公司的财务状况、流水情况,查明异常的财务支出、了解大额财务支出。《最高人民法院关于适用〈中华人民共和国公司法〉若干问题的规定(二)》第18条规定了公司的董事等主体,因怠于履行义务,导致公司主要财产、账册、重要文件等灭失,无法进行清算,应当承担赔偿责任。董事作为清算义务人,须注意对财产、账册、重要文件的保管,防止在出现纠纷时,承担因无法清算造成的连带责任。

4. 公司董事应审慎表决董事会决议

若发现公司章程、股东会决议等存在可能对于公司运营发展不利的条款，应及时发表意见并记录，以防因董事会决议造成公司产生损失而承担赔偿责任。

【法条链接】

《中华人民共和国公司法》(2023年修订)

第二百三十二条 公司因本法第二百二十九条第一款第一项、第二项、第四项、第五项规定而解散的，应当清算。董事为公司清算义务人，应当在解散事由出现之日起十五日内组成清算组进行清算。

清算组由董事组成，但是公司章程另有规定或者股东会决议另选他人的除外。

清算义务人未及时履行清算义务，给公司或者债权人造成损失的，应当承担赔偿责任。

第二百三十八条 清算组成员履行清算职责，负有忠实义务和勤勉义务。

清算组成员怠于履行清算职责，给公司造成损失的，应当承担赔偿责任；因故意或者重大过失给债权人造成损失的，应当承担赔偿责任。

《中华人民共和国公司法》(2018年修正，已失效)

第一百八十三条 公司因本法第一百八十条第（一）项、第（二）项、第（四）项、第（五）项规定而解散的，应当在解散事由出现之日起十五日内成立清算组，开始清算。有限责任公司的清算组由股东组成，股份有限公司的清算组由董事或者股东大会确定的人员组成。逾期不成立清算组进行清算的，债权人可以申请人民法院指定有关人员组成清算组进行清算。人民法院应当受理该申请，并及时组织清算组进行清算。

《最高人民法院关于适用〈中华人民共和国公司法〉若干问题的规定（二）》(2020年修正)

第十八条第二款 有限责任公司的股东、股份有限公司的董事和控股股东因怠于履行义务，导致公司主要财产、账册、重要文件等灭失，无法进行清算，债权人主张其对公司债务承担连带清偿责任的，人民法院应依法予以支持。

(二)清算组未履行通知义务的赔偿责任

黄某与卢某、王某清算责任纠纷案[①]

【关键词】

清算组　通知义务　连带责任　赔偿责任

【案情简介】

铁南公司向黄某采购砂石,2014 年 7 月 15 日,经黄某与铁南公司对账,形成《对账单》一份,铁南公司确认尚欠货款 629295.55 元,并在《对账单》上加盖公章。其后,铁南公司未付款。另查明,铁南公司成立于 2006 年 7 月 12 日,登记股东为卢某、王某二人,登记持股比例分别为 95%、5%。2014 年 7 月 3 日,铁南公司召开股东会,决定停止经营活动并成立清算组,清算组成员包括卢某、王某,卢某、王某委派财务负责人李某丹担任清算组负责人。2014 年 7 月 10 日,铁南公司在《厦门日报》上刊登了《清算公告》。2014 年 9 月 17 日,铁南公司股东会决定办理公司注销登记。2014 年 9 月 18 日,厦门市湖里区工商行政管理局根据铁南公司提交的注销登记申请及《厦门铁南商贸有限公司注销清算报告》等材料批准注销铁南公司。铁南公司清算中税款已缴纳,债务清偿情况为零,剩余资产 47966.21 元,由股东按照出资比例分配。卢某分得 45567.9 元,王某分得 2398.31 元。黄某在催讨货款中知晓铁南公司已经注销,遂于 2015 年 6 月 29 日提起诉讼。庭审中,卢某、王某述称,铁南公司清算组仅登报公告清算公告,并未书面通知黄某。

依照 2013 年《公司法》第 185 条第 1 款、第 189 条,《最高人民法院关于适用〈中华人民共和国公司法〉若干问题的规定(二)》(2014 年修正)第 11 条,2012 年《民事诉讼法》第 64 条第 1 款之规定,一审法院判决:(1)卢某、王某应于判决生效之日起 3 日内共同赔偿黄某损失 47966.21 元;

---

① 参见福建省厦门市中级人民法院民事判决书,(2015)厦民终字第 4421 号。

(2)驳回黄某的其他诉讼请求。

依照2012年《民事诉讼法》第170条第1款第2项之规定,二审法院判决:(1)撤销福建省厦门市同安区人民法院(2015)同民初字第2513号民事判决;(2)卢某、王某应于判决生效之日起10日内连带赔偿黄某货款本629295.55元及利息损失(自2015年6月29日起,按中国人民银行同期同类贷款利率计至判决确定的还款之日止)。如未按判决指定的期间履行给付金钱义务,根据2012年《民事诉讼法》第253条之规定,应当加倍支付迟延履行期间的债务利息。本案一审案件受理费5046.5元、二审案件受理费10093元,均由被上诉人卢某、王某负担。二审判决为终审判决。

【案例分析】

一审法院认为:本案卢某、王某两人作为铁南公司的清算组成员,未依法书面通知黄某申报债权,导致黄某的629295.5元货款无法受清偿,故依照《最高人民法院关于适用〈中华人民共和国公司法〉若干问题的规定(二)》(2014年修正)第11条第2款的规定,依法应当对黄某的损失承担赔偿责任。根据清算报告,铁南公司的税款已缴纳,债务清偿情况为零,剩余财产为47966.21元。在黄某得到清算通知申报了债权的情况下,其可获清偿范围的上限是铁南公司的剩余资产总额47966.21元,故该款应确定为卢某、王某未依法履行通知义务给黄某造成的损失。黄某的诉讼请求中超过47966.21元的部分,缺乏依据,不予支持。

二审法院认为:铁南公司已经注销,黄某的债权629295.55元已无法获得清偿,故黄某无法获得清偿的债权损失与卢某、王某未履行通知义务之间存在因果关系。根据2013年《公司法》第189条第3款"清算组成员因故意或者重大过失给公司或者债权人造成损失的,应当承担赔偿责任"及《最高人民法院关于适用〈中华人民共和国公司法〉若干问题的规定(二)》(2014年修正)第11条第2款"清算组未按照前款规定履行通知和公告义务,导致债权人未及时申报债权而未获清偿,债权人主张清算组成员对因此造成的损失承担赔偿责任的,人民法院应依法予以支持"的规定,卢某、王某应对黄某的债权629295.55元及利息损失承担连带赔偿责任。一审法院以原工商局备案的清算报告所载明的剩余财产总额47966.21

元,作为认定黄某可获清偿的范围及卢某、王某承担赔偿责任的限额,与前述法律及司法解释的规定不符。

【风险提示】

清算是公司注销前必须履行的法定程序,清算组作为负责清算事务的主体,应履行公告义务。根据新《公司法》第 235 条、第 236 条的规定,公司进入解散清算程序时,清算组必须履行法定通知义务,向已知债权人发出书面通知,并通过报纸等渠道发布公告,确保债权人有合理期限申报债权(一般不少于 45 日)。清算组在完成债务清偿和税款缴纳后,才能办理注销登记手续。从本案出发,笔者总结出以下法律风险。

1. 清算中相关成员的法律责任

(1)未履行通知义务的连带赔偿责任。根据《最高人民法院关于适用〈中华人民共和国公司法〉若干问题的规定(二)》第 11 条的规定,若清算组未依法书面通知已知债权人,如已签署对账单、合同等与公司具有明确债务关系的债权人,导致债权人未能及时申报债权且未获清偿,则清算组成员(通常为股东或董事)须对债权人损失承担连带赔偿责任。赔偿范围应以债权人全部债权及利息为限(如本案二审全额支持 62.9 万元货款及利息),而非公司剩余资产(如一审判决中仅以 4.7 万元为限)。

(2)股东责任穿透风险。若股东在清算中恶意注销公司以逃避债务,如未通知债权人即分配剩余资产、虚构债务清偿报告,则可能被法院认定为"滥用法人独立地位"。在此情况下,根据新《公司法》第 23 条及《九民纪要》第 10 - 12 条,股东须直接对公司债务承担无限连带责任,突破有限责任保护。

2. 实际控制人的连带责任

(1)共同侵权责任。若实际控制人指使清算组隐瞒债务、转移资产或操纵清算程序(如制作虚假清算报告),可能被认定为与清算组成员构成共同侵权。在此情形下,根据《民法典》第 1168 条的规定,实际控制人须对债权人损失承担连带赔偿责任。

(2)证据固定与责任穿透。债权人可通过公司账册、内部文件、通信记录等证明实际控制人对清算程序的非法干预,主张将实际控制人的个人财产纳入责任范围,如追索股东与实际控制人的共有财产。

(3)程序瑕疵的不可逆后果。即使公司已完成注销登记,若清算程序存在未通知债权人等重大瑕疵,债权人仍可直接起诉清算组成员及实际控制人,且法院可以撤销公司注销登记或直接判令责任主体承担债务。清算报告中的"债务已结清"声明不具备豁免效力,清算组成员须对已知或应知债务的遗漏承担终身法律责任。

【律师建议】

清算组成员在清算过程中,明知公司尚欠债权人债务的情况下,既未通知债权人申报债权,亦未将该债权列入清算报告进行清算,反而向登记机关提供不实的清算报告,明显存在故意或重大过失。公司注销后,债权人的债权无法获得清偿,故债权人无法获得清偿的债权损失与清算组成员未履行通知义务之间存在因果关系。清算组成员将对此承担赔偿责任。针对上述法律风险,笔者提出以下法律建议。

1. 对清算组成员的建议

(1)严格履行双重通知义务。一是书面通知已知债权人。对账务清晰的债权人(如已签对账单、合同、欠款凭证等),须通过 EMS 邮寄《债权申报通知书》并保存签收记录。二是规范履行公告程序。选择省级以上有影响力的报纸刊登公告(如本案《厦门日报》);公告内容须包含债权申报期限、联系方式等法定要素。

(2)审慎处理剩余资产分配。在债务未完全清偿前,不得擅自分配公司剩余财产。若发现遗漏债务,应重新启动清算程序或留存足额清偿资金,否则股东分配的资产可能被追回,如本案中股东分配的 4.7 万元未能阻却全额赔偿。

(3)留存完整清算证据。建立《已知债权人清单》,保存书面通知的邮寄凭证、公告报纸原件。对存在争议的债权,可提存相应款项或通过诉讼/仲裁程序确认债务,避免被认定为"恶意逃避债务"。

2. 对债权人的建议

(1)主动监控债务人的清算动态。定期通过"国家企业信用信息公示系统"查询债务人是否进入清算/注销程序。发现清算公告后,立即申报债权并留存申报凭证(如邮寄回执、公告截图)。

(2)及时主张权利。若未收到书面通知且发现公司已注销,可依据《最高人民法院关于适用〈中华人民共和国公司法〉若干问题的规定(二)》第11条的规定,在3年诉讼时效内直接起诉清算组成员,主张全额债权及利息,利息可从起诉之日起计算。

(3)善用"刺破公司面纱"规则。若清算组成员存在故意隐瞒债务、转移资产等行为,可进一步主张股东滥用有限责任,要求其对公司债务承担无限连带责任。

【法条链接】

《中华人民共和国公司法》(2023年修订)

第二百三十五条 清算组应当自成立之日起十日内通知债权人,并于六十日内在报纸上或者国家企业信用信息公示系统公告。债权人应当自接到通知之日起三十日内,未接到通知的自公告之日起四十五日内,向清算组申报其债权。

债权人申报债权,应当说明债权的有关事项,并提供证明材料。清算组应当对债权进行登记。

在申报债权期间,清算组不得对债权人进行清偿。

第二百三十六条 清算组在清理公司财产、编制资产负债表和财产清单后,应当制订清算方案,并报股东会或者人民法院确认。

公司财产在分别支付清算费用、职工的工资、社会保险费用和法定补偿金,缴纳所欠税款,清偿公司债务后的剩余财产,有限责任公司按照股东的出资比例分配,股份有限公司按照股东持有的股份比例分配。

清算期间,公司存续,但不得开展与清算无关的经营活动。公司财产在未依照前款规定清偿前,不得分配给股东。

《最高人民法院关于适用〈中华人民共和国公司法〉若干问题的规定(二)》(2020年修正)

第十一条 公司清算时,清算组应当按照公司法第一百八十五条的规定,将公司解散清算事宜书面通知全体已知债权人,并根据公司规模和营业地域范围在全国或者公司注册登记地省级有影响的报纸上进行公告。

清算组未按照前款规定履行通知和公告义务，导致债权人未及时申报债权而未获清偿，债权人主张清算组成员对因此造成的损失承担赔偿责任的，人民法院应依法予以支持。

(三)怠于履行清算义务的认定

中铁十九局集团第五工程有限公司、山东文莱高速公路有限公司建设工程施工合同纠纷案①

【关键词】

怠于履行清算义务　连带清偿责任　因果关系抗辩

【案情简介】

2013年山东文莱高速公路有限公司(以下简称文莱高速)成立,股东分别是国开基金和胜州投资。国开基金2016年4月26日认缴出资额6亿元,胜州投资2015年2月3日认缴出资额7.34亿元。公司经营文登至莱阳高速公路项目以及配套的服务设施的筹划、设计、建设与经营管理。

经文莱高速公开组织招投标,2015年3月24日中铁十九局中标山东省文登至莱阳高速公路WLS3某标段,中标价格213306370元。2015年4月双方签订了工程WLS3标段施工合同。中铁十九局分4次向文莱高速支付该标段保证金,共计24330637元。

后文莱高速未及时出资,致使项目无法正常运营建设,项目施工难以推进。2017年5月30日,山东省交通厅就文登至莱阳高速公路投资人组织了第二次招标。2018年6月22日,山东省交通厅《关于文莱高速公路的情况说明》显示,根据山东省发改委的《关于同意变更文登至莱阳高速公路工程项目法人的函》和山东省交通运输厅《关于转发〈关于同意变更文登至莱阳高速公路工程项目法人的函〉的通知》,莱阳高速公路工程项目法人由文莱高速变更为山东荣潍高速公路有限公司(以下简称荣潍公司)。据此,文莱高速失去了建设主体资格,退出施工,涉案施工合同目的无法实现,中铁十九局遂提起上诉。

一审法院判决:(1)解除中铁十九局与文莱高速于2015年签订的山东

① 参见山东省威海市中级人民法院民事判决书,(2017)鲁10民初398号。

省文登至莱阳公路工程 WLS3 标段施工合同;(2)文莱高速返还中铁十九局保证金 2433 万元;(3)文莱高速赔偿中铁十九局保证金利息损失 262 万元。

一审中,中铁十九局提起的诉讼请求还包括判令文莱高速的股东胜州投资、国开基金承担文莱高速返还保证金与赔偿损失的连带责任,但该请求未获得法院的支持。

【案例分析】

本案的焦点问题之一是国开基金、胜州投资是否应当就文莱高速所涉的相关债务承担连带责任。

《最高人民法院关于适用〈中华人民共和国公司法〉若干问题的规定(二)》(2014 年修正)第 18 条第 2 款规定,“有限责任公司的股东、股份有限公司的董事和控股股东因怠于履行义务,导致公司主要财产、账册、重要文件等灭失,无法进行清算,债权人主张其对公司债务承担连带清偿责任的,人民法院应依法予以支持”。在诉讼中中铁十九局称,文莱高速特许经营权被收回,已经出现了解散事由,两股东拒不组成清算组,怠于履行清算义务,导致文莱公司的财产、账册、重要文件灭失,无法进行清算,按照法律规定应当对文莱公司的债务承担连带清偿责任。

法院认为,工商登记的资料显示,文莱公司并未注销、解散,尚处于公司存续状态。同时,莱阳高速工程项目的法人正处在变更阶段,文莱高速正在进行资产核查,同时正与荣潍公司办理项目的交接。以上的事实和证据都可以证明莱阳公司未进入清算阶段。综上,其要求国开基金和胜州投资承担连带赔偿责任的诉讼请求法院未予支持。

【风险提示】

本案中,因有证据证明文莱公司并未出现解散清算的事由,故而两股东无须对公司的债务承担连带责任。但清算责任纠纷中因怠于履行清算义务而产生的法律责任承担的问题,是实践中需要注意到的风险点。

1. 清算义务的主体认定

依据新《公司法》的相关规定,清算义务人从股东调整为了董事,但控股股东及实际控制人仍可能因实际控制公司财产而担责,同时也并未排除股东的清算责任。

《最高人民法院关于适用〈中华人民共和国公司法〉若干问题的规定(二)》第 18 条将有限责任公司股东、股份有限公司的控股股东纳入了清算义务人范围。此外,新《公司法》的规定为公司的自治性保留了空间,可通过公司章程和股东会的决议来确定清算组成员,可见,依照新《公司法》,股东可以成为意定的清算组成员。在有限责任公司中,未参与经营的小股东可通过证明其非公司董事会或监事会成员、没有选派人员担任该机关成员、未参与公司的经营管理而豁免责任。

2.“怠于履行”的认定

根据《九民纪要》的相关规定,“怠于履行”是指在考察了清算义务的实际履行条件以及能力能够履行的情况下,故意拖延、拒绝履行或过失导致无法履行清算义务的消极行为。简单而言,即“能为而不为”。这里所讲的义务,仅指没有启动清算程序组成清算组,或者按时组成了清算组,却造成了主要财产、账册、重要文件的毁损灭失。

3.举证责任的分配

“怠于履行”是一种不作为,《九民纪要》将举证责任分配给了“侵权股东”。即在纠纷发生之时,“侵权股东”需要证明自己存在积极履行清算义务的事实,债权人无须对股东未履行清算义务进行举证,仅需要有证据初步证明清算义务人未履行义务即可。如果该被诉清算义务人无法举出相关证据,则其要承担举证不能的败诉风险。

4.重要清算资料灭失的连带责任风险

在案例分析板块,笔者所提到的《最高人民法院关于适用〈中华人民共和国公司法〉若干问题的规定(二)》第 18 条第 2 款的规定,可以理解为——公司股东怠于履行清算义务,重要清算材料灭失致使债权债务无法得到清算并因此造成了损害结果,这两者之间存在直接的因果关系。《九民纪要》第 15 条规定了因果关系抗辩,有限责任公司的股东如果能够证明其怠于履行义务的不作为行为和公司主要财产、账册、重要文件的灭失导致无法清算之间没有因果关系,则其可以向法院主张不对公司债务承担连带责任。

在典型情形下，如发生不可抗力导致主要财产、账册、重要文件毁损灭失，清算资料的灭失与股东无关；前文所述小股东豁免情形，亦可理解为小股东未从事公司经营管理，财产、账册、重要文件等掌握在大股东处，重要清算文件的灭失与否不在小股东的管理控制范围内，这也能够说明该股东与“公司主要财产、账册、重要文件等灭失，无法进行清算”导致的清算不能的结果之间无因果关系。

【律师建议】

针对相关风险，笔者将给出如下建议。

1. 明确义务主体

在产生纠纷时，公司应首先根据《公司法》及司法解释确定清算义务人，若有相关的公司章程或股东会决议，则依照该章程或决议进行确定。对于未产生清算纠纷的公司，建议修订章程，增设清算义务人确定条款，列明具体人员及候补机制，避免因义务主体不明导致怠于履行清算义务而被追责的情况出现。

2. 采取积极措施并书面留痕

在确定清算义务人后，需要向相关人员发送清算责任告知书并留存签收证据。严格把握解散事由出现后 15 日内成立清算组的法定期限与成立后 10 日内通知债权人申报债务的期限，自解散事由发生之日起，清算组每月向董事汇报清算进展情况。及时清点、记录公司资产并书面通知（如发放债权申报通知书）债权人申报债权。清算组应积极主动履职并书面留痕，以有效防范清算相关风险。

3. 妥善保管公司文件

清算组在公司清算期间，应及时向公司的法定代表人、财务管理人员和其他经营管理人员接收公司的主要财产、账册、重要文件等，并对相关财产和资料进行妥善保管，否则其存在被认定为“怠于履行清算义务”的潜在法律风险。例如，在公司发生解散事由之前或之时，公司的主要财产、账册、重要文件等即已灭失，客观上无法清算的，则董事应在第一时间搜集并妥善留存与此相关的证据材料，以免将来因无法举证证明该等事项而被归责。

4. 依法制作清算报告并办理注销登记

公司清算结束后，清算组应当依法制作清算报告，申请注销公司登记。否则，公司未经依法清算，清算组即以虚假的清算报告骗取公司登记机关办理法人注销登记的，清算组成员存在被公司债权人要求其对公司债务承担相应赔偿责任的潜在风险。

【法条链接】

《中华人民共和国公司法》(2023 年修订)

第二百三十二条　公司因本法第二百二十九条第一款第一项、第二项、第四项、第五项规定而解散的，应当清算。董事为公司清算义务人，应当在解散事由出现之日起十五日内组成清算组进行清算。

清算组由董事组成，但是公司章程另有规定或者股东会决议另选他人的除外。

清算义务人未及时履行清算义务，给公司或者债权人造成损失的，应当承担赔偿责任。

《全国法院民商事审判工作会议纪要》

14.【怠于履行清算义务的认定】公司法司法解释(二)第 18 条第 2 款规定的“怠于履行义务”，是指有限责任公司的股东在法定清算事由出现后，在能够履行清算义务的情况下，故意拖延、拒绝履行清算义务，或者因过失导致无法进行清算的消极行为。股东举证证明其已经为履行清算义务采取了积极措施，或者小股东举证证明其既不是公司董事会或者监事会成员，也没有选派人员担任该机关成员，且从未参与公司经营管理，以不构成“怠于履行义务”为由，主张其不应当对公司债务承担连带清偿责任的，人民法院依法予以支持。

15.【因果关系抗辩】有限责任公司的股东举证证明其“怠于履行义务”的消极不作为与“公司主要财产、账册、重要文件等灭失，无法进行清算”的结果之间没有因果关系，主张其不应对公司债务承担连带清偿责任的，人民法院依法予以支持。

《最高人民法院关于适用〈中华人民共和国公司法〉若干问题的规定（二）》（2020 年修正）

第十八条　有限责任公司的股东、股份有限公司的董事和控股股东未在法定期限内成立清算组开始清算，导致公司财产贬值、流失、毁损或者灭失，债权人主张其在造成损失范围内对公司债务承担赔偿责任的，人民法院应依法予以支持。

有限责任公司的股东、股份有限公司的董事和控股股东因怠于履行义务，导致公司主要财产、账册、重要文件等灭失，无法进行清算，债权人主张其对公司债务承担连带清偿责任的，人民法院应依法予以支持。

上述情形系实际控制人原因造成，债权人主张实际控制人对公司债务承担相应民事责任的，人民法院应依法予以支持。

后　记

执业三十年，回顾自己律师执业的经历，从最初以个案为导向的执业思路转变为以客户、市场为主导的运营模式后再度集中到以专业产品为主线的执业模式，及时研究、总结和研发专业法律服务产品既是现在律师工作的常态，也是提升自己法律素养的必要措施。

新修订的《公司法》的颁布和实施对完善社会主义市场经济体制、规范企业治理、保护各方权益具有基础性法律保障作用。其在规范公司组织和行为，明确股东、债权人、职工权益边界；维护社会经济秩序，促进资本市场健康发展；强化企业社会责任，明确职工民主管理权等方面完成核心立法目标。在优化市场机制、提升治理效能、深化权益保障等方面对经济社会产生重大影响。同时在制度创新、体系衔接、国际接轨三方面对法律体系构建产生重大意义。

本书旨在新修订的《公司法》背景下，为律师实务操作和企业及相关人士提供专业解决方案和参考思路，并与诸位分享。

敬请诸君雅正。